本书列入"十一五"国家重点图书出版规划

北大高等教育文库·大学之道丛书(第三辑)

THE IITIANS
印度理工学院的精英们

[印度]桑迪潘·德布 著
黄永明 译

北京市版权局著作权合同登记号　图字:01-2007-1910
图书在版编目(CIP)数据

印度理工学院的精英们/(印度)桑迪潘·德布著;黄永明译. —北京:北京大学出版社,2010.12
(大学之道丛书·第三辑)
ISBN 978-7-301-16280-4

Ⅰ.①印…　Ⅱ.①德…②黄…　Ⅲ.①印度理工学院－学校管理－概况　Ⅳ.①G649.351.8

中国版本图书馆 CIP 数据核字(2009)第 206878 号

The IITians: The Story of a Remarkable Indian Institution and How Its Alumni are Reshaping the World
Sandipan Deb
First published in Viking by Penguin Books India 2004
Copyright © Sandipan Deb 2004
All rights reserved.
中文简体版由北京大学出版社出版。

书　　　　名:	印度理工学院的精英们
著作责任者:	〔印度〕桑迪潘·德布　著　黄永明　译
丛 书 策 划:	周雁翎
丛 书 主 持:	周志刚
责 任 编 辑:	泮颖雯　李　旭
标 准 书 号:	ISBN 978-7-301-16280-4/G·2747
出 版 发 行:	北京大学出版社
地　　　　址:	北京市海淀区成府路 205 号　100871
网　　　　址:	http://www.jycb.org　http://www.pup.cn
电 子 信 箱:	zyl@pup.pku.edu.cn
电　　　　话:	邮购部 62752015　发行部 62750672　编辑部 62767346　出版部 62754962
印　刷　者:	三河市北燕印装有限公司
经　销　者:	新华书店
	650 毫米×980 毫米　16 开本　18 印张　283 千字
	2010 年 12 月第 1 版　2010 年 12 月第 1 次印刷
定　　　　价:	39.00 元

未经许可,不得以任何方式复制或抄袭本书之部分或全部内容。
版权所有,侵权必究
举报电话:(010)62752024　电子信箱:fd@pup.pku.edu.cn

前　言

　　《印度理工学院的精英们》一书是许多内容的混合体。它是一种探索：在许多国人还不会写自己名字的情况下，印度是如何创造能够与世界上最好的教育系统相比拟的理工教育系统的？本书还试图去理解：印度理工人在校园里度过的四到五年中，是什么经历使他（或她）成为一个特别的人？几乎每一个印度理工人都把在印度理工学院度过的日子看作生命中最快乐也是最有收获的时光，而"收获"并不一定来自课堂上的教育。校园中发生的某些事情深深地影响了他们的情感和性格，并改变了他们今后的生活轨迹。在本书调研过程中，许多在印度和在美国的印度理工人都坦率地承认："若不是我曾有过在印度理工求学的经历，我不可能成为今天的我。"

　　本书讲述的这些印度理工人也许不是最出名、最成功或最富有的。许多从印度理工学院出来的大人物近年来已经被印度和国际媒体详细报道过了，而我发现对这些已经熟知的内容我没有多少可补充的。我喜欢那些有新的和激动人心的东西可说的人们。而他们的发展历程也能够展示印度理工学院多年来取得的种种成果。

　　技术领域并不是印度理工人唯一成功的领域。实际上，在本书中，我要说的是印度理工学院不仅仅赋予你世界级的理工背景，也许更为重要的是给予你一种美妙而多样化的通识教育，这种教育让印度理工人为今后在任何领域取得成功做好了准备。就像我的一位毕业于印度理工学院，现为哈佛商学院（Harvard Business

School)教授的朋友富于表现力的说法,印度理工学院不仅仅是印度的理工学院,它还是印度的教育学院。

最后,我尝试探讨这所优秀的学院为印度的发展作出的巨大贡献,以及人才流失的问题:不可否认的事实是,许多在政府资助下求学的印度理工学子在完成学业的那一刻就飞越重洋,开始为他国作贡献。

我还尝试展望在快速变化的环境中印度理工学院面对的未来。印度理工学院在印度的名气比以往任何时候都要大的时候,在21世纪它也面临了许多问题。可以毫不夸张地说,印度理工学院今天正站在一个关键性的十字路口,除非对今后的道路做出正确的选择——快速而敢闯的选择,否则它可能会就此衰落。

就像我前面提到的那样,我发现,这本书在不经意间也多少包含了我对印度理工学院的个人记忆,以及一些我在调研和写作本书过程中的经历。这是自然的流露。写作这本书的过程本身也是一种自我发现的行为,一种把我的生活和我的记忆放在写作背景中的过程,以及某种意义上的"回家"。

目录

一　久别母校 ………………………………………（1）
二　返校日 …………………………………………（11）
三　建校伊始 ………………………………………（20）
四　"领导者"摇篮 …………………………………（27）
五　最难迈的"门槛" ………………………………（33）
六　国家建设者 ……………………………………（41）
七　电信业的救星 …………………………………（48）
八　"西进运动" ……………………………………（59）
九　先驱们 …………………………………………（68）
十　快乐的亿万富豪 ………………………………（79）
十一　梦想开始的地方 ……………………………（91）
十二　回报社会 ……………………………………（99）
十三　印度教育学院 ………………………………（107）
十四　什么是印度理工人 …………………………（115）
十五　"印度理工"品牌 ……………………………（126）
十六　领导才能的问题 ……………………………（134）
十七　课堂之外的生活 ……………………………（144）
十八　课堂上的挣扎 ………………………………（152）
十九　RK楼的昂扬斗志 …………………………（159）
二十　管理学院 ……………………………………（170）
二十一　浪子式的人物 ……………………………（177）

二十二　学院中的怪人 …………………………………… (184)
二十三　玩具制造商 ……………………………………… (193)
二十四　学院中的女性因素 ……………………………… (199)
二十五　政治环境保护论者 ……………………………… (208)
二十六　人才外流现象 …………………………………… (217)
二十七　住在美国 ………………………………………… (223)
二十八　回到祖国 ………………………………………… (231)
二十九　班加罗尔50年庆典 …………………………… (239)
三十　给印度理工各校区负责人的建议 ………………… (244)
三十一　印度理工学院存在的问题 ……………………… (254)
三十二　解决问题的锦囊妙计 …………………………… (261)
三十三　午夜绅士派 ……………………………………… (268)

一 久别母校

如何写这本书的第一章已经困扰了我很久。这样说真是很讽刺,因为我本来就是一个以写作为生的人,每天赶着在截稿前绞尽脑汁地写作。而在一家新闻周刊的工作迫使我每星期都要喋喋不休地叙述天底下所发生的每一件事情,并且加上自己的看法。

但是,对于一个塑造你并赋予你价值观和世界观的地方,你又如何能够清楚地知道从何说起呢?

毋庸置疑,印度理工学院是在发展中国家进行的最大和最成功的高等教育的试验。没有一个理工学院的门槛比它更高了。印度理工学院的学生是如假包换的"百里挑一"。

一位在硅谷(Silicon Valley)颇有成就的印度理工人曾说过一段趣闻。几年前麻省理工学院(Massachusetts Institute of Technology,简称 MIT)开学的时候,有一位教授注意到在他的新生班里有一位印度学生。教授就问他:"你怎么会在这里?在你的国家不是有印度理工学院吗?怎么不去那里呢?"那个男孩说他没能考上印度理工学院,所以才来到麻省理工。当然,这个故事只能当轶闻趣事听一下,只是众多理工毕业生聚会上的谈资之一。但这种情况是可能发生的,因为上麻省理工确实要比上印度理工容易一些。

毫无疑问,从印度理工学子离开校园步入社会的那一天起,他们就把自己看作特殊的一群人:印度理工学院毕业的"天之骄子"。他们在各自的领域中争当世界一流。而且,与欧美之外的其他大学的毕业生不同的是,他们更加有可能实现自己的梦想。

他们在还只有十七八岁的时候,就形成了一个群落,并且拥有不容置疑的永久群落资格。许多互不相识的印度理工人如果在异国他乡偶然相遇,则可以在各个层面上拉近彼此的距离。要加入这个群落不能伪造身份,也不能经人举荐,除了通过自己不懈的努力之外,别无他法。

异国他乡相遇的印度理工人在与对方拉近距离的程度上是有区别的。最初级的层面是印度理工学院品牌的层面。比如,其中一位来自孟买(Bombay)校区,而另一位则来自马德拉斯(Madras)校区,但他们同属印度理工学院人。第二个层面是如果他们来自于同一个校区则对彼此会有更深层面的了解。紧接着,如果他们不但属于同一校区,甚至来自同一宿舍楼的话,那么就真的无话不谈了。在每个层面上,共同的信仰与价值观,共同的回忆甚至行为规范都会成为开启话匣的钥匙。在某种程度上,共有的印度理工学院经历有点像宗教信仰的召唤。

半个多世纪以来,已有数以千计的懵懂青年在召唤下踏进了克勒格布尔(Kharagpur)、孟买、马德拉斯、坎普尔(Kanpur)、德里(Delhi)、古瓦哈蒂(Guwahati)和罗克(Roorkee)校区的校门。而如今,在这个星球上,他们中的许多人已经成为商业巨子;而另一些也成为科学家和教师当中的佼佼者;还有一大批精英人物则作为硅谷传奇的一部分得以流传。

在迈克·路易斯(Michael Lewis)所著的描写杰出企业家杰姆·克拉克(Jim Clark)传记的《新新事物》(*The New New Thing*)一书中,当克拉克筹备创建健康服务网站 Healtheon/WebMD 时,制胜之道对于他来说是相当简单的:在他看来,企业的成功与否是与招募到的印度理工学院学生的数量直接相关的,因为"他们是硅谷中最为天赋异禀的工程师……而且他们使命必达"!

麦肯锡(Mckinsey)公司——全球最负盛名的咨询管理公司,直到最近都是由一位印度理工人领导的,而另两家世界上最大的航空公司——美国联合航空(United Airlines)和美国航空公司(US Airways)——也曾由印度理工人执掌大权。世界上最具实力的风险投资家是印度理工人,他同时也是世界顶级信息技术公司太阳微系统公司（Sun Microsystems）的创立人兼首席执行官。花旗集团（Citigroup）的副主席也是一位印度理工人。世界最大的移动通信运营商沃达丰公司（Vodafone）的首席执行官同样来自印度理工学院。贝尔实验室（Bell Labs）的发明囊括了从晶体管到激光，从立体声录音到移动通信，从有声电影到卫星通信，为过去75年的技术发展奠定了基调。在1999年到2001年间贝尔实验室由印度理工人执掌。

在总部设在美国的财富500强企业中，几乎在所有公司的管理层中都能找到印度理工校友的身影。华尔街（Wall Street）投资银行的顶级团队中也到处都是他们的身影。他们提升了印裔管理层的声望与地位。世界银行（World Bank）、国际货币基金组织（IMF）、美国宇航局（NASA），以及任何人类探索知识边界的地方，你都能找到他们的身影。这些知识的学科领域包括机器人科学、固态物理学、冶金、数学研究等。在印度，印度理工人占据着几乎所有的大型企业和知名公司的领导者地位。因此，印度理工的毕业生在商界、学术界及科研界的实力已经可以与大英帝国鼎盛时期的牛津（Oxford）与剑桥（Cambridge）大学的毕业生媲美了。

著名网络杂志 *salon.com* 这样评价印度理工学院："……她无疑是世界上最具影响力的理工学院。"

在这里，我为您准备了一份最为成功的印度理工人的名单。名单本身并未包括所有成功人士。在此，我向那些未在名单中出现的印度理工人致歉。以下名单按照字母顺序排列。

阿帕·蒲山（Abhay Bhushan）——Portola 通信公司与 YieldUP 国际有限公司的共同创始人之一，以及 Mobile WebSurf 公司和 Asquare 公司主席

阿吉·辛夫（Ajit Singh）——印度前农业部长

阿君·马赫特拉（Arjun Malhotra）——HCL 技术公司共同创始人之一，TechSpan 公司主席

阿伦·菲洛（Arun Firodia）——Kinetic 工程公司主席

阿伦·纳特瓦利（Arun Netravali）——贝尔实验室前总裁、朗讯科技公司前首席科学家

阿伦·萨林（Arun Sarin）——沃达丰公司首席执行官

阿什·古普塔（Ash Gupta）——美国运通公司（American Express）首席信贷官（Credit officer），印度银行（Centurion Bank）主席

阿维·马努德（Avinash Manudhane，即 Avi Nash）——高盛公司（Goldman Sachs）常务董事及合伙人

B. 穆舒拉曼（B. Muthuraman）——印度塔塔钢铁公司（Tata Iron and Steel Co.）常务董事

B. K. 辛嘎尔（B. K. Syngal）——印度国营电讯公司（VSNL）前主席，BPL Innovision 公司副主席

帕拉特·德赛（Bharat Desai）——Syntel 公司主席

迪帕克·巴加特（Deepak Bhagat）——Sun 公司前高级工程师，Centrata 公司首席执行官

迪帕克·赛特沃勒克（Deepak Satwalekar）——HDFC 人寿保险总经理

德夫·古普塔（Dev Gupta）——Narad Networks 网络公司主席

格鲁·德什潘德（Gururaj "Desh" Deshpande）——迅桐网络公司（Sycamore Networks）主席

加格·曼德（Jagmohan Mundhra）——电影制片人

加拉姆·拉梅什（Jairam Ramesh）——印度前贸易部长

坎瓦尔·瑞基（Kanwal Rekhi）——Excelan 公司共同创始人之一，风险投资家

M. S. 班加（M. S. Banga）——印度利华公司（Hindustan Lever）主席

曼诺哈·帕里卡（Manohar Parrikar）——印度果阿邦（Goa）首席大臣

穆克特什·潘特（Muktesh Pant）——锐步公司（Reebok）市场总监

N. R. 纳拉亚南·穆尔蒂（N. R. Narayana Murthy）——印度印孚瑟斯技术公司（Infosys Technologies）主席

南丹·尼勒卡尼（Nandan Nilekani）——印度印孚瑟斯技术公司常务董事兼总裁

纳仁·古普塔(Naren Gupta)——Integrated Systems 公司共同创始人之一,美国风河系统公司(Wind River Systems)副主席

纳仁德拉·卡马卡(Narendra Karmarkar)——发明了一种全新的提高线性规划效能并降低其成本的算法

帕拉格·瑞尔(Parag Rele)——Aplab 公司常务董事

帕万·奈加(Pavan Nigam)——Healtheon/WebMD 网站共同创始人之一

普拉巴·肯特·辛哈(Prabha Kant Sinha)——ZS 咨询公司常务董事

普拉迪·辛胡(Pradeep Sindhu)——Juniper Networks 网络公司创始人

普纳丢·查特(Purnendu Chatterjee)——Chatterjee 集团主席

R. 戈帕拉克里希纳(R. Gopalakrishnan)——曾任印度利华公司副主席,塔塔钢铁公司常务董事

拉古·拉让(Raghuram Rajan)——国际货币基金组织(International Monetary Fund)首席经济学家

拉吉·马什(Raj Mashruwala)——Consilium 及 YieldUP International 公司共同创始人之一,TIBCO 软件公司首席运营官

拉贾·古普塔(Rajat Gupta)——曾任麦肯锡公司总经理

拉金·S. 帕瓦(Rajendra S. Pawar),维杰·萨达尼(Vijay Thadani),P. 拉杰德让(P. Rajendran)——NIIT 公司共同创始人

拉吉夫·古普塔(Rajiv Gupta)——罗门哈斯公司(Rohm and Haas)主席

拉科什·卡尔(Rakesh Kaul)——曾任 Hanover Direct 首席执行官,Spherenomics 公司主席

拉科什·马瑟(Rakesh Mathur)——junglee.com 网站共同创始人之一,stratify.com 网站创始人

拉马尼·阿耶尔(Ramani Ayer)——哈德福德金融服务集团(Hartford Financial Services Group)主席

拉梅什·万加(Ramesh Vangal)——Scandent 集团创始人兼首席执行官

拉维·塞西(Ravi Sethi)——曾任贝尔实验室计算与数学科学研究所总监,Avaya Labs 总裁

罗梅什·瓦德(Romesh Wadhwani)——Aspect Development 公司主席

罗诺·杜塔(Rono Dutta)——美国联合航空公司前总裁

萨迪什·考拉(Satish Kaura)——Samtel 公司主席

萨拉·斯瑞瓦(Saurabh Srivastava)——Xansa 技术服务公司主席

沙勒什·J.梅他(Shailesh J. Mehta)——普天信金融公司(Providian Financial Group)前主席

什夫·纳雷恩·马瑟(Shiv Narain Mathur)——IBP 公司主席

什利尼·库尔卡尼(Shrinivas Kulkarni)——天体物理学家,褐矮星(brown dwarves)发现者

萨尼尔·瓦德(Sunil Wadhwani)——iGate 公司共同创始人之一,兼首席执行官

萨德卡·施诺伊(Sudhakar Shenoy)——信息管理顾问公司(Information Management Consultants)总裁

萨哈斯·巴蒂尔(Suhas Patil)——Cirrus Logic 公司共同创始人之一

拉科什·甘格沃(Rakesh Gangwal)——美国航空公司前总裁

T. T. 加甘(T. T. Jagannathan)——TTK 公司主席

尤曼格·古普塔(Umang Gupta)——Gupta 公司创始人,Keynote Systems 公司主席

维克特·梅利兹(Victor Menezes)——花旗集团副主席

维克拉姆·拉加德(Vikram Rajadhyakshya)——DLZ 公司主席

维诺德·古普塔(Vinod Gupta)——InfoUSA 公司主席

维诺德·科斯拉(Vinod Khosla)——太阳微系统公司共同创始人之一,Kleiner Perkins Caulfield & Byers 风险投资基金合伙人

德文什瓦(Y. C. Deveshwar)——国际贸易中心(ITC)主席

……

尽管像名单上的维诺德·古普塔、萨哈斯·巴蒂尔和维诺德·科斯拉等人已成为企业家,并在 20 世纪七八十年代积累了资本,但

印度理工人真正登上全球商业舞台还是在20世纪90年代猛然发生的。在那时,印度理工人还只是在美国国内的学术圈小有名气,并且美国高校也自由吸纳了很多来自印度理工的优秀毕业生,但让世人真正见识到印度理工人取得多项成就的,还是在20世纪90年代的科技大发展时期。

曾经在与美国9所高校合作建立印度理工学院坎普尔校区时起推动作用的美国前驻印度大使约翰·肯尼斯·加尔布雷思(John Kenneth Galbraith),在2001年1月接受采访时说,在当初他决不曾想到会创造出一个"在美国的名叫硅谷的印度殖民地"。20世纪90年代末,印度理工人在互联网和信息技术浪潮中也显得游刃有余。在那个引领风骚的年代,你只需要在简历中提及你的印度理工背景,就马上有许多风险投资家追随身后。2000年5月的技术杂志 *Business 2.0* 写道:"毫不夸张地说,如果没有印裔移民的到来,就没有硅谷的今天。"在最近的一次统计当中,那片高科技地带聚集了大约20万印裔移民,而他们当中相当一部分人是印度理工学院毕业生。

这一时期刚好也是印度理工人逐渐占据美国和印度国内大公司高级管理层的时候。在一些美国传统白人领导的公司中,像拉贾·古普塔、罗诺·杜塔和维克特·梅利兹这些印度理工人冲破了束缚并取得了一席之地。在印度,两位年轻人德文什瓦和班加分别成为印度最具实力、最负盛名的ITC公司和印度利华公司的少壮掌门人。

印度理工人最终有所成就,从而印度最为宏伟的中产阶级梦想得以实现。

印度工薪阶层认为教育是后代子孙名利双收的不二法门。直到现在,进入企业仍不被认为是可以获得成功的选择,或者更准确地说,不是一种很"光鲜"的选择。如果某人经商,他就会被认为是不精于学业,所以才会没有好的、稳定的工作。因此,如果不是没有别的选择,你绝对不会把女儿嫁给一个商人。同时,工薪阶层也意识到在一个人口增长速度已远远超过就业机会的国家能找到一份好的稳定的工作是很不容易的。在独立后的印度,人们常常会遇到或听到这样的事情：一些中产阶级出身的毕业生经常因为不认识任何有影响力的人，即"上面"没人，而在求职当中四处碰壁。因此，工薪阶级就常常认为他们的孩子唯有在学术上及考试中出类拔萃，才能赢得公平竞争的机会，从而"上面"是否有人就显得不是那么重要了，同时，印度理工学院的入学考试在所有类似考试中是最具意义的。只要你的个人档案上有了印度理工学院的印记，那么，无疑对于"上面"没人就不必多虑了。

1999年帕万·奈加在接受采访时说："任何考入理工学院的人都将迎来美好的生活，就算在班级成绩垫底，你一样可以憧憬美好的未来。"

当然，作为中产阶级他们还怀有另外一种传统的梦想：到美国去。我们这一代和这一阶级所有人都会有这样一种回忆：留美学生的亲戚或街坊四邻都会不厌其烦地讲述这个学生的故事，学生的父母也常常喋喋不休地讲述他在美国的经历，同时拿出很多的宿舍生活照、小街背巷的留念照或者周末背负行囊在附近山上远足的照片。但这一切对印度理工人来说只是唾手可得的事情。

整个20世纪90年代已经证明印度理工学院模式的成功，并且印度理工学院品牌已经毫无疑问地成为印度建国以来所能创造的最具规模和实力的成果之一。

2003年1月17日至18日，超过2000名世界各地的印度理工毕业生在硅谷齐聚一堂，共同庆祝印度理工学院50岁华诞。不过实际上印度理工学院的历史要更为悠久一些，即当时印度理工大约为51岁半。尽管庆祝来得晚了一点，但这关系不大。这是印度理工学院历史上规模最大的聚会，从维克特·梅利兹和拉贾·古普塔到初来美国大开眼界的学弟学妹们，都怀着无比自豪的心情参加了此次聚会。

比尔·盖茨（Bill Gates）在会上发表了欢迎辞，致辞以称赞印度理工学院是"改变世界的神奇学府"并且"在未来几年内仍将潜力无限"开始。其间，他承认面对这样一群"立下丰功伟绩的印度理工学院人"以及"印度理工学院所发挥的发掘印度潜力的角色"时，尽管大多数类似的毕业生聚会邀请都被他婉拒，但他还是愿意破例而欣然赴约。他说,在座的"天才人群"必将为科学的大发展作出卓越贡献,其成果不仅仅为发达国家也将为整个人类所享用。

接下来,观众们观看思科系统(Cisco System)主席约翰·钱伯斯(John Chambers)和电子商务巨头亚马逊的杰夫·毕索斯(Jeff Bezos)的录像。钱伯斯说:"印度理工学院是世界上最优秀的学府之一,因此我要感谢你们为思科公司培养的近千名优秀人才。"毕索斯后来补充道:"印度理工是全世界的财富。"他的公司从印度理工工程师的贡献中受益匪浅,"印度理工,感谢你,祝福你!"

印度国家总统阿卜杜勒·卡拉姆(A. P. J. Abdul Kalam)也为聚会发来了贺词。而且印度人力资源发展部部长穆利·马诺哈尔·乔希(Murli Manohar Joshi)也原定参加此次聚会,但由于公务而不得不在会议举行前临时取消。拉贾·古普塔接下来说了一句话引起了在座各位的共鸣:"没有其他任何一个教育机构能在成立的50年内取得如此巨大的成就……并且创造了实至名归的印度理工学院品牌。"

在这次硅谷聚会的前几天,美国收视率最高的哥伦比亚广播公司新闻节目——《新闻60分》(60 minutes)为印度理工学院做了新闻专题。印度理工学院被称为"可能是您所不知道的最重要的学校",主持人莱斯莉·斯塔尔(Leslie Stahl)向亿万电视观众这样解释道:"纵观那些最具天赋、最为杰出和最有影响力的美国印裔移民,他们都有一个共同的背景——印度理工学院。印度理工学院在印度的地位相当于把哈佛大学、麻省理工学院和普林斯顿(Princeton)大学加起来在美国的地位。"

"在科学与技术领域,"她说,"印度理工学院毕业生的实力对他们的美国同事来说是望尘莫及的。美国该行业中的几乎每个人都喜欢印度理工毕业生。"维诺德·科斯拉告诉她,"如果你是一个正在求职的人,印度理工学院的背景总能给别人以更胜一筹的信赖感。"

此次节目的高潮或许就是,印孚瑟斯技术公司的主席穆尔蒂向主持人莱斯莉·斯塔尔透露他的儿子也曾经计划进入理工学院就读计算机科学专业。而要这样的话,至少需要在JEE考试中取得前200名的成绩,但最终穆尔蒂的儿子并没有如愿,而是进入了康奈尔(Cornell)大学。接着主持人转向镜头兴奋地说:"请您想一想吧,一个印度孩子竟然把常春藤联盟的名校作为备选学校。这些人是怎样的出色啊!"

2002年1月份我踏上了返回母校的旅程,那时恰逢印度理工学院克勒格布尔校区50周年大庆前夕。

聚会的消息我还是从沙尔·库马尔(Shail Kumar)那里听说的。不过挺讽刺的是,过去13年来都居住在美国的人早早地就知道了这个消息,而我,一个居住在德里,离克勒格布尔只有1200公里地方的人,却迟迟无从知晓。不过这也难怪,沙尔毕竟是克勒格布尔校区最为出色的毕业生之一,而我却时时怀疑自己到底是不是与他毕业于同一学府。

沙尔无疑是毕业生中的典范:他一直与各个教授、同学及校友保持联络;他也是孜孜不倦维系身边毕业生和全球克勒格布尔毕业生关系网的人之一;他为学院付出了大量的时间、精力并提供物质资助。而我,一个考试不及格、在班里垫底、常常面临训诫,并且辜负期望最终将工程专业用在了新闻采访职业上的"问题"学生,从来没有想过要联系任何一个人。自从17年前那个6月的傍晚,我骑着自行车,拎着装有我全部家当的粗布包离开校园的一刻起,至今为止我所参加的毕业聚会不超过3次。

不过,当沙尔的来电响起,告诉我作为克勒格布尔校区50年庆典的一部分,曾经的宿舍室友将悉数到齐时,我的内心产生了一丝悸动。

4天后,我的朋友提拉克·萨卡(Tilak Sarkar)飞抵了加尔各答(Calcutta),我们一同租了辆车,在新建的高速公路上驰向克勒格布尔校区。

二 返 校 日

当汽车穿过铁路线,驶向校园的时候,我发现这里早已不是我所熟识的样子。Chhedi's——那个永不关门的小饭馆去了哪里?昔日破旧不堪的小茅草屋、摇摆不定的桌子和椅子;手里端着茶杯,拿着装满面包、煎蛋和排骨的盘子四处奔跑的小孩;以及记忆中只知道叫做"卡尔·马克思"的神秘菜肴,都已不见了踪影。取而代之的是石块砌成的巨大校门,郑重地向我们传达了一个信息:我们将要进入的是印度理工学院克勒格布尔校区。

(克勒格布尔的校友们不必担心,Chhedi's 小饭馆还在,只不过改头换面后,现在看起来和其他餐馆一样了。)

校门左手边是设计现代化的邮局,右手边是新建的高楼大厦。以前兜售槟榔叶、香烟、小零食和茶叶的棚屋区,如今已是整洁的一排墙壁。内希尔(Nikhil)的小店——我们曾经多少个不眠的自习夜之后吃早饭,以及因为开夜车早上赖床而错过宿舍的早餐时间,没有面包和鸡蛋吃的时候去的地方已经消失了。我们曾见证店主内希尔从单身汉到为人夫和为人父的历程,他曾发誓要将孩子送入这所自己贩卖了无数饮料和零食的印度理工学院。

1984年的一个冬夜,我和几个同学打算在内希尔小店对面的小屋里"吞云吐雾"。我们买了几支1卢比的棕色烟卷点上,像春风得意的路易十四(Louis XIV)皇帝一样抽着。这时有个车队快速通过,第二辆车的仪表板明亮的灯光照亮了司机身边人的面孔。那是一位俊朗的先生,在车里的他微笑着向我们友好地招了招手,然后开向了几英里外的会议现场。我们这几个妄自尊大的人嘴里叼着雪茄，轻蔑地看着那个招手的人，有人说道："瞧那傻小子！""他把自己当首相了，也不看看自己哪点儿像。"24小时后，拉吉夫·甘地（Rajiv Gandhi）真的成为印度首相，而那天晚上汽车里的人就是他。

1980年7月我带着自己的公文箱、行李袋和铺盖卷，在情绪兴奋而又紧张的父母的陪伴下，从加尔各答出发经过两个小时的火车旅行后，最终来到了校园。在当时，克勒格布尔火车站以拥有号称世界上最长的站台而闻名于世。

那天晚上，虽然整个站台灯火通明，但在我看来却是沉重而阴森的，到处都充斥着小商贩为饥肠辘辘的乘客马不停蹄地烹煮食物的炊烟。而且到处都吵吵闹闹，有人们奔跑的声音，有扯着嗓子呼唤同伴的声音，还有与小工讨价还价的声音，更有车站广播发出的声音做背景。17年了，我第一次离开家，我知道自己将要进行一次冒险。这一年是1980年，印度理工有5个校区；而现在她已拥有7个校区了。

接下来的半个小时，在去往我被分配的宿舍的路上，我记起印度理工学院的缔造者之一贾瓦哈拉尔·尼赫鲁（Jawaharlal Nehru）如此形容印度理工学院学生——"国家的精英"，而我就要成为其中的一员了。

但是我真的很怕。我想要回家。

就算当我第一次看到以前总统拉德哈克里希南（Radhakrishnan）命名的宿舍楼（简称RK楼）时，我也没能提起精神。宿舍楼的门口坐着一个满口白牙和红褐色皮肤的胖男人，他就是宿舍协管员。他记下了我的资料然后给我分配了房间。从他身后的食堂传来了骇人的声音，听起来像是一群"乌合之众"正在等待把我撕碎一样。我能听见这些声音中有笑声、喊叫声以及盆盆罐罐的碰撞声。哦，原来"乌合之众"们在吃饭。大概他们在整那些一年级的新生，"教育"他们哪种酱更为适合他们的口味吧。

我眼前的一切似乎都变得黯淡，长长的阴影投在墙壁上。我的房间大约只有8平方米，里面放着一张铁床、一张铁桌子、一把铁椅子和一个小铁柜。妈妈帮我铺了床铺。我的房间处在A区。这里是宿舍中最安静的区域,并且与喧闹的B、C、D区隔离开来。而宿舍协管员的办公室就在走廊的尽头。A区安排的都是一些一心向学的腼腆学生;而且处在宿舍的"边缘"地带,正适合一些拘谨的新生住宿。

爸爸妈妈放心地回去了——而我,已经成为印度理工学院的一员。他们走了以后,我把自己锁在寝室里,坐在床上。食堂可怕的声音使我实在不愿去吃饭。

21年半后的今天,当我和当年与我同一天到达克勒格布尔的提拉克一起再次踏进宿舍大门的时候,一种熟悉感迎面而来。

当你多年后回到大学宿舍时,很多人还能认出你,人生最令人欣慰的事莫过如此。曾经年轻的厨师普拉喀什(Prakash),在走出大门的时候一眼就认出了我。虽然他的头发有些花白,而我也开始谢顶,但这是我们仅有的变化。"冈戴亚(Kondaiya)现在怎么样?"提拉克问。冈戴亚是食堂工作人员中最好的一个,笑容总是挂在他的脸上。普拉喀什告诉我们他已经退休很多年了,而且回到了故乡的小镇上。"拉伯达(Lamboo-da)去哪儿了?"我问道。拉伯达过去常常为我们提供服务,他是一个有些蛮横的醉汉,但在些许狰狞的外表下却有着一颗善良的心。"肯定是醉死在酒罐里了,"提拉克笑着说,"我上次来的时候,拉伯达还是和往常一样叫上了几个食堂员工一起喝酒,边喝还边长篇大论地向别人宣传,我是如何为食堂员工说话的。他侃侃而谈,很多事情我都已经不记得了。""拉伯达没能活下来,"普拉喀什说,"酒精杀了他。"

这些走廊还都维持着原来的模样。普拉文·普加拉(Pravin Pujara)的宿舍商店还在那里,他也老了许多,身边带着他的小儿子——他是在我们毕业后不久出生的。当我们走向曾经的寝室时,碰到了一群学生,开口叫我们"先生"。其实这一称呼听起来挺有趣的。在宿舍楼的D1中段(即D区一层中段),提拉克指着那间"鬼屋"问这些孩子们:"你们知道那个鬼屋的事情吗?"

"不知道。"

"或许不应该告诉他们,"提拉克转向我说,"很显然,那屋子已经有人住了,还是不要吓唬他们的好。"

"嗯,是啊,"我十分同意,"不过,他们不久以后还是会知道的。

只要关上灯……"

"然后门就会……"

"嗨,还是算了吧。"我说。

这会儿孩子们的好奇心完全被吊了起来。他们知道我们在吊他们的胃口,便用恳求的语气说:"赶快告诉我们吧!"

"呃……如果你们坚持的话,"提拉克说,"那里以前住着一个工科硕士。他封闭自己,很少与人交谈,然后有一天他从隔壁宿舍那里借了把椅子,回去把绳索绕在屋顶的吊扇上,脖子套在上面,最后脚一蹬椅子就自杀了。他实验室的同学晚上回来的时候敲门没有反应,而且发现房间已经被反锁起来。后来,住在临近房间的宿舍协管员来看了看情况,然后从他自己房间的阳台爬进了那个房间。从窗户看过去,那人吊在天花板上,吐着舌头,眼球外凸,看起来非常可怕。宿舍协管员打破了窗户,手伸进去把窗户打开,继而打开阳台的门走了进去。尸体就悬在他的面前,而后面就是宿舍的前门。他用手把尸体推到一边给自己腾了点地方,同时避免让尸体到处摆动碰到墙壁或其他东西。最后,他打开了宿舍门。"

"那个房间事后就封了起来,因为谁也不愿意住在那儿。"我跟孩子们说,"呃……然后几个月后就出现了些离奇的事。一天早上,我们起来后发现那个房间的门被打破了。"

"但问题是……"提拉克稍停了一下说,"问题是那些木屑都散落在房间外面,也就是说,有人从房间里面把门打开了。但是那房间不可能有人进去,前后门都密不透风。"

"而且,那盏灯……"我提醒提拉克。

"对了,那盏灯……"提拉克边说边走。

"灯怎么了?"那些男孩们嚷道,他们看起来个个都很兴奋。

提拉克悠闲地说:"有时会出现一些亮光,我们能看到房间里有灯光。"我们继续向前走,男孩们在后面紧跟着。

"然后呢?"他们喊。

"然后就是,实际上房间里是没装灯泡的,"提拉克耸了耸肩,"很早以前灯泡就被拿走了。来吧,桑迪潘,我们去看看我的房间。"而后面的男孩们挤作一团,兴奋地计划着如何去吓唬那个房间现在的主人。

  这里的一切还是老样子，但其中也有许多变化。克勒格布尔校区现在正在建设印度高校中最为强大的广域网，网络将把2800间宿舍一一连接。每个房间都将铺设带宽3Mbps的光纤线路，足以满足视频传输的需要。而每个学生都将拥有自己的电脑，只需支付一万卢比的首付，而余下的金额则可以依赖低息贷款。这个项目总耗资590万美元，是由两位杰出的印度理工校友：HCL集团共同创始人、现任Tech Span公司主席的阿君·马赫特拉和硅谷印度企业家之一，Cirrus Logic公司共同创始人萨哈斯·巴蒂尔全额资助的。在我们抵达克勒格布尔的前一天，拉金德拉·普拉萨德（Rajendra Prasad，简称RP）楼已经首先成为联网的宿舍，而RK楼也将于一两天后接入。宿舍楼内，每隔几米都能看到墙上整装待发、将源源不断输送知识信息的思科公司交换机。

  当我们走进食堂，我们发现这里还是老样子。鱼肉奇特的味道中混杂着肥皂的气味，而鸡肉却泛着像是工业油脂的味道；铁制的餐盘虽已千疮百孔，却也堆得下各种"美味"……我不知道排队打饭的感觉是一种怀旧的愉悦感还是仅仅感觉好玩而已。

  这次和我们一起回来的还有其他一些人，有萨奇（Sachchi）——他出身贫寒，现在却管理着一家大型公司；加（Jha），现任某公司首席执行官；维姆·萨特亚（Vemmuri Satyaprasad），印度理工克勒格布尔校区培育出的首批企业家之一；阿伦·埃里萨利（Arun Elissari），从事过一系列稀奇古怪的工作，一时无法尽述；拉鲁（Raju），皮肤黝黑，待人真诚而且是个容易相处的禁酒主义者，现在正帮助一些欧洲金融巨头打理在印度的事务……沙尔和我在最后几天里尽我们所能联系了一些认识的人来到克勒格布尔校区。回归母校的旅途怎能缺少昔日的伙伴呢？

  食堂的食物不仅味道一如既往，连种类也没有变。那时的食物，对于我们这些年仅17岁平生第一次背井离乡的学生来说，无疑是日后为职业磨炼作准备的重要组成部分（在今天看来确实是种慷慨的施舍），它教育我们在将来的职场中要绷紧神经，在疯狂而野蛮的社会中学会逆境生存。不过食物的质量实在是有待商榷，而且和它的这种教育意义极不相符。它也只能被想象为某种培养无敌世界征服者策略的关键要素而已。

这种策略确实是有效的。在印度理工学院宿舍生活的6年中,我真的什么都吃了。我现在明白味觉只不过是主观的幻觉,或是一种营销的手段和社会思维的产物。克勒格布尔的食物养育了我,而现在逆境也无法使我屈服。

内塔吉(Netaji,圣雄甘地同时代的民族英雄——译者注)礼堂,是我们每个周五晚上晚饭过后享受电影的地方。在这里我们看到克林特·伊斯特伍德(Clint Eastwood)询问路边躺着的流浪汉:"今天过得还算幸运吗,伙计?";我们也看到《复仇火焰》(Sholay)中的海伦(Helen)伴着音乐起舞……

而当每次电影放映出问题的时候,比如说胶片损坏、停电等,礼堂内的人就会齐声喊道:"塔拉帕达(Tarapada)!"塔拉帕达是谁呢?我想在很久以前内塔吉这里很可能有一位放映师叫塔拉帕达。但在我们来到克勒格布尔之前,这位放映师就已退休了。不过这时候的人们已经养成了习惯,每次出问题的时候就找塔拉帕达解决。提拉克曾经在毕业多年后光临西姆拉(Shimla)的电影院,看电影时胶片突然出现了问题,而这时不知道是谁竟然高喊了一声:"塔拉帕达!"

在内塔吉礼堂,我们排演过话剧,我们的乐队在"理工学院"公开赛以及校际文化节——"春季音乐节"中表演过摇滚乐和印度音乐。而我自导、自演、自己制作声效,并负责灯光、幕布以及其他杂事就至少有十几出。这其中有成功也有失败;但对我来说,只有一场话剧最后变成了"无心插柳"的成功剧目。在大三时中厅举行的"春季音乐节"上,提拉克导演了一出先锋版的话剧《卡夫卡的蜕变》(Kafka's Metamorphosis)。演出中,所有的演员都穿着黑色运动服,舞台中央只放着一只大竹笼,除此之外没有任何别的道具。在某一场戏中,提拉克所扮演的格里格·萨姆索(Gregor Samsa)变成了一只巨大的甲虫,随之爬上了竹笼的侧面,等竹笼升到天花板上之后,提拉克倒挂在那里念起了台词。这出话剧中,我们把工程设计(笼子要足够牢靠,防止在提拉克攀爬时翻滚)、个人勇气以及精湛的舞台道具技术完美结合,赢得了台下观众的满堂喝彩。但最后还是被我搞砸了：当时我坐在舞台侧面负责录音机和麦克风。在不同的场景中，我必须打开麦克风播放不同的音效。剧中有一场，格里格的妹妹会拉小提琴，所以我就得打开录音机播放磁带上相应的乐曲。但问题是，我竟然忘了打开麦克风！观众们只得眼睁睁地看着他的妹妹拉着"哑巴"小提琴。而我发现的时候已经晚了。

在那之后，我和提拉克偶然遇到了那次戏剧比赛的评委。他神采飞扬地评论话剧："年轻的女孩轻轻拉动琴弦，但却没有发出任何声响……无疑把对卡夫卡故事的解读提升到了另一个层次！"最后，《卡夫卡的蜕变》赢得了最佳戏剧奖。

内塔吉礼堂也是我与妻子第一次邂逅的地方。提拉克的朋友思瓦·班纳吉（Swagata Banerjee）可谓才貌双全，盛传她具有天才般的智商，而她当时就坐在我的后面。我当时正在和提拉克交谈，然后思瓦也凑过来。在我们谈话的间隙，我把旁边的坐椅折叠了起来，差点夹到思瓦的腿。我赶忙道歉说："没有伤到吧？非常抱歉，我不是故意的。"结果，她把脸扭向一边说："粗鲁的小子！"

毕业17年后的今天，2002年1月，我又来到了内塔吉礼堂。

所有的一切都一如往昔。

舞台上有一些学生正在演奏歌曲，而这是为了欢迎我们这些来自"远古时代"人的。其间，忽然响起了《加州旅馆》(*Hotel California*)和其他一些20世纪80年代前乐曲的旋律。这不正是那些伴随我们度过整个学生时代的歌曲吗？我们也曾经演奏过啊！真是令人又惊又喜！他们所弹奏的旋律无一不来自于我们的回忆。不过，我们都自认为那时的演奏水平要比现在好得多。

夜深人静的时候，我们回到了RK楼。我们中的某些人曾经向楼长许诺说会夜里过来搞一些"天翻地覆"[①]什么的，然后朝楼长的头上泼一盆冷水，把所有的一切都搞得一团糟。而诺言必将有兑现的一天。

[①] 所谓"天翻地覆"就是指当宿舍某人暂时离开时，将宿舍整个的布置以全新的方式打乱，以给予这位室友生活方式上的震撼。此活动的规则非常明确，室内任何东西不得搬出（但可以从室外带进来东西，比如，破旧的浴室拖鞋被拿来用万能胶粘在墙上，或其他一些"恐吓"手段），而且不能损坏任何东西。而这位室友的所有食品也将被"消灭"殆尽。

RK 楼的一些学生在急切地等着我们。RK 楼的小餐厅里,两个朋友坐在那里坚持要求在场的 25 名 RK 楼成员演唱 RK 楼的所有歌曲。

这些歌曲所能表达的情感显然是很有限的。大部分都是关于离愁别绪的,而且很多旋律都来自于一些印度电影歌曲。但它们当中也的确有一些能够余音绕梁、多年后聆听依然能触动人心弦的东西。不过,心酸的故事也还是有的,比如有一首歌里面这样写道:有位歌手为什玛莉(Shymali)小姐(她不愿和歌手一同去温馨的小竹林里)意乱情迷,但她却对身边的男人抛媚眼,令主人公内心痛苦不堪。

与此同时,有个 76 届的家伙 KP,决定回他曾经住过的寝室去玩一次"天翻地覆"。他拉上了库马尔一块去开门锁。

库马尔回来的时候我们还在食堂里闲逛,他上气不接下气地坐在我们旁边。几分钟后,那个 KP 脸阴沉着走了过来,嘴里还不停地骂着"胆小"、"卑劣无耻"的校友库马尔。我们赶忙劝他冷静下来,把事情经过慢慢道来。原来 KP 和库马尔一块去了他们的宿舍楼。KP 在观察之后发现室主不在,马上迫不及待地开始了"天翻地覆"。他让几个学生在外面放哨,然后开始开锁。就在这时,库马尔愣了一下。他在想,他是社会的中流砥柱,是高额纳税人,是正直的父亲与丈夫,同时也是富有爱心的"白领"人士。现在,却被这过去的疯狂举动冲昏了头脑,闯进一位研究生的房间,成了恶作剧的共犯!设想如果出了岔子,如果室主决定报警……库马尔戴着冰冷的手铐的画面清晰地浮现,各大报纸的头条争相报道一位名士堕落的消息,一系列丑闻报道和谴责声接踵而来,电视的脱口秀节目、支离破碎的家庭、社会大众的唾弃、与恶贯满盈的连环杀手们共处数月的牢狱。总而言之,彻彻底底的"人间炼狱"生活闪过了他的大脑,库马尔拔腿就跑了。

KP 见状自然气不打一处来,但这并没有妨碍他静下心来专注于接下来的事情。他用瑞士军刀打开了门锁,进入房间做了一些后来他非常自鸣得意的倒腾,但是对于细节他却守口如瓶。

与此同时,维姆如约把水倒在了现任 RK 楼长的头上。

后来,远处传来了乐鸣。过去被作为素食者食堂的大房间现在俨然变成了音乐厅,RK 楼乐队也在这里凑热闹排练。我们走过去想听个究竟。维姆——昔日的宿舍鼓手——自告奋勇加入其中,这些学生欣然同意。维姆坐在鼓前,活动了一下手指,然后试敲了几下。他已经有十多年没摸过鼓槌了。片刻后,迸发出一段悠长而又欢快的鼓点——还和多年前一样。

贝司手跟着接了上来;主音吉他也开始弹奏,在乐队的默契配合下,埃里克·克莱普顿(Eric Clapton)的《今夜多美妙》(Wonderful Tonight)的旋律在空气中慢慢飘散开。歌手的歌声被淹没在众人的合唱中,这个夜晚属于每个人。随着乐曲变换,仿佛时光又回到从前,人群也已然其乐融融——互不相识的人们被共同的母校回忆和经历联系在了一起,气氛被带到了高潮。《今夜多美妙》的曼妙带出了《可卡因》(Cocaine)的迷醉,自然也就有了《爱情——疯狂的东西》(Crazy Little Thing Called Love)、《燃我心火》(Light My Fire)。

在那一刻,我体会到了平生难忘的快乐与释放。老鹰乐队有一句歌词很对:你可以随时结账,但你永远无法离开(《加州旅馆》)。

三 建校伊始

印度,有着世界上为数最多的文盲人口;小学的入学率,男孩只有60%,而女孩的入学率更是不足50%;学校教授和监考人经常在考试期间受到学校学生为了作弊而进行的暴力威胁……教育体系如此羸弱的印度是如何创造出世界上"极具竞争力和影响力的"高等学府的呢?作为第三世界国家的印度如何开创出了世界上最为严苛和公平的高考体系,并且将其保持了近半个世纪之久,甚至于国家总统的儿子也很难过关?

印度理工学院校友、印度利华公司前副主席、现任塔塔集团常务董事戈帕拉克里希纳向我解释:"它曾经是独立后的印度建立的第一所高等学府,它诞生在诸如全球化这样的概念还不为人所知,甚至从未听说过的时代,"他接着补充道,"他们首先建立了印度理工学院克勒格布尔校区——日后世界一流的学府。这就像是个棒球手第一次参加测试赛就打出了满分。但令人惊愕的还远不止如此。因为,他们将第一所学府的经验不断复制,每一次的创造都是世界一流的!这才是惊人之举!这就像是每次参加板球比赛都打出满分!而如今半个世纪已经过去了,足以证明它的成功绝不仅仅是突发奇想的结果。"

那到底印度是如何做到的呢?

尽管以前每周放电影之前所看的政府纪录片中都把印度理工学院称为"尼赫鲁的梦想"(Nehru's dream),但其实不完全是这样。尼赫鲁作为印度的第一任总理曾经推动了印度理工学院梦想的实现,对于印度理工学院他是一个"伯乐",但他却不是印度理工学院的"织梦人"。印度理工是一位充满活力的印度贵族——埃德舍·戴拉尔(Ardeshir Dalal)先生——的智慧结晶。作为总督行政议会(推动印度摆脱英国殖民统治的机构)的议员,埃德舍·戴拉尔先生充分意识到技术的应用将会在今后独立的印度扮演非常重要的角色。他对于印度的技术进步制定了一套"三步走"战略:培育世界一流的工程师群体、建立完善的研究基础设施,以及开创奖学金体系,使学生能够享受到世界上最好的研究生教育。而印度理工学院的诞生正是代表了第一步战略的实现。

但是,这些精英学校的诞生过程是曲折难料的。1946年3月,由纳里尼·蓝金·萨卡(Nalini Ranjan Sarkar)领导的21人委员会提交了一份题为"印度高等技术学院发展"的临时报告。委员会在报告中建议至少应当成立4所类似的院校,东西南北分别建立一所。印地立桑(P. V. Indiresan)教授笑着说:"从某种程度上来说,这其实是孟加拉人的'合谋',但这个想法还算不错。"他是印度理工学院马德拉斯校区的前负责人,同时也是印度理工现有教授中最受尊敬的一位。"萨卡是孟加拉人,许多其他委员会成员也是孟加拉人。就连萨卡的密友罗伊(B. C. Roy)博士——也是孟加拉最有影响力的政治家,而且罗伊博士也是一位实干家。萨卡的委员会提交报告的时候,罗伊博士到'智者'尼赫鲁旁边说:'我愿意提供土地,就把印度理工学院的首个校址选在孟加拉吧。'而后来确实这样做了。诚然,萨卡的委员会尤其提到了第一个理工学院校区应建在东部,邻近加尔各答,然后才是西部的第二个校区,邻近孟买。"

因此,理工学院克勒格布尔校区的主干道以纳里尼·蓝金·萨卡命名也就不足为奇了。而且,学校中也有一幢以罗伊博士命名的宿舍楼和以他的名字命名的最优秀毕业生奖。

但真正奇怪的是,印度理工学院的建立是基于当年的临时报告。萨卡委员会事实上到最后也没有提交正式报告!不过那已经不是很必要了,印度技术教育委员会(AICTE)已经决定遵照临时报告进行操作。而1961年印度议会才通过了《印度理工学院法》。

在那时，五个印度理工学院校区已经开始全面运作了！

到此为止，罗伊博士还在努力寻找着第一个印度理工学院的校址。为了充分利用任何可能的资源，他把目光瞄上了距离加尔各答120公里的荷吉利（Hijli）小镇上的一所废弃监狱。之后那里就变成了一座座教学楼、实验室所在的区域和行政办公区域，这里作为印度理工学院首个校区，以邻近铁路的小镇（克勒格布尔）命名。

荷吉利小镇和监狱本身都具有传奇色彩。荷吉利是历史上东印度公司的代理商乔布·查诺克（Job Charnock）在把基地搬到胡格利（Hooghly）河畔的苏塔努提（Sutanuti）小镇前所居住的地方，1690年他在那里建立了日后加尔各答城市的雏形。对于那些喜欢假设历史的人来说，这也够他们津津乐道的了：如果查诺克没有搬迁的话，那么荷吉利很可能就变成英属印度的首都（首都在1911年搬迁至德里）了，而加尔各答现在可能仅仅是因为印度理工学院在此才闻名于世！

由于这所监狱中有很多"圣雄"甘地所领导的非暴力不合作运动的支持者，英国军队在1930年在此设立了荷吉利隔离营。但很快，这里就因为1931年9月16日狱警枪杀了两名手无寸铁的隔离者而臭名远播，并因此激起了全国的愤慨。因此，监狱于1942年搬离此处，隔离者也被转移到了别的地方。在1956年印度理工学院克勒格布尔校区的第一届毕业同学会上，尼赫鲁总结出了印度理工学院在这里建址的更深一层含义："在这曾是隔离营的地方，矗立着印度崛起的象征，它代表着印度的未来充满了光明，"他接着说道，"对我而言，这幅图景将为印度带来翻天覆地的变化。"

罗伊博士完成了学院的土木工程之后，请求尼赫鲁指定高什（J. C. Ghosh）博士为第一任校区负责人。高什博士是一位杰出的化学家，曾任达卡（Dacca）大学化学系主任，而后又接任印度政府的能源供应与废弃物处理部门部长。当罗伊博士找到他提出印度理工学院的事情时，他正要出任印度驻澳大利亚大使。但最终高什博士发现眼下有了一份自己更为感兴趣而且更有挑战性的工作。

此后，高什博士一周内有3天在加尔各答自己的办公室内工作，而余下的时间则在克勒格布尔的狱警办公室里处理事务。此时距离学院1951年8月18日的落成典礼只有3周的准备时间了,而且届时教育部长莫拉那·阿扎德(Maulana Abul Kalam Azad)也将出席典礼。所有人都夜以继日地忙碌着,以便于典礼那天部长剪彩时能做出个学院的样子来。第一栋宿舍楼——帕特尔(Patel)楼还在加紧施工。因此,头几个星期学生们只能住在员工办公室里。校园的道路都还没来得及规划。有时,宿舍房间的地板上还会出现没脚深的积水。但建设印度理工的进程从未停止过。最终,224名新生和42名老师开始了真正的校园生活。

但是,在印度历史上,印度理工学院很难算是第一所理工院校。这一殊荣恐怕要属于1794年在泰米尔纳德邦(Tamil Nadu)的古印地(Guindy)建立的学府,另外4所学院在19世纪时设立,而20世纪初期又新建了10所学院。这其中只有6所院校提供了研究生教育和科研机会。而大部分学生却去美国或英国留学寻求更好的教育机会。

钱德拉(J. K. Chandra),现任房地产公司——DLF全球公司常务董事,是"第一批"印度理工人。在1956年第一次校友会上,土木工程系的学生先于其他系的学生被召集起来进行学位授予。钱德拉在土木工程系当中是出类拔萃的,所以他也是第一位受到学位嘉奖的。在他的毕业证书上清清楚楚地印着编号"1"。钱德拉自然非常喜欢这一特殊的荣誉。"那你当初是怎么听说印度理工学院的呢?"我问道。"呃,其实没听说过,"他说,"我当时申请了其他学校然后就拿到这里的入学通知书。有个朋友建议我也许应该在这个政府建立的新学校中试试。"钱德拉一开始说得很平淡。接下来他回忆说:"'大学'(college)这个词在当时意味着更好的条件,但'学院'(institute)却不然。"但当他看到印度理工学院的小册子时,他却觉得这个学院更适合自己。

报考大学已经是很久以前的事情了。但钱德拉学习的旁遮普大学(Punjab University)校长说他认识印度理工数学系的领导,并且在得知印度理工将在德里面试学生之后给那位领导写了一封推荐信,推荐了钱德拉。因为,在那时钱德拉是旁遮普大学的期中考试中取得了名列前茅的成绩。此后,钱德拉手握着考试的成绩单奔赴德里。最后，他不但迅速拿到了入学通知书，而且还得到了奖学金。

那个时候，印度理工招收学生还是靠查看学业纪录和面试，并没有什么入学考试。招收的第一批学生全部是由各个大学前十名的尖子生组成。当高什博士开学第一天面见学生的时候，他让每个学生都起立，然后说："在原先的学校里数一数二的学生，请坐下。"结果将近80%的男孩们都坐下了。

"你那个时候难道就没有感觉到印度理工有任何特别的地方吗？"我追问道。

"当然刚成为印度理工学院的学生的时候只体会到一点点，因为周围的人都是大学的精英，而且所有的教授也都非常出色。这些教授都是从美国或英国留学回来的，"钱德拉说，"这其中许多人是外国人——包括英国人、德国人和美国人。但直到我们毕业才发现真正的特别之处在哪里。我们毕业找工作或去国外大学深造的过程都异常顺利。"钱德拉先生自己就得到了三个工作机会和一打的大学入学通知书，而且还有享有盛名的壳牌（Shell）公司奖学金，这项奖学金是由一位英国先生支持的，并且提供壳牌公司的工作机会。

《印度高等技术学院发展》临时报告确确实实为印度开创独特的教育体系奠定了基础，并且超越了世界上大多数地区的教育体系。报告完美体现了具有领先思想的一群人的智慧结晶。委员会仔细研究了印度的工程师教育体系，并且发现如若印度想要打造出世界一流的工程师学府还需要填补相当多的空白。举例来说，以往的学院所扮演的角色主要是向负责各省民用设施维护的政府部门输送工程师。为学生们开设的只是一些特定的工程科目，几乎没有任何的数学、科学或人类学科目。课堂上照本宣科，每年举行固定的学期考核，而并非通过给予学生信任以促进其自主学习。总之，萨卡的委员会不仅对印度理工学院的建立起到了至关重要的作用，而且也树立了一套成功模式的典范——众多其他学院无法自由选择课程。他们受制于上级政府和大学所制订的教学计划和条款，因此只能尽职尽责。

委员会所推荐的项目很多都是在 5 到 10 年后才会见效的，但却具有划时代的意义。委员会提出过一份 4 年制在校大学生课程建议，前两年课程包括了一般工科科目以及科学、数学、人类学和社会科学科目。(1960 年学制变成了 5 年，而在 1981 年又变为 4 年。)对于新学院的课程，委员会一再强调应当把重点放在学术研讨会、研修班以及指导性研究上，而并非传统课程。而考试体系则应作为内部管理项目，并且根据学期中学生学习情况进行调整。

委员会无疑是很有远见的。如若换成别人，会如何解释把工作人员的职责灵活化，使教师有更多时间参与研究与顾问类的工作这样的建议呢？而且，根据工科的传统理论，学院还肩负着向工业团体传授车间技能和实践培训的任务。

尽管萨卡及其同事从麻省理工学院借鉴了大量实习项目，但同时为了符合印度的特点，他们也进行了大量修改。例如，印度理工学生的毕业论文需要准备 300 个小时，而麻省理工需要 120 个小时。并且印度理工的学生花在实践培训上的时间也远远超过麻省理工。在麻省理工，你不会看到有学生拿着锉刀铸造和焊割金属，但印度理工的学生要花上百小时在车间里挥汗如雨。

R. 斯瑞·库马尔（R. Sri Kumar）先生——警察署长及卡纳塔克警局设施公司（Kanataka State Police Housing Corporation）常务董事，1970 年毕业于印度理工学院马德拉斯校区。他至今难以忘怀自己第一天到钣金车间时的感受。"在印度理工学院的第一个星期，我们被带到了工装车间，每个人拿到一截铁管被要求把它锉短一些。基本上所有人都只是把铁锈锉掉就把东西拿给了教员，结果教员把我们嘲笑了一通。他不得不告诉我们真正要做什么：把长度锉掉整整 3 英寸！这完全是体力活，而且是在湿热难耐的车间里。我们之前'娇嫩'的双手返回学院时已经全部布满老茧。"35 年后的今天提到此事时他仍然侃侃而谈，然后他端详着自己的手掌说："看，这还是当年的痕迹！"

创立印度理工学院的元老们总是希望能将劳动的高尚理念传达至每个印度理工人的心里。而钱德拉竟然参与修建了克勒格布尔校区游泳池！在土木工程系主任马凯（Mackay）教授的指导下，学生们自己动手挖深坑,倒水泥,以及完成其他建筑工人做的任何事情。"我们夜以继日地劳动,"钱德拉说,"虽然辛苦,但乐趣无穷。整个校园的人都充满了无尽的热情——包括老师。"在我编写此书的过程中,许多成功的印度理工人对我说:"我们争先恐后地工作。我们努力地做每件工作而从没关心过工作本身。纯体力劳动真的是令我非常尊重。"

创造性是印度理工学院的创立者关注的又一方面。而它的目的就是开发出一套"基于教科书式的流程,但鼓励印度学生主动创新"的项目。每个从印度理工走出去的毕业生都应当成为"有创新意识的工程师或科学家"。技术领头人是具备"广泛的人性意识"和"具有未来条件下的创新主动性"的个人。斯瑞·库马尔说:"我在印度理工所学习到的最为重要的技能就是以不同的视角看待问题。假设你给每个人发了6根火柴,让他们摆出尽可能多的等边三角形,那么他们很可能最后只摆出两个。但如果是印度理工学院的学生,他则会摆出一个棱锥从而得到4个等边三角形。这是唯有在印度理工才会培养出的技能——以全然不同的视角看待问题。"

虽然斯瑞·库马尔放弃了工程师职业,转而加入了警察队伍,但当他调查一些二十年来最为知名的刑事案件:从刺杀拉吉夫·甘地到盗取无价之宝——提普苏丹(Tipu Sultan)之剑(提普苏丹是18世纪迈索尔的统治者),他发现以不同的视角看待问题的方法在调查刑事案件时依然十分有用。

很显然,经过埃德舍·戴拉尔先生的构想,和萨卡委员会的集体努力,印度理工学院必将以巨人的姿态出现在世人面前。

四 "领导者"摇篮

但是当尼赫鲁即将对宏大的印度理工学院项目开绿灯的时候,出现了一些反对的声音——对这个培养"杰出人才"的尝试的质疑之声。阿肖克·胡恩(Ashok Jhunjhunwala)先生——印度理工学院坎普尔校区的校友、现印度理工学院马德拉斯校区教授,常回忆起他当年得到印度理工学院入学通知后到比哈尔邦(Bihar)的一个小镇拉克萨拉(Lakhi Sarai)旅行的情景,他去看望住在那儿的爷爷。"你要去那个文人雅士去的学校了吗?"老人家问他的孙子。"我那时真被他的话吓住了,不知道什么意思,"胡恩后来说,"但后来真正去了印度理工的时候我就全忘了。"他毕业后去了美国进修,然后又在那里执教了几年。当他回到印度的时候,他再次来到拉克萨拉小镇,并回忆起爷爷所说的话。

"我问了他当时为什么那么说。他是个甘地主义的忠实支持者。他告诉我说当建立印度理工学院的计划被提上议程时,在甘地主义支持者当中对于建立学院是否正确有过相当多的讨论。在激烈争论之后,他们终于批准了这件有益的事情。印度过去有建立精英学府的传统,佐证就是那烂陀(Nalanda)的古佛教大学。学校的主旨就是挑选最好的人然后训练他们。因此,这样的学校甚至在战时或饥荒都能够得到最为庞大的资源以供支配。培训的目标就是为国家培养领导人才。"世界上第一所国际寄宿制大学就诞生在那烂陀,它在公元5世纪到公元12世纪的全盛时期拥有2000名教师和10000名学生。

印度理工学院的创立者在构思之初是否了解那烂陀已经无从知晓。但从当时的文件可以看出,他们确实想建立一所培训比能上岗的工程师做更多事情的人才的学校。

印度理工学院克勒格布尔校区是在1951年8月18日落成剪彩的。此后出现了一个平静期。然后,在一连串的建设活动后,4个新的印度理工学院校区在4年内建成了:1958年孟买校区;1959年马德拉斯校区;1960年坎普尔校区;1961年德里校区建成。与克勒格布尔校区有所不同,上述校区都接受了国外相当数量的技术和资金支持。1961年,《印度理工学院法》提出时,是这样告诉议会两院的:"利用不同国家对于4个印度理工学院校区的援助将会产生不同的影响,这样便于开发出培育高层次技术人才的不同方法。"国外援助包括设备采购资金、国外客座教员,以及各院系的高级研究和培训合作。

到1979年为止,印度理工学院孟买校区收到了115万美元的设备资金,国外客座教员2352人次的授课,以及内部教师810人次的国外受训。马德拉斯校区的数字分别是523万美元,2254人次和500人次;德里为311万美元,1114人次和2038人次。克勒格布尔校区也接受了等值国外援助53万美元,坎普尔校区接受了等值195万美元的国外援助,总计国外援助为1197万美元,大约是印度政府花在印度理工学院采购设备上总数目(2903万美元)的40%。

国外援助很重要。其中不仅仅是资金方面,更重要的是专业知识、管理体系以及美国、德国、苏联等国家的教授带到印度理工来的成果,这些都是成功的关键。印地立桑教授回忆说:"坎普尔校区是首先从国外援助中获益的地方,美国人给了坎普尔校区很多的设备。但除设备外,他们的贡献还在于开创了世界水平的学术氛围,例如教师的自主权、自由定制课程、信用体系、考试改革以及培训体系等。他们从美国大学带来了成批年轻有为的教师,这些教师一般会在坎普尔执教一到两年。"

萨拉·斯瑞瓦——Xansa技术服务公司(前身是IIS信息技术公司)主席,1968年坎普尔校区第4批毕业生。"当我们来到坎普尔校区的时候,学院还在紧张的施工当中,"他回忆说,"但老师们都干劲十足。印度理工学院坎普尔校区是在'坎普尔印美合作项目'的资助下建立起来的,整个项目由美国9所大学联盟参与,其中包括麻省理工学院、康奈尔大学、哥伦比亚大学(Columbia)、加州理工学院(Cal Tech)以及凯斯西储(Case Western)大学。许多教员都来自于这些美国大学组织的代表团。其中不仅有美国教授还有一大批印度教授。这样的教师队伍质量是非常高的,而且由于班级人员比较少,所以不论是系主任、教员还是学生,都能有近距离的互动机会。回顾当初师生互动的良好氛围,我无法想象出哪里还有比这里更好的环境了。为了让航空工程系的学生进行实践,印度理工学院甚至自建了一条飞机跑道!"

虽然当时的技术援助项目在20世纪70年代时结束,但印度理工学院与西方顶尖学府的牢固合作关系却被长久地保持了下来。

然而,使印度理工获得空前成功的真正原因既不是先进的学术课程安排,也不是国外技术援助,而是印度理工自身的组织结构。

印地立桑教授说:"《印度理工学院法》无疑是印度政府通过的最成功的法律之一,它给予了印度理工学院完全的自主权。这在印度高等学府中是独树一帜的。委员会中少了政治掮客,大家开始了真正的、客观的讨论。所以,他们所做的决定远比那些具有政治和学术双重标准的政客和官僚们参与时要客观合理得多。而且,由于少了政府官员的参与,委员会成员们的决定也越发具有责任感和符合客观实际。"

而在印度理工学院,每个校区的负责人是由委员会指定的,而委员会的主席也不是什么政客或官员。每年唯一一个来自教育部的财政官员会来访并宣布当年的财政拨款,仅此而已。接下来,印度理工学院的名校区负责人和管理层就会讨论确定如何使用这笔拨款,政府不会干涉。印度理工人能够完全自由地选择他们自己的教学大纲和教学方式,而且自由追求适合自己的成功之路。

一位同时在印度理工学院和地区高校教学的教授这样说过:"在政府管理的工程学院里,如果他们想采购一台示波器,必须经过招投标的过程,拿到3份报价然后递交到政府职员那里。等到政府职员签核并送回来的时候,那些报价早就失效了,而且仪器的技术也早已过时。然后,他们不得不再走一次流程。"

印地立桑教授认为那些政客不愿意管印度理工的"闲事"可能是因为他们中的大部分都以印度理工为豪。"毕竟印度理工学院是教育部的掌上明珠。"他指出,"况且还有《印度理工学院法》。我记得20世纪80年代的时候有一个部长尝试想要对印度理工学院指手画脚。而其他官员告诫他根据《印度理工学院法》的规定他不能这么做。这个部长读完该法后只得罢手。"

"没有政府的干预,这对印度理工学院必然产生了巨大的影响,"戈帕拉克里希纳说,"政府只是把它建了起来,然后就撒手不管了。而那些政府'撒手'的领域,基本上都做得很出色。看看软件业,整个产业的发展没有任何政府的协助。再看看电影业,我并不是说所有的印度电影都很不错,但是这个产业确实达到了国际标准。所以,谢天谢地他们也没管印度理工的'闲事'。"

印度总统是每个理工校区的视察员,每个印度理工学院校区的管理层不仅包括视察员任命的主席、校区负责人,该校区所在地州政府联合任命的一位工作人员;还包括从技术专家或有社会地位的实业家中选出的四位具有专业知识或在教育、工程学、科学领域有实践经验的人物,及两位学院的教授。

"但是,(对于印度来说)这样的体系还是有点特殊,因为行政领导(校区负责人)并不是大学管理层的主席,"印地立桑教授和奈加(N. C. Nigam)在《印度理工学院——杰出经验》中这样指出,"表面上看,这样做好像是限制了行政长官的自由决定权,但很有意思的是,结果并不是这样。在印度,工会势力很强并且在政治上受到纵容,因此甚至连教育机构和医院的工会也同企业中的工会一样有较大的势力。这给学校带来了一些问题。在大学里,副行政长官通常也是行政委员会的主席,因此职工们(包含教师)经常因为一点点不如意就发起不负责任的请愿并要求及时得到回应。而在印度理工学院,行政长官可以得到一些喘息的机会,因为最终的决定是由别的机构作出的,而这一机构的人员很少来访。假以时日,人们的情绪就会渐渐冷却,这有利于在更加理智的情况下作出决定。由于委员会中没有命令式的政治色彩或政府官员,所以委员会可以充当政府与职工之间的缓冲剂。"

印地立桑和奈加也提到了一些其他原因来解释为什么印度理工学院几乎没有教职工群情激奋的事件。这在印度的高校中是非常少见的,游行与抗议活动在其他学校中常常发生。"事实上,多数的印度理工教员非常专注于自己的研究,所以校园才如此稳定。这是因为:(1)研究过于忙碌而无暇顾及政治活动;(2)这些人在外界都有很高的认可度,有一定社会形象——他们不需要通过非学术平台来表达呼声。印度理工学院所有校区由于上述原因而长久以来从未关过大门——每天24小时敞开着。就算是寒冷的冬夜两点钟,也能看到成批的自行车停放在大厅门口,它们见证着人们深夜里热力不减的忙碌身影。"

"而且印度理工还有着宁静小镇般的氛围,这样也有好处——对于领导层来说几乎能够了解每一个人的个性特征。其结果就是,每个决定都是从人性出发的,毫不掺杂官僚成分。"

"说到底,虽然教员或其他教工心里多少会有些抱怨,但他们都为作为印度理工的一员而深感自豪。教员们努力维护'联合入学考试'正常进行的行动是有目共睹的。他们深深认识到任何的变化都会产生严重后果。"

这种印度理工人的自豪感帮助印度理工学院把体系的完整性保持了半个世纪——但同时也助长了根深蒂固的优越感——教授与学生都把自己看做是特殊阶层中的一群人。不过世人也确实把他们看成是"特殊"的。纵观世界,印度理工学院毕业生被看做特殊的群体,虔诚的信徒,极富智慧的一群人;校友之间紧密相连。因此,只要他们自己不会担忧,那就算是瑕不掩瑜吧。每年参加印度理工学院"联合入学考试"的男女考生达到了20万人之多,但只有2500个幸运儿能够通过。这恐怕是世界上理工院校中录取率最低的了。印度理工人的逻辑就是,如果这还不能让他们有特殊优越感的话,还有什么可以呢?还有那些教授们,他们传授学生知识,激发他们无尽的潜能然后送他们出去征服世界——如果连他们都不能把自己看作人上人的话,还有谁可以呢?

印度理工学院的学生最在意的就是自己的能力,其他任何事情都显得不那么重要。永争上游是这里的信条。社会地位、宗教信仰、家庭资历、富裕或贫穷、城市或农村等在印度社会中残酷而明晰的划分标准,在这里——印度理工学院,都消失了。这里是用能力说话的。在印度理工学院,任何未尽全力的努力都会被无情地拒绝。凡是有在学校礼堂演出经历的印度理工人,和跟不上速度、屡屡出错的演员们对此都颇为了解。世界上再没有任何地方的观众能像印度理工的观众那样喜爱嘲笑和挑剔。

"印度理工学院是印度人为自己建立的,有很浓的爱国主义色彩,"戈帕拉克里希纳先生说,"印度人想做成什么事的时候就一定能做到。在独立后的印度,我们进行了'绿色革命'和'白色革命'等。但是,这些革命都是为了将国家带出某种困境。甚至1990年的经济改革也是因为印度当时深陷泥潭。而建立印度理工学院的目的并不是为了摆脱什么困境也不是必须去做,但是他们成功了。真是不可思议!"

这些都源自于印度理工学院体系的核心内容所蕴涵的辉煌远景。而建立这所高等学府的原因与1945年开始的某个技术专门委员会密切相关。根据专门委员会的说法,建立新学院的目标如下:

● 协助学生进行性格、个人见解和心理能力的培养,使他们成为有用之才。

● 教会学生扎实的工程学基本原则与理论,使他们在多年后仍可自信地使用这些理论方法。

● 使学生学会使用解决实际问题的工具,并且激励他们在正式的培训之后有独立分析实践过程、技术原理、行政结构和高级理论的能力。

● 在正式培训时教授学生实际工作的要领,对他们在实践工程学原理时有所帮助。

● 教授学生实验的一般方法,使其能得出快速且可靠的结论。

● 培养学生撰写清晰、准确的技术文稿的能力,以及参与技术方面口头辩论的能力。

创立者们的目标是非常明确的。印度理工学院建立的初衷并不仅仅是为了培养能够修路造船的工程师,更重要的是塑造出建设新印度的领导者。

五 最难迈的"门槛"

  1999年12月,*Salon.com* 杂志网站上登出了由亚历山大·索克威(Alexander Salkever)撰写的一篇关于印度理工学院的文章。文章的开头这样描述了文奇·哈里(Venky Harinarayan)关于他的"联合入学考试(JEE)"经历的回忆,他是印度理工学院马德拉斯校区校友并且是 Junglee.com 网站共同创始人之一:在1984年5月温暖的一天,文奇·哈里坐在桌前参加考试,准备考取他梦想的学校。尽管他在高中班级里出类拔萃,并且为了这次考试准备了近一年时间,但当他翻开考卷的时候,身上还是不住地冒汗。这些年来作为电脑神童所历尽的艰难似乎都是为了这一刻。只要考到100分中的50分他就可以如愿以偿了。然而,突然间似乎连这么宽松的条件也变得难上加难。他用双眼仔细审视着这些似乎难以破解的问题——像是什么伯努利(Bernoulli)原理、多普勒(Doppler)效应、洛伦兹力(Lorentz)、离子均衡和组合数学,等等。这些都是他毫无准备的问题。"当时我的压力非常大,看着这些问题你却一个都答不上来。我在想,这下完了,肯定不及格。"哈里回忆说。

  哈里确实是谦虚了一点;最终,他取得了 JEE 考试全印度的第40名。或许他也并没有过度谦虚。每个第一眼见到 JEE 考试题的印度理工人都不得不承认那一刻似乎时间静止,思想一片空白。但你还是深吸了一口气,硬着头皮开始作答。

  这样的考试是世界上最严苛的,同时也是最公平的。

  每年,学院都会指定某个人负责协调整个"联合入学考试"过程。然后从不同的校区选出教授团队,与考试协调人一起共同讨论试题的编写工作。当然,考试的基本目的是在于测试学生们物理、化学和数学方面的天资。事实上,据说JEE考试举行的40多年来,还没有任何考题是重复的。每年出题组所分配的任务就是尽可能地采用自创的题目。

多年前,由于入学申请人数激增,考试被分为两个阶段。第一阶段——淘汰性测试,是由客观题目组成:所有题目均为选择题。此次测试的前2万名学生进入最后的测试——主测试。

出题组对于主测试制订了两套试题,分别密封在不同的信封里。到考试开始前一刻,考试协调委员会主任会随机抽取一套试题,然后印刷好的试卷会在严密的监控下分配到全国各地的考试中心去。每种试卷——包括物理、化学和数学各科——都会设置及格分数线,也就是淘汰线。如果有学生某科低于此线,那么不论他的3科总分多少,都无法被录取。因此,只有那些3科均衡的人才有可能进入印度理工学院。

曾任印度理工学院德里校区物理教授的杰恩(K. P. Jain)博士说:"JEE考试的目的就是为了区别考生的优劣。很显然,大部分肯定是因成绩不够好而出局的。然后是一小部分成绩优异的。剩下的就是一大部分成绩中等的,他们中大部分人成绩相同或仅仅相差一到两分。"这个区间非常关键,有时候一分的差距就可能相差三四十名。

当然,试卷评分的统一性也至关重要。要保证采用相同标准进行阅卷,使任何考生都不会因为老师的主观性而产生分数差异。

印度理工在这方面确保每个阅卷老师所分到的试卷绝对是随机抽取的,试卷主人的身份他们无从得知。出题人将标准答案分发到每个阅卷老师那里,以便他们根据学生答题步骤的正确与否给予相应的分数。但是,如果一旦出现某个天才学生以完全不同的方式答题,甚至他认为其中几步太过浅显而没有写出来,这时候该怎么评分呢?这时阅卷老师会打电话确认一下,看这个学生是无根据的猜测,还是偷窥了别人的试卷,或是自己真的解答了题目。

不过杰恩博士也承认:"任何有人参与的地方,就不可能会有绝对的客观性存在。诚然,一个人现在拿着标准答案评分与6个月后进行同样的评分肯定会有些许差异。但是在JEE考试中,我们的体系决不会允许评分中出现多于1‰或2‰差异的情况发生。"

同时,JEE流程中也采用了让另外一批阅卷老师对试卷进行二次抽查的方法来杜绝错误的发生。他们从每10份试卷中抽取1份进行评估。如果发现阅卷有误的话,那么这个老师阅过的所有试卷将被重新检查并评分。

这是大多数考试体系为维持公平性所采取的措施,当然,在整个考试中全部采用选择性的客观题的除外。但这种形式无法分辨出真正的天资聪颖与庸碌之辈。实现差别化对于印度理工学院的考试体系来说是重中之重。

但这种情况的实现却一年比一年困难。这也正是JEE考试及出题人今天所面临的主要难题。

在我考入印度理工学院的1980年,那时为了准备JEE考试我大概学习了一整年,少数人可能用了两年。而在今天,这种情况已经非常常见,甚至近乎于理所当然,男生、女生们经常会花费3到4年时间来准备考试。他们通常在九年级或十年级时开始参加培训班,直到十二年级时参加JEE考试为止。一般来说,单纯看统计概率的话,大部分人是无法通过JEE考试的。但是许多落榜的学生并不愿选择普通高校,而是来年花费整年时间进行补习以期再次考试能够通过!不过,他们中的大部分会再次遭受挫折。这些人会用接下来的5年时间近似疯狂地考印度理工,然而他们的努力却得不到任何回报,只是将大量的金钱花在无用的培训班上。

现如今,在印度的一些城市中,对印度理工的狂热已经使学生们甘愿花钱注册诸如"亮点培训"这样号称"最权威JEE考试培训班"等专门培训机构来为自己争取入学的机会。

坦白地说,我认为这是一种疯狂。其他的印度理工人也这样认为,包括学院的教授们。

根据印度理工学院孟买校区的一位高级教授的说法,考试的竞争是如此残酷,以至于现在考入印度理工学院的60%的学生都已经考了2至3回。但这些"老科举"们的素质能与第一次就考中的学生一样吗？答案是否定的。包括加拉姆·拉梅什先生在内的众多印度理工人都这么认为。他坦率地告诉我说："我不认为考了3次才成功的人会有同样的素质，""而实际上应当制定规则把考试次数限制在两次以内。"

而另一个令印度理工人和教授们担心的就是那些从15岁到19岁花费了5年时间疯狂地考印度理工学院的人，他们可能为了考试而放弃了其他一切活动，从而变得孤僻，只剩下研究和解决某个特定方面问题的能力，或者说是只剩应付JEE考试的能力。想象一下，一个19岁的男生5年没看过电影，没读过一本课外书，没看过电视，甚至连女孩都没追过，这是怎样的一个人啊？

我认为这样的人不仅对身边世界的情况漠不关心，缺乏社交能力，毫无领导才能，而且创新与开拓意识匮乏。其实，我宁愿自己的这种猜测是一种误解，但所有的证据似乎都表明事实确实如此。

在我撰写本书过程中所遇见的人中，其中有一位是美国某跨国公司的高管，他在印度理工学院其中的一个校区建立了一个研究机构。在这所设备先进的实验室中，聚集了众多学术上最优秀的博士生、硕士生和本科生。但这位高管却对这些印度理工的"天之骄子"们有些失望："很遗憾，我发现这些印度理工毕业生虽然会做出色的数学计算，但他们却缺乏领导能力。"他接着说，"我所说的领导能力是指任何形式的领导能力——甚至是某个纯工程技术团队的领导能力。他们英语不行，交流能力不行，表现能力也不行。而且他们对冒险精神非常排斥，经常害怕失败而处处束手束脚。"

害怕失败？怎么会这样，我自问道。在我的印象中，印度理工人从来都是无所畏惧而且自信满满的。但这位高管却不这么认为："我所接触到的学生们都只是把自己局限在自己的小圈子里，"他说，"从来没有人想要尝试新事物，我认为学生中这种害怕失败、排斥冒险精神的思想很大程度上源于早年父母向他们施加的压力，父母向他们灌输必须不惜代价地考入印度理工的思想。而当他们落榜时，会遭到身边父母、兄弟以及所有家人的埋怨，好像突然变得低人一等。所以，强大的心理压力使他们丧失了所有的机会。"

不过我得说明的是，说这些话的并不是印度理工人，而是一个在美国生活了近 40 年,而且只是在他决定建立实验室的时候才在过去 4 年里定期访问过印度理工学院的人。他所见到的学生只是学术成绩优异,并因此被选中在他建立的实验室中工作的那些人。

"他们排斥冒险精神的思想是如此根深蒂固,以至于我说的话他们都无法理解,"那位高管说,"就在前几天,我把这些话告诉了学生们,他们竟然问我:'你想要我们冒什么险呢?'我被问住了,过了一会儿我说:'这就像是你喜欢一个女孩儿,尽管大胆去追她,努力让她爱上你。又好比是你的面前放了一些你听说过却从来没吃过的食物,尽管大胆地去尝试一样。'我努力用一些比较通俗的说法向他们解释这个问题。毕竟,如果印度理工的学生都不能去冒险的话,那么还有谁可以呢?他们是最不可能失败的人。所以,无论创业成败与否,只要他们还是印度理工人就总能找到工作。"

但我宁愿相信老一代的印度理工人某些地方是不同的。

在第一章中提到的哥伦比亚广播公司的《新闻60分》印度理工学院专题节目中,莱斯莉·斯塔尔在校园中采访了一位名叫苏拉博(Sourabh)的印度理工学院孟买校区学生。

苏拉博对她说:"我经常开夜车备考。所以在此期间,我的妈妈甚至会帮我把茶沏好放到我身边。"

斯塔尔自然就问是否他的母亲也和他一同熬夜。

苏拉博回答:"她……她确实和我一起熬夜,是的。"

苏拉博还告诉她,在他考试那天,他的父母、弟弟全都陪着他来到了考试中心。当他考完出来的时候,"我非常惊讶(地看到)……我的父母和弟弟还在那里等我(考试持续时间为6个小时)。"

但苏拉博不是特例。每年 JEE 考试时在考试中心外,都能看到满是默默等待而又神情焦急的家长们,他们各自祷告着,祈求神明保佑他们的孩子顺利地挤过这道门槛。

现如今,种类繁多的培训班在印度国内的每个城镇大量涌现,并且为抢夺好生源而激烈竞争,其中有些甚至承诺如果未通过 JEE 考试则返还部分学费。在过去的十多年里,拉贾斯坦(Rajasthan)的科塔(Kota)镇闻名遐迩,因为当地"出产"大量的 JEE 考试"能手"。一时间,从科塔镇考入印度理工学院的学生数量竟然超过了包括卡纳塔克(Karnataka)和西孟加拉(West Bengal)等大邦在内的印度其他地方入学学生的数量。这究竟是怎么回事呢?

我试着询问了一些由此途径进入印度理工的学生。他们的解释非常简单。科塔镇里的某个培训班与当地的几所学校达成了一个协议,如果这些学校里的学生在培训班上JEE课程的话,那么就可以不用去学校上课。对于印度理工学院的忠实粉丝来说,这样再方便不过了。因为在其他城市,学生们必须天没亮就去参加JEE培训,在那里待上4个小时,然后回到学校,晚上再回到培训班上几个小时的课,最后回家看书、练习和备考。而在科塔镇,你只需去学校注册一下,就可以全天在JEE培训班上课、学习,而且晚上也可以住在培训班宿舍。最后,按时回学校参加考试就可以了。每年,来自印度北部和西部的学生都齐集科塔镇针对JEE考试进行长达两年的学习,而他们在原来学校中的考试表现根本无人问起。

面对全国范围内如此白热化的JEE考试备考"运动",出题组的教授所能做的只有尽量弱化培训班的影响。但是这样做的难度越来越大。培训班搜集了JEE考试曾经出现的和可能出现的题目编成题库,然后以填鸭的形式"灌"给学生,用暴风骤雨般的模拟考试、题海战术确保每个学生每次都能快速地"搬"出答案。

印地立桑教授说:"如果以我的方式,我会彻底颠覆现在JEE的考试模式,因为它已经变成了人人可学的考试。只要有足够的耐力,并且不厌其烦地重复,那么谁都可以通过JEE考试。但如果JEE被彻底颠覆,那么印度理工学院的入学考试就会有政治上的干预,后果是灾难性的。"从某种程度来说,培训班现象和中等成绩的学生愿意花费四五年时间在入学考试培训上的事实,正在把JEE考试从单纯的智力和科学才能测试蜕变为纯粹忍耐力的考验。

我询问了苏拉博·斯瑞瓦(Saurabh Srivastava,他曾经是1963年JEE考试全国第二名)对JEE考试正在变成一种培训项目有什么看法,他说:"世界上没有哪种考试是无法培训的,"他认为,"世界上几乎所有的事物都可以这样做,练习得越多你的水平就越高。但如果你练习网球就认为自己能进入温布尔登(Wimbledon)公开赛那就错了,不过你还是可以借此提高水平。因此,你所能做的就是看看JEE考试够不够好，题目是否能够正确、真实地反映你的基础知识水平。"

培训班所能做的就是迫使学生们淹没在无休止的往年考试习题中，一遍又一遍，翻来覆去。曾有一位德里校区的高级教授对我说："如果让印度理工学院的教授们也来参加JEE考试的话，他们也不会考得很好！当然，这些人能够解答所有的题目，但我想他们在考场上可能没有足够的时间解答所有题目。毕竟，这些JEE考生们几年的时间都花费在了题目练习和快速解答上。"

前几年，JEE考试还出现了一些要改革的传闻。几年前一份由政府发布的建议书表示，既然印度国内有学习理工科意愿的学生必须要经历多个考试（其中包括印度理工学院考试、其他地区理工学院考试以及私立学院的单独考试），那么为什么不把包括印度理工学院在内的所有考试都统一起来呢？此方案将大幅度减少工科学院的入学考试数量。但此建议遭到了印度理工学院的坚决反对。

斯瑞瓦出席了那次政府讨论会，席间有官员问道："印度理工学院是一个精英教育机构。为什么印度理工学院的入学考试要区别于其他院校而独立存在呢？为什么不能在全印度的理工学院建立统考制度呢？"斯瑞回答道："为什么政府要为印度公务员制度设立单独的考试，而不进行统一考试呢？没错，印度理工学院是精英教育机构，我不觉得这有什么问题。如果你是指应该扩建更多校区的话，没问题，那就建。如果你是指吸纳更多学生的话，也没问题，印度理工地方多，可以多建几间宿舍多招学生。你可以网罗更多精英使强者更强，但决不能做出拖后腿的事情。"

此番论调得到了众多理工学院人的响应。阿尼尔·克什（Anil Kshirsagar），印度理工学院孟买校区全球校友会主席、Tibco软件公司副总裁说道："每年的JEE考试从20万人中筛选2500人入学。难道这就表明未被录取的人不够好吗？我不认为是这样。印度理工学院所缺乏的是教学设备与校园。如果不是因为这些条件制约，印度理工的优秀学生远比现在要多得多。"

南丹·尼勒卡尼，印孚瑟斯技术公司常务董事，对此也由衷地同意："在今天，印度理工的报考与录取比例太不正常了，简直有些疯狂!"他说,"如果我现在去参加考试的话,无论如何也是考不上的。我发觉在这样一个 10 亿人口的大国,每年竟然只有区区 2500 人考入印度理工学院,这太不合理了。

尼勒卡尼想要做些事情改变现状。他向印度理工学院孟买校区捐助了 500 万美元。其中部分资金用于改善他怀念的 8 号宿舍楼,还有一部分用于设立信息工程学院,而其中的 40%则用来与政府合资建设新的有上千所房间的宿舍楼。有一次,尼勒卡尼兴奋得像个小学生,把建筑图纸拿来给我看,上面的建筑看起来还真像是一件艺术品:高大的红黄相间的楼宇,还有空中走道和玻璃长廊。"就建在湖边,"他高兴地说,"这可是 Hafeez 公司设计的!"不过,我故意煞风景地问道:"你不觉得这样的建筑在校园里看起来有些奇怪吗?"他笑着说:"要不然能怎样呢?我们是在提高档次嘛!"到这本书出版的时候,尼勒卡尼捐建的校舍就能住满学生了。同时,孟买校区的学生人数也将大幅增加!"我真的是乐在其中啊!"尼勒卡尼感叹道。

印度理工确实需要更多像尼勒卡尼这样的人。2002 年 1 月 16 日,德里的一位主妇兰加娜·秋德(Ranjana Choudhury)被她 17 岁大的儿子用锤子杀死在自己的家中。那男孩偷偷地来到正在厨房做早饭的母亲身后,用锤子朝着她的后脑勺砸了下去。然后,他洗掉了衣服和凶器上的血迹,并藏在了自己的柜子里,最后报警说发生了谋杀案。联合警务署署长阿曼德·坎斯(Amod Kanth)接受《印度时报》的采访时说:"起初我们受到了他的误导,他说早上 8:30 左右有一个女人来拜访他的母亲,而这个人她实际上并不想见。后来他又说现场曾出现过一个卖花的,但自从他不断地给出一些前后矛盾的陈述后,我们就决定对房子进行搜查,并发现了作案凶器和那件衣服。"

而在两个星期前,这个男孩刚刚在印度理工学院的入学考试初试中落榜。自那时候开始,他的母亲就喋喋不休地训斥他。发生谋杀的前一晚,她还用扫帚打了那个男孩。

这就是现如今印度学生考取印度理工梦想的真实写照:备受煎熬而且丧失理性。

六 国家建设者

今天,大概有125万多名印度理工学院校友分布在世界各地。据估计,其中约有35000人在美国。我猜想,总人数中,大概15万到20万人分布在全球其他地方,而其余的人大概都留在了印度——也就是说,大约有60%的印度理工人还是选择留在了国内。20世纪90年代是科技蓬勃发展的时代。在美国的几十名印度理工学院校友一夜之间迅速成名,有关他们的报道铺天盖地,纷纷登上各家报纸的头版头条。但是大多数的印度理工人,无论是留在印度国内还是身在异国他乡,都是一些"无名之辈"。他们既不是腰缠万贯的富翁,也不是频频亮相于海报上的明星。在世界各地比较有名的企业或大学中都可以发现印度理工人的身影。他们脚踏实地地工作着:或处于公司的底层,为他们所在的行业默默无闻地奉献自己的聪明才智,或不断创造新的就业机会,推动全球经济的发展。

20世纪90年代以来,印度理工学院的校友们为信息技术的发展开辟了一条捷径,这其中的原因是显而易见的。(今天,几乎每个印度理工学院的学生,无论是矿业工程专业还是造船工程专业的,都会尽最大努力,尽可能多地选修与软件相关的课程。毕业的时候,他们事实上已经掌握了两个专业——一个是自己的本专业,另一个就是计算机科学。)但是,凡事都有例外。印度理工的校友们也活跃在如石油公司、钢铁厂、煤矿、银行以及政府部门等地方。正是这些默默无闻的印度理工校友们打造了印度理工学院这一品牌形象并使其声名远播。互联网和电信业的不景气使得靠科技发家致富的印度理工百万富翁们蒙受了重大的损失。许多昔日无限风光的明星人物,已逐渐沦落为今日的无名之辈。很多人越来越倾向于从事一种安定的工作,从中寻求一份难得的安稳。但是,这些默默无闻的印度理工人仍在推动着世界商业和学术之轮继续前行。他们不出风头,以自己的方式,实现了建校者最初对培养能干的印度技术专家的憧憬和梦想。

但是,建校者其他的愿望有没有实现呢?即,印度理工学院有没有培养出能够为建设新印度而献计献力的人才呢?评审委员会绝对没有资格来判定这一点。

你得亲自去寻找他们,然后,你就会找到辛嘎尔。

见到辛嘎尔,人们首先注意到的就是他那张"好战"的脸庞。你会认为这是一个很难相处的人,坚决果断,不拘小节,充满斗志。"我是我们那一届学生中被恶作剧整得最惨的人,同时也是最恶劣的恶作剧的始作俑者。"辛嘎尔说的一点都不夸张。

作为印度国际电信业巨头 VSNL(Videsh Sanchar Nigam Ltd)的主席兼总经理,1991 年到 1998 年间,辛嘎尔把当时一个提供境外通信服务的小公司变革成为一家为客户提供全方位的尖端数字化服务,得到国际认可的电信大公司。他自己也成长为一个以客户为中心的多媒体市场领跑者。1995 年,辛嘎尔将互联网技术引入印度,并且使该技术在印度快速成长。如果印度软件行业的崛起和发展史中没有突出描写辛嘎尔在改善跨国交流所需基础设施方面所作出的贡献,那么这部历史是不真实的。20 世纪 90 年代中期,VSNL 建立了软件技术园,还提供高速的国际互联网服务,没有这些,印度的软件公司很难在全球竞争中立足。

辛嘎尔说话直来直去,没有丝毫矫揉造作的痕迹,这也在人们的意料之中。"你知道的,所有关于软件出口和信息技术革新等等的高谈阔论中,从来都没人提及政府部门在这一进程中所发挥的作用。"他坦率地讲道,"如果没有政府部门的支持,那么印孚瑟斯和其他公司也不过只是一些类似于不起眼的电视机维修店的小店铺而已。我们这些在 VSNL 的人实现了电脑间的数字连接和通信，使得这些公司可以进行海外软件的开发。但政府部门没有注意到我们所作的贡献，亦从未对此表示过任何的赞赏。"

在辛嘎尔的带领下，VSNL 的总收入增长了 215 个百分点，从 5.15 亿美元增长到了 16 亿美元。证券资本额增长了 355 个百分点，从 9 亿美元增长到 41 亿美元。利润增长了 666 个百分点，人均总收入增长了 204 个百分点，语音通信增长了 354 个百分点，数据通信增长了 1091 个百分点。

辛嘎尔属于那些建设印度公共部门的工程师中的一员。他们反对个体经营者进入这一领域，为追求实现印度在技术上自给自足的梦想而拒绝前往薪金待遇优厚的私营部门。今天的情形已与往日大不相同。政治的介入、限制性规定、管理上的漠视以及贫乏的工作文化，所有这些导致印度大部分的公共部门在实质上已经沦为一片荒芜之地。如果能够找到一个买家的话，则政府正在尽力促使公司向私有化转变。今天，公共部门仍然是印度理工人择业时最后才会考虑到的几个方向之一。

但是，像辛嘎尔这样的人为他们曾有过的生活感到骄傲。"我是个在国外定居的印度人，"他说，回忆起他在伦敦 Inmarsat 公司工作过的那 9 年时光，"但我不像在硅谷的那些百万富翁，我放弃了金钱利益，接受了这项挑战。我为我所取得的成就感到非常骄傲。我所做的事改变了上百万印度人民的生活，不像其他人，把自己的名声和财富建立在操纵股市涨落的基础上。"

1962 年，辛嘎尔从印度理工学院克勒格布尔校区毕业，获得了工学学士和工学硕士学位，然后他在飞利浦（Philips）电子公司谋得了一份工作。事实上，飞利浦当时提供了两份工作供他选择。一份是在零部件部门，每月的薪金为 700～800 卢比。这在当时已经算是不错的收入了。另一份是在照明部门，每月薪金为 1000 卢比。"但是，在照明部门主要负责的是销售工作，"辛嘎尔说，"我是一名工程师，我想做一些技术性更强的工作，所以我选择了薪酬较低的那个部门。尽管薪酬还算丰厚，但工作的范围太狭窄，我很快就感到厌倦了。"

辛嘎尔向政府技术服务部门申请工作，并且通过了考核。很快他被安排到一个部门,但那里腐败成风,他实在难以适应。"我在那里,显得格格不入。所以,第二年我又参加考试,这一次我进入了电报通信工程部门。我的同事们都选择诸如办公人员这样的差事来做,但我选择了项目实施部门。"

那时的生活非常艰苦,因为,他当时正负责在丛林茂密、高山耸立的阿萨姆(Assam)和克什米尔(Kashmir)地区建设微波覆盖网的项目,还要在拉贾斯坦的沙漠地区建立起同轴电缆系统(coaxial cable system)。虽然辛苦,但辛嘎尔对这份工作很满意。"那些年,我像个泥水匠一样地工作,还做过木匠,用混凝土浇筑,用薄泥浆填塞,安装甚至检修过交流发电机,"辛嘎尔面带自豪地回忆道,"那是一份很刺激的工作,在阿萨姆的丛林中、斯利那加(Srinagar)的雪地里、拉贾斯坦的高温和尘土中,都留下了我们战斗过的痕迹。整个团队的工程师和工作人员,晚上常常聚在一起喝酒;晚饭过后,大家可能会围在一起玩会儿纸牌,这已是大家习以为常的消遣了。但是,到了白天,大家权责分明,分工协作,即使前一天晚上,你曾与工程师开怀共饮,那也并不能代表你就有权不听从工程师的命令。如果你不按照要求做好自己的本职工作,你就会被推下悬崖。"

他这一做就做了8年。1972年,他被调到设在德里的总部工作,加入为印度设计微波覆盖网的设计团队。1978年,他作为驻布达佩斯(Budapest)的印度领事馆技术专员的3年任期期满之后,他对政府说,他想去领导印度刚刚起步的卫星项目。"同事们都说我疯了,我这是在冒险进入一个没有任何人愿意踏入的领域。但是我想要的只是挑战,而这恰好是一个挑战。"作为INSAT(Indian National Satellite,印度国家卫星)项目的第一位指挥者,在辛嘎尔雄心勃勃的计划以及努力奋斗下,印度终于成为第一个成功发射了自己的通信卫星的发展中国家。

1982年,他被调到伦敦(London)的Inmarset公司工作。"我在那里工作了9年之久,但我最终还是决定离开那里,不再与这些白人共事。我那个时候能挣到很多钱,一个月税后净收入5500英镑,另外我还享有其他一些福利。但与此同时,仍有一个声音在呼喊:

我想要新的挑战。家庭会议作出了回国决定,于是我和家人都回到了印度。"

山姆·彼特达(Sam Pitroda)是印度一位颇具远见的电信业领军人物,这位技术专家心中怀着燃烧的梦想从西方回到印度国内,他从1989年就开始参与辛嘎尔的项目。彼特达用最简单的几句话来解释他的这一行为:"如果你想赚钱,那就不要回印度;如果你想要挑战,那就来VSNL。"但是,他从Inmarsat公司辞职的两天后,彼特达的主要支持者拉吉夫·甘地就不幸在一次选举集会上遭到了暗杀。彼特达受到新政权的排挤,而辛嘎尔被任命为VSNL的董事长兼总经理。

辛嘎尔对于印度请海外成功人士来谈经验的政策很恼火。"这些从美国硅谷飞回到印度,还给出这样那样建议的家伙是谁啊?他们是做什么的?他们只知道赚钱。一个小有名气的印度理工学院校友来到这里,想谈论关于电信部门(简称DoT)的事。他说'废除DoT,拯救整个民族。'那么,对于DoT所作的贡献,他又了解多少?而且,就算有些事情出了错,那也不能全部怪罪到DoT这一部门头上,要错也是那些政治家和政府官员的错!而且还有人竟然花3000卢比去听这个对于自己所谈论的事情一无所知的人的演说!我曾去听过这个家伙的演讲,他是来自麻省理工学院传媒实验室的尼古拉斯·内格罗蓬特(Nicholas Negroponte)。他所说的主要内容就是,互联网络失败的主要原因在于他们没有建立起任何收入模式!有人花了10000卢比去听这样的演讲,去听那个家伙讲那些任何人都知道的事。"

但是,谈起在印度理工学院的时光,他的目光会慢慢缓和下来。"我很喜欢在印度理工的那些日子,"他说,"竞争精神,多元文化,和一个泰米尔人、一个孟加拉人住在一起,同时又各自独立地过着自己想过的生活。因为校园离市区的距离较远,使得校园生活难免带上一点聚会的色彩和气氛。而在此情况下结成的情谊使得我现在仍与在克勒格布尔结识的朋友们保持着联系。"

"学院举办晚宴、音乐晚会、选举大会,每时每刻,都有如此众多不同的事件在发生,以至于只要稍微安静下来,你就会有一种被疏离的感觉。至于竞争方面,所有的人都是最好的,但是在这里,你要比最好的更好。"

也许你会问,那么,在印度理工学院学到的最重要的东西是什么?"我学会了独立、自主,"他说,"在印度理工,除了金钱之外,在其他方面,我从来都不依赖于父母。我确信,如果当初我选择继续和父母生活在一起,那么我将永远都接触不到我现在所接触到的一切,也不会在文化如此多元化的环境中与来自印度各地的同学打交道。我认为印度理工学院的环境提供了淬炼上乘钢铁所需的温度。我在课外所学到的知识远远多于课堂上所学。我学会了如何与人相处;我学会了如何与最优秀的人竞争。"

如果你想问关于成千上万的印度理工学院毕业生的移民问题,那么辛嘎尔是最合适的人选,因为他的衣袖上一直戴着"印度人"字样的标志。但是,他对此所持的观点并非如你所期望的那样。"我会说一切错误都在于印度的体制,"他会这样对你说,"终究还是要看与生活的质量、面临的挑战和国际竞技相伴而生的机会。正如他们所说的,整个世界就是你的地盘。为什么日本人不离开自己的国家呢?因为他们在国内就有施展自己才能的机会。对于印度人才外流负有最主要责任的就是印度的管理者。他们应该及早认识到印度理工学院所培养出来的人才的流动性和不可储存性。哪怕只有一丝的机会,稍微有些竞争意识的人也会选择离开。"

"对于印度人才外流负有最主要责任的就是印度的管理者,"他强调说,"他们必须要学会尊重专业人才。"

讲到这里,你会嗅到他的语气中有些苦痛的味道。我一动也不动地保持着沉默。辛嘎尔转向我,说道:"我被VSNL解雇了,不再任董事长一职。我不是退休,是被解雇了。我们的'政治大师'们怕我为难尴尬,为顾全我的面子,所以给我写了这样一封信,告诉我明天开始不用来上班了。几个小时之后,我就接到了阿尼尔·阿巴尼(Anil Ambani)的电话,问我第二天早上能否一起吃早餐。

"那顿早餐结束的时候,我又有了一份新的工作——印度信实电信公司(Reliance Telecom)的董事长。辛嘎尔目前是BPL公司的副董事长,他在公共部门的损失在私营部门转换为自己的收入。之后，这个一辈子都在政府公共部门的人会告诉你，"要想使印度理工学院有光明的前途和未来，就不得不让它脱离政府部门的控制，实现独立经营，除此之外，别无他法。"

几天后，我会回过头来仔细检查一下这些记录，然后给辛嘎尔发一封电子邮件，向他索要一份他的个人简历副本。第二天我就收到他发过来的简历——一份冗长的文件。除了那些已为众人所知的内容外，还列出了他曾获得的诸多奖项——什么"亚洲之星"、"电信业时代人物"、"年度人物"、"国际杰出奖"、"高科技最佳管理者"等，以及他曾担任过印度和国际众多电信公司的董事长的记录。

七 电信业的救星

建校者当初为印度理工学院设立的目标是培养建设新印度的人才,在我寻求一些为实现此目标而献身的校友期间,有一个名字时常浮现在我的脑海。近年来,我不断地听人提起阿肖克·胡恩教授。我常常听说,这位印度理工学院马德拉斯校区的教师正在为农村地区的网络连接做着惊人的工作,即在只有4300万个电话连接点的国家,他竟大言不惭地说要在几年的时间里使电话和互联网的连接点快速增加到2亿个;他很有信心能够将每根电话线的费用降低到当前费用的十分之一;他在马德拉斯校区就读的时候就已经开始酝酿了,他要利用国内的技术将电信带到偏远贫困落后的地方去。

这很有意思。那些关于未来的宏伟预计和承诺往往是印度公共部门最普遍的说辞,不论是出自政治家之口、商人之口,抑或是专家之口,我都不会感到奇怪,但是我从未听说过教授也要启动这样一项计划。在印度,学者和科学家对于喧嚣纷扰的商界往往是避之唯恐不及。也有像印度物理学家维克拉姆·萨拉(Vikram Sarabhai)或化学家P. C.雷(P. C. Ray)那样的人物,他们成立了孟加拉化学用品公司(Bengal Chemicals)。但是大多数的印度研究人员总是自以为他们要高商人一等;他们始终抱有这样一种观念,那就是,如果要将他们的发明成果投入生产,转化为商业利润,对于他们而言,无疑是有失身份的事情。印度理工学院体制最大的败笔之一就是它与行业之间的互动性和互换性不是很强。随着政府给予印度理工学院的补贴的削减,情况正在发生改变,但是后经济解放仍有很长的一段路要走。斯坦福大学在具有创业精神的教授们的指导下,在其学校研究实验室的周边建立起硅谷,像这样的事情若要在印度发生,简直是难以想象的。

胡恩看起来已经成功地建立了学术和创业之间的联系。而且,很明确的,他一直坚持不从他所建立的公司中拿走一分钱赞助。

我驱车前往位于印度理工学院马德拉斯校园内的电气科学大厦,一边提防着偶尔从路两边的树林中冲出来的鹿,一边沉思着我所了解到的胡恩。我从网上看到一些他的著作和演讲,他的核心哲学在他 2001 年的演讲的几个段落中有所总结。

"1991 年,印度和中国都有 550 万部电话,"他说,"今天,印度大概有 3500 万部电话——10 年之内增长了 6 倍,这在传统意义上看来算不上多大的成就。而在同一时期,中国的电话数量增至 2 亿,并且还在以每年 3000 万的速度增长着。中国在生产方面所占的优势也许与这有着很大的关系吧。"

"过去的几年中,互联网不仅作为另外一种通信的手段出现,还是一股强大的推动力。进入互联网就相当于接触到了大量信息。它能很快地为一个人提供接触到大量的培训,并为教育提供便利条件。帮助人们达成协议,进行网上交易,使人们通过在网上搜索资料,就能足不出户地执行任务,从而节省了大量的花在路上的时间。今天,印度有大概不到 300 万互联网连接点。缺少了进入互联网的途径将会使印度内部产生重大的分歧。"

"开始的时候,印度需要至少 2 亿的电话和互联网连接点……实现这一目标是很重要的,但与此同等重要的是实现这一目标的过程。因为这一过程将给我们带来千载难逢的好机会,这将使我们的研发、生产和服务行业得以改观。"

在稍后的演讲中,他继续阐释他正在从事的推广工作以及这一工作的过程中潜在的原则:"仔细观察世界各地的电信和互联网费用,你会发现,在西方,接通一部电话的费用大概为 800 美元。我们使用的是相同的技术,难怪费用也与此相似。但是,这 800 美元是西方十多年前对于此项服务所收取的费用。而且,一个经营者每年还需要花费最初投资的35%到40%的费用,才能实现盈亏平衡,安全经营。这样每个家庭的支出就仅为30美元每月,90%的家庭能够支付得起。因此,西方大部分的家庭在很多年前就都已经能够与外界连线沟通了。现在,仅仅依靠降低成本再也不能达到扩大市场的目标了。他们的研发重心很自然地转移到替代市场上,那里需要更多更具特色的产品和服务,而不仅仅是低价产品。"

"但是,在印度这样的国家,这样的成本费用也很少有人能支付得起。电信(或互联网)的成本费用应当降到现有成本的三分之一甚至更少,以便于这一服务能够在印度得到广泛的关注和使用。谁来做这些呢?我们不能仅依靠西方的研发力量,很自然的,这已经成为印度人的研发任务。"

"重要的一点就是,紧紧跟在西方的屁股后面,我们永远都只是个追随者。我们要做的就是了解我们的需求,掌握技术。'满足需求——技术开发',这不仅会使我们开发满足自己需求的技术,而且最终会成为技术上的领导者。"

"技术领导者",这是多么富有雄心的字眼啊!

胡恩是一位皮肤黝黑,充满活力的人,他把所有的书籍和其他东西都统统塞到一个背包里,这很容易让人想起美国的大学生。在进入印度理工学院坎普尔校区的几周前,他曾和他的爷爷就印度理工各校区是高雅人士云集的场所,有过一段对话。他说:"那么,建立印度理工学院各校区的原因只有一个要点,那就是,一旦从学校毕业,你就应该成为领导者。但是,成为领导者也是需要一定条件的,你被众人当成领导者,因为社会已经倾其所能,将他所能给予的最好的部分全部都给了你,那么现在你就应该对社会有所回报。而且,最重要的一点是,你不能抱怨社会的现状,因为你所接受的精英教育就是为了让你能够驾驭和改善这一社会。一旦毕业,构建健康社会的责任就落在了你肩上。你不能发牢骚说'我能做些什么'?如果你以社会现状很糟糕为借口,那么你就彻底失败了。"

"那么,你怎么认为呢?"我问他:"这能行得通吗?"

七 电信业的救星

"近年来,我们已经从印度人在西方社会所取得的成功中受益良多,"他说,"突然之间,你在某些方面受到了整个世界的尊敬。在印度国内,信息技术行业已经取得了巨大的成就。今天,印度的年轻人信心满满。在特定的领域,我们中的许多人都在尽力去改变些什么。我不会说印度理工的校友们没有履行他们应当成为领导者的责任——改变社会,但是,按照他们所具备的能力,他们现在所取得的成就还是远远不够的。如果我们能够带来改变,那么所有纳税人在印度理工学院教育经费上的支出、政府所给予的补贴都得到了应得的回报。否则,政府和这些人为什么要为印度理工的精英教育买单呢?印度理工的校友们需要一些促使自己前进的力量。他们能够在国外有如此良好的表现,其中一部分原因就是在那里有股力量在督促他们前进。而在印度,他们所持的态度往往是'我们是印度理工的毕业生,我们有享受悠闲生活的权利'。但是,他们忘了一点,他们的义务远远要比他们所享有的权利重要。"

胡恩停顿了一下,环顾一下他那狭小简朴的办公室,大概也就 8×7 英尺那么大。"我爷爷所说的话给我留下了深刻的印象,"他说,"这让我对于我以后的人生中该做些什么有了自己的看法。"

在胡恩还是个学生的时候,他就决定一切要"按原计划行事"。先去美国进修,追求更高水平的研究,在那里任教几年。然后回到印度看看他能够为印度做些什么。正如他现在所做的。他说他从未为回到印度而后悔:"看到那些在美国的朋友们,我发现在印度,无论是在职业生涯还是个人生活上,我都比他们快乐很多。"

在20世纪90年代早期,他就找到了自己的使命。如果谁能够大大降低电话通信的费用,使得贫困农村地区也能够支付得起这笔费用,那么谁将会掀起一场意义深远的革命,一场会改变广大民众和大大改善他们生活的革命。"1995—1996年间,当我提议将长途话费降低 1/10 的时候,每个人都以为我是个疯子、傻瓜,"他回忆道,"但是,我们现在将这笔费用降低到了原来的 1/4。就这个 1/4,我们竟然用了6年的时间!"

今天,为服务于一个电话用户而安装一条电话线路所需支付的费用大概是30000卢比。考虑到投资的财务费用(15%)、折旧费用(10%)、经营和维护费用(10%)等因素,经营者的年收入至少要有原始投资的35%才能达到收支平衡,安全经营。另外,还有执照费用和各项税费,每一个电话用户的月收入至少要达到1000卢比。假设每个家庭将收入的7%应用于电话通信,那么仅有1%~3%的家庭,也就是200万~600万人,能够支付得起这笔费用。

但是,如果经营者的投资可以降到10000卢比,那么,几乎50%的印度家庭都能够支付得起安装一部电话的费用。似乎突然之间,建立2亿个电话连接点的目标不再是遥不可及了。而且,由此产生的结果也将会是令人惊讶的。10000卢比的电话线路将会是一项具有重大影响的技术,就算不能为整个世界带来什么改变,但至少会改变整个发展中国家的通信领域的面貌。假设印度能够生产15000万条如此廉价的电话线路的话,这也将会成为一个营业额达15000亿卢比的行业,拥有大量的雇员。当然了,印度也可以向其他发展中国家提供这项服务,这将意味着这些数字有可能变得更大。

但是,仅仅发展技术是远远不够的。我们得创立一种全新的商业模式,能够使这些线路迅速通往那些还未安装电话的区域。那么,应该建立什么样的传输系统呢?胡恩的解决办法就是照搬20世纪90年代印度快速发展的行业——有线电视的商业模式。印度有线电视连接点1991年还是空白,到2000年的时候已经发展到5000万。最基本的原因就是其廉价的费用,大概每月100卢比。这一费用60%的印度家庭都能支付得起。

另外一个重要的原因就是印度有线电视经营者本身。他只是一个小小的创业者,他把一个碟子形状的反射器和电线架在电线杆子或者树枝上提供有线服务,不过只有方圆几公里的范围内能够接收得到信号。他挨家挨户地上门推销自己的服务,每个月亲自来收取费用。甚至在周日的晚上,如果用户有维修的需要,他也会随叫随到。胡恩曾简洁明了地说道:"这种层次的负责任的服务导致了下面这样一种情形:在处理一些相对简单的问题时,未受过培

七 电信业的救星

训的人员往往比那些受过培训的技术人员所使用的技术要复杂得多。"但是,重要的是,这样小规模的经营产生的人力成本费用要比那种有组织有规模的经营低好几倍。如此低的成本再分摊到每个用户身上,使有线电视得以普及。很显然,有线电视的成功普及正是值得胡恩效仿的商业模式。

但是印度理工学院的教授中很少有这样的专家来执行这样的计划。他们需要成立公司,由这些有过从商经验的人员管理和组成。他们需要生产制造上的合作以及资金的赞助,生产出世界一流水平的零部件。所以,胡恩列了一个名单,上面是他教过的9位学生的名字,他们现在都在印度,他认为这些人是能够冒这一风险的合适人选。他认为:"他们中只要来5个,我们的计划就可以付诸行动了。"他与这9位学生取得了联系,所有的9位学生都来了。

胡恩和他的团队开始了他们的事业。他们的理念很简单:我们将开发一项新的技术,我们将准许你进行生产,但你必须提前支付生产许可证的费用,我们才有开发的启动资金。印度电子股份有限公司,Shyam Telecom公司和Crompton Greaves公司同意了这项提议,支付了4000万卢比。这笔提前支付的许可证费用是胡恩公司启动的原始资本。美国的一家公司,Analog Devices答应免费为他们提供集成电路(集成块),并帮助他们在世界各地推销他们的技术。公司的CEO,雷·斯塔塔(Ray Stata)还为其中的两家公司投入了资金。

你为什么不向政府申请资金援助呢?我问他。"当你从政府那儿拿走资金的时候,政府几乎不会有什么措施来督促你,"胡恩坦白地说,"如果你拿走企业的资金,他们会无时无刻不在逼迫你,就像拿枪抵在你的头上一样,所以你必须兑现你的承诺。"

"那又是为什么你从未在任何一家自己创办的公司中占有股份?"他遵循的是经典的美国式的学术—创业模式,但为什么要牺牲金钱的回报呢?"因为这是在印度,"他微笑着解释道,"你不仅必须保持清白,而且还得看上去很清白。再加上我们是教师,我们要超越金钱利益,上升到一个更高的境界。如果在公司中占有一定的股份,我们立刻就会成为众矢之的。他们会误以为我们所做的一切是纯粹的商业行为。如果我们不从中拿走一分钱,事实上我们会变得更强大。"

在创业过程中,胡恩并非一帆风顺。他并没有告诉我他都面临着什么样的困难,只是简单地说,他知道自己应该把这些困难当做过程中的一部分,他也承认:"我有时候也会感到心灰意冷,但是第二天早上我又会振作起来,这是我的命运,我必须要这样做,而且,我不会向任何人行贿,不会向任何大企业卑躬屈膝。"

我一边与那些熟知胡恩的人谈论他的事情,一边在脑海里拼凑着他这么多年来为使自己的技术得以开发而奋斗的故事。他所面临的第一个困难,当然是要使人们相信他和他的团队——来自印度电信与计算机网络集团,或 TeNet——所谈论的一切并不是空话。毕竟,这么多年来,太多杰出的人物讲了太多关于如何改善印度的言论,但遗憾的是,他们的高谈阔论从未兑现。但是,当胡恩的团队生产出的第一个产品在试用中设备运转良好时,立刻就被一些规模较大的电信公司视为一种威胁。

各种各样来自政府的怪异障碍开始出现,胡恩被告知,关于他们正在进行的生产,国家电信部并没有相应的条款和规定。政府针对无线本地环路(Wireless Local Loop)产品所制定的标准似乎是有意将 TeNet 的产品晾在一边。昂贵的进口设备可享受税费的优惠,而国产的相对较廉价的设备反而需要承担沉重的赋税。产品的原产性甚至都遭到了质疑,政府甚至还派相关部门来调查。向法院提起的诉讼指控胡恩在兜售早已过时的无线技术,阻止国家电信部向胡恩下一笔哪怕数量很小的订单,而事实上,胡恩的系统是一个完全数字化的系统。

同时,一家电信公司向胡恩开出了一个很有吸引力的价格,意图购买这项技术的相关专利,以确保 TeNet 永无出头之日。毕竟,再也没有另外一家公司可以提供这样优厚的条件,它所开的价位甚至是成本的双倍,用户可同时获得电话通信和 35/70 Kb 的网络连接速度。这家公司向胡恩传达出来的信息就是:要么卖出,要么饿死。但是，胡恩他们拒绝卖出、拒绝放弃、拒绝行贿、拒绝让步。事实上，当这一闹剧进行得沸沸扬扬之时，TeNet 在印度理工学院马德拉斯的实验室里继续改进他们的产品。

今日的胡恩坦然面对他曾经的遭遇。"任何有远见有抱负的人，无论何地，前进的道路上总是布满了荆棘，"他对一位采访者说道，"如果当初我给自己定下的目标小一些，那么就不会有这么多的荆棘当道，我认为在印度的荆棘障碍远远多于任何一个国家。"今天，已有 12 人加入 TeNet 的团队，他们都是前往美国追求更高层次的研究的印度理工校友们，如今都已回到印度国内。这一团队已经发展出 6 家公司：Midas 通信公司，它与 TeNet 团队联合开发了拥有专利的 corDECT（无线本地环路技术），并已经获得了生产许可证；n-Logue 通信公司负责在农村地区推销这项技术；Nilgiri 网络公司，负责 corDECT 技术基础设施的解决方案；Banyan 网络公司，负责高速宽带互联网接入技术（DSL，全称是 Digital Subscriber Line，即数字用户环路）；NMS 软件公司，主要开发网络管理系统；以及软件技术综合咨询公司（Integrated SoftTech Solutions），为高端网络连接提供咨询服务。在这些公司供职的工程师共计 500 余人，其中 1/4 都是胡恩以前的学生。这是学生对教师的一种莫大的尊敬。

TeNet 开发的 corDECT 技术是利用电台发射的电波实现交换机与用户家庭之间的连接。假设你住在泰米尔纳德邦的一个小乡村，你的兄弟从孟买打电话给你。那么，电话的信号首先到达当地的交换机，在那里 corDECT 技术将这一信号数字化，然后传送到你的家中，这之后由安装在家庭墙壁上的一个小型装置来接收。通常情况下，你必须在当地交换机方圆 10 公里的范围之内，才能通过 corDECT 技术实现家庭与交换机的连接。但是如果在太阳能中继站的辅助下，这一范围可以扩大到 25 公里。那么，方圆 25 公里之外，没有交换机的地方又会怎样呢？事实上，印度大片的地区都在这 25 公里之外。印度大范围的铁路网沿线都铺设有铜线来满足铁路之间大量通信的需求。那么，为什么不利用这些铜线来传输信号,从而实现与 corDECT 网的连接呢?

一个典型的 corDECT 系统包含一套以交换站为基站的中央装置,周围有 20 个信号发射器。总成本约 200 万卢比。当地服务提供商(LSP)付给 n-Logue 公司 100 万卢比,成为占有 50% 份额的合伙人,这一系统覆盖了方圆 25 公里的范围。这大致相当于 2000 平方公里的范围,印度的平原上大概有 300 到 400 个村庄能够被覆盖到。n-Logue 希望在这一区域内能够建立至少 500 个连接站点,为个体、政府办公室、学校、公众健康中心,以及每个村庄至少一个小企业(它可以建立一个成本较低的互联网服务站,供那里的人们使用)提供服务。LSP 找到用户,并且将他们联系在一起,负责每一个连接站点的维护,收取费用。

建立 n-Logue 互联网服务站需要 40000 卢比。而事实上,在政府为农村企业家提供各种各样援助的前提下,他们自己仅需支付 10000 卢比就可以建立一个这样的服务站。这 10000 卢比可以使他们得到无线设备、天线、电线、天线杆、1 套电话装备、1 个 STD-PCO 仪表、1 台配有多媒体、彩色显示器、能够维持电脑使用 4 小时的备用电源和印地语软件的奔腾 700 MHz 的电脑。胡恩说,目标就是要创建一支企业家队伍,为周围的人谋求福利。"如果你创立的机制让人明显感觉到无利可图的话,那么一切都免谈。"他告诉我。

产品的推广已经进入泰米尔纳德邦、安德拉邦(Andhra Pradesh)、卡纳塔卡邦、中央邦(Madhya Pradesh)、拉贾斯坦邦(Rajasthan)、印度北方邦(Uttar Pradesh)以及旁遮普邦(Punjab)。公司已经做出决定,继续将经营的范围锁定为印度的农村地区,因为那些规模较大的公司的经营者也许不会对这一地区感兴趣。全套的办公软件——文字处理程序、空白表格程序、数据库、邮件客户端、浏览器和制图组件,所有这些都是用印度本土语言编写的,是随 n-Logue 的软件包一起捆绑销售的。当然了,这也是由 TeNet 的团队开发出来的。

我在 2002 年下半年见到胡恩的时候,他的整个梦想正显现出辉煌的轮廓。南部泰米尔纳德邦的奈里普帕姆（Nellikuppam）地区的一家糖厂资助建立了65个本地互联网连接。种甘蔗的农民可以在线察看自己的账户详情，获取肥料和杀虫剂价格等信息。从前需要搭乘公共汽车到糖厂去办的事，现在只需点一下鼠标便可完成。在印度中部的大邦——中央邦，当地政府也在使用这项技术。已有500多个村庄使用政府资助的互联网连接来查阅土地档案或商品价格，或向本地官员申诉不满。在拉贾斯坦邦，一个商人通过使用corDECT的连接以及价值2500卢比的网络照相机，成为全村第一个专业的摄影师。

2002年，Midas通信公司的营业额为6亿5000万卢比，他们很自信地说，到2003年的时候，他们的营业额相比2002年的增长不是2倍，也不是3倍，而是50倍。国营电信公司BSNL已经向他们下了55万条线路的订单，还有来自埃及订购的20万条线路。订单的价值总额达100亿卢比。n-Logue计划在接下来的4到5年的时间里提供100万电话/互联网连接点，使农村的覆盖率达到85%。

"这是非常有可能的，"胡恩说，"5年前没有人能想象到我们今天能够取得这样的成就。"他还提到有一些国营公司也使用corDECT，他正在期待着大量订单的到来。同时，巴西、马达加斯加、斐济、伊朗，还有其他几个国家的农村地区的村民们也正在通过corDECT与整个世界慢慢联系在一起。

2002年，印度政府授予胡恩"Padma Shree"奖[1]，在他获此奖项之后，接受rediff.com的采访时被问及在历经多年的奋斗之后，他是否对现在所取得的成就感到心满意足。"心满意足？不。我只是感到高兴。"他回答道。他继续说道，在他看来，这"仅仅只是个开始"。"参与设计（在印度的技术与产品）的工程师仅仅只有几千人，不会多于此，"他解释道，"我们永远都不会感到心满意足，直到我们看到有成千上万，或者更多的人参与进来。我们很高兴我们走对了

---

[1] 印度政府颁发给印度公民的最高荣誉奖。——译者注

方向,但是,只有当一切事情都在朝着你所期望的方向发生的时候,你才会感到满意。我们还有很多事情要做。"

如果我从来没有听说过胡恩这个名字以及他所取得的成就的话,我永远都不会想到要问他这样一个具体的问题。即使你说它是你所见过的最庸俗的陈词滥调。胡恩无论如何都不像是在印度上层学术界出现的姓氏。这是马尔尼里语(Marwari)中的一个姓氏,它使人立刻想到大规模的商品交易公司。"当你决定成为一个教授,而不加入家族生意的时候,你的家人会介意吗?"我问他。

"当然了,"他承认,"作为传统的马尔尼里贸易家族的成员,当他们得知我决定成为一个学者的时候,他们感到很不安。"然后,他笑着说:"我想我已经算是回归到马尔尼里的祖业中了,也算是帮助人们建立了一些商业联系,我的家人现在应该感到高兴一点了。"

八 "西进运动"

与成千上万的印度理工学院毕业生不同的是,辛嘎尔并没有前往美国进修,而是留在印度理工学院克勒格布尔校区攻读工学硕士学位。刺激出国热潮的第一个因素就是在美国9所大学的帮助下印度理工学院坎普尔校区的建成。成立伊始,坎普尔校区有很多来自康奈尔大学和加州理工学院的美国教授。很多从美国回到国内的印度教授也被安排到那里任教。这样,印度理工学院坎普尔校区的学生们就比当时其他校区更早地接收到来自美国的诱惑。他们成功申请到奖学金也变得更加容易,因为坎普尔校区的教授中有很多人在美国的学术界算得上是知名人士。而且很多时候,这些教授又刚好是学生们正在申请硕士学位或奖学金的大学的代表。

20世纪60年代初,美国人正在全力以赴力争在本年代末实现人类的登月计划。这一计划涉及各个行业的合作,他们必须争分夺秒地不断发明和开发新技术,而且各个领域的工程师大量空缺,分布遍及各个行业,从电子到冶金,美国当时现有的工程师数量远远不能满足这一需求。印度理工人很显然地就成为填补这一空白的最佳人选。

20世纪80年代,当印地立桑教授还是印度理工学院马德拉斯校区负责人的时候,一天晚上,他在一个晚会上碰到了德国驻印度的一位领事,闲谈中,教授无意中提到了他的几个学生在获得美国签证方面似乎有些问题。"领事听完之后,笑着对我说:'印地立桑博士,美国驻印度领事馆有一本黑色的小册子,里面记录着印度理工学院各个校区的所有学生的名字。领事馆的工作人员在马德拉斯只给印度理工的学生签证。他们只是想让这些学生多拜访几次,以提高美国签证的身价。"

德国外交官的这番话中不乏夸张的成分,但是作为第一批在美国证实了自己的学术和技能的印度理工学院毕业生,他们所在的这些校区在美国整个学术界都享有盛誉,他们被认为是世界上具备最好的头脑资源以及勤奋刻苦的毕业生。这些毕业生中很多人留下来继续攻读博士学位,然后成为美国大学的教授。许多印度名字都被简化成美国人易读的发音,例如,Srinivasan 简称为 Sri,Ramasubramaniam 简称为 Ram,Avinash 简称为 Avi——他们中的许多人在美国一些大规模的公司中开始到达中层领导的位置了。但是这也正是这么多年来从未曾改变过的状况,很多印度人在美国的公司内望眼欲穿地期待着再有些实质性的进展,可最终还是因四处碰壁,无法找到突破口而不得不结束自己的职业生涯。

20世纪90年代的早期和中期,在突如其来的多元化的冲击下,终于有人冲破了限制他们发展的束缚。印度理工学院德里校区的校友拉贾·古普塔成为了麦肯锡公司负责全球事务的总经理。孟买校区的校友维克特·梅利兹成为全球银行业巨头——花旗银行的联合首席执行官(今天他已是花旗集团的高级副董事)。克勒格布尔校区的校友罗诺·杜塔,以及坎普尔校区校友拉科什·甘格沃分别掌管着世界上最大的两家航空公司,即联合航空公司和美国航空公司。克勒格布尔的校友阿伦·萨因成为 AirTouch 通信公司的总裁,这家公司在当时算得上是全球最大的移动电话服务供应商。作为一名风险投资家,萨因休息了一阵子,然后又一次成为了最大的移动服务供应商的首席执行官,不过,不同的是这次是沃达丰的首席执行官,沃达丰并购了 AirTouch。印度理工学院孟买校区的沙勒什·J. 梅他经营着 Providian 公司,这是美国最大的私营金融公司。以上所列的印度理工人,他们是第一批走上这些位置的非美国国籍人。

当古普塔和梅利兹在努力成为企业高管时,一些在西部海岸的印度理工校友决定创办自己的企业。

八 "西进运动"

加利福尼亚(Californian)北部主要的学术地标仍是斯坦福大学(Stanford University),那里正在发生着神奇的变化。1939年,受到教授的鼓励,斯坦福大学的毕业生比尔·休列特(Bill Hewlett)和大卫·帕卡德(Dave Packard)在一个车库中起家,成立了一个小规模的电子公司,他们抛掷硬币来决定将谁的姓氏放在为公司所起的名称前面,并且开始制作音频振荡器。以两人的姓氏命名的Hewlett-Packard(惠普)取得了令人震惊的成功,这也造就了斯坦福大学其他的企业家。其中有3人共同创立了英特尔公司(Intel Corporation)。苹果计算机(Apple Computer)的构想出自当地男孩史蒂夫·乔布斯(Steve Jobs)和史蒂夫·伍兹尼亚克(Steve Wozniak)。媒体将这一地区称为"硅谷"。

1982年,一位27岁,名叫维诺德·科斯拉的印度人,他是一名印度士兵的儿子,也是印度理工学院德里校区的校友,他与当时硬件业巨头安迪·贝克托(Andy Bechtolsheim)和营销奇才斯科特·麦克内里(Scott McNealy)共同成立了太阳微系统公司,简称Sun公司。事实上,Sun公司已不是科斯拉与人合伙成立的第一家公司了。他于1976年来到美国,在卡内基·梅隆(Carnegie Mellon)大学攻读了生物医学工程博士学位,在斯坦福大学攻读MBA。他原本打算在一家刚刚起步的公司工作,但是他的工作申请被拒绝了。他与以色列人阿耶·费因哥德(Aryeh Finegold)合伙成立了戴西系统公司(Daisy Systems)。但是,费因哥德和科斯拉很快就发现,他们二人在关于戴西系统公司应该主营什么的问题上产生了分歧。费因哥德想集中一切精力开发计算机内部自动诊断设计和工程学的应用,而科斯拉却想建立一个新的工作站——一种比个人电脑更强大,可以放置于桌上的机器。它可以实现与其他机器的连接和同时运行。与昂贵的大型的电脑中央处理机相比,这一新型工作站,无论是从连接速度还是从应用方面来讲,其超级迷你性都具有相当大的竞争力。

1981年12月,科斯拉离开戴西系统公司后,遇到了贝克托,两人一拍即合,进而极力说服麦克内里,使他相信工作站的建立将会使整个计算机世界发生翻天覆地的变化。

在计算机行业看来,Sun 公司提出的建议简直是痴人说梦,甚至还带有自我毁灭的色彩。每家公司都在坚持认为硬件和软件应当专用的时候,Sun 公司引领了"开放式计算机系统"的新概念,即你可以购买 Sun 公司生产的主机,可以将它与所有的硬件相连接,在基本的操作系统中运行软件,这一基本的操作系统——AT&T Unix 系统——是由技术天才比尔·乔伊(Bill Joy)设计开发的,他也是 Sun 公司董事会中的一员。当推进工作站建设的同时,Sun 公司也在试图开发一种全新的集成电路片,从而能够使计算机中央处理器的运行方式发生革命性的改变。他们研发的最终成果就是 RISC(即 Reduced Instruction Set Computing,精简指令集运算)。RISC 集成电路片的运行速度大大加快,因为需要输入的指令被简化和缩小了,所以他们就不再需要那么多的电晶体支持它的运转了,而且他们的制作成本也被大大降低。最终,开放式系统和 RISC 改变了整个计算机世界。

但是,科斯拉恐怕不会与 Sun 公司一起,看着这一切变成现实了。因为,在 1984 年年底,作为首席执行官的科斯拉和合伙人以及公司董事会之间的分歧达到了白热化的地步。最终的结果是,麦克内里取代科斯拉成为首席执行官。时至今日,跟英特尔、思科和微软(Microsoft)一样,Sun 公司也逐渐成为全球最重要的信息技术公司之一。

科斯拉就这样被打发走,离开了 Sun 公司。但是几年后他又重回商业战场,在全球技术市场,上升到没有一个印度人能够超越的无与伦比的高度。

当这位印度理工学院德里校区的校友在忙于创立戴西系统公司之时,萨哈斯·巴蒂尔,来自詹谢普尔(Jamshedpur)的一位男孩,他从印度理工克勒格布尔校区毕业后进入麻省理工学院。他也成了一名创业者,与科斯拉不同的只是他的创业之路是在距科斯拉有些遥远的犹他州(Utah)开始的。在麻省理工学院的时候,巴蒂尔就已是阿玛尔·波色(Amar Bose)的教学助理了。波色凭借自己的研究发现,创造了优质的扩音系统。就像齐丹·拉杰(Chidanand Rajghatta)在他对软件行业创业者所做的研究中指出的那样,巴蒂尔深受波色的故事启发。一边在盐湖城(Salt Lake City)的犹他大学任副教授,一边想着他所开发的技术从根本上改进组装集成电路的方法。

General Instruments 公司与巴蒂尔签了一份价值 36 万美元的合同,让他在两年内生产出他们所需要的视讯转换盒。这样巴蒂尔系统公司就诞生了。但是 General Instruments 公司很快陷入了财务危机中,这使巴蒂尔的财富梦也随之化为乌有。1983 年,巴蒂尔去了硅谷,将公司改名为 Cirrus Logic,聘请麦克·海克伍思(Mike Hackworth)担任首席执行官,重又踏上追求名望和财富的旅程。

Cirrus Logic——或者更确切一点说,就是巴蒂尔和他带领的研究团队——率先设计了计算机和调制解调器,以及专业集成电路片。1989 年,公司新股初次公开发行,在接下来的几年中,营业额从 1992 年的 1 亿 7100 万美元飙升到 1996 年的 14 亿美元。

但是,在 20 世纪 90 年代后期,一系列错误的决定,包括自行组装集成块,而不是授权设计,不断变化的竞争环境,以及英特尔公司不断的营销和研发攻势,所有这些都使得 Cirrus Logic 陷入一片混乱。2002 年,它的营业收入为 4 亿 1750 万美元,这与它在全盛时期所取得的成就相去甚远。Cirrus Logic 不得不舍弃早期一些主营项目,把主要精力集中于寻求新的机会,为消费电子行业提供零部件。同时,巴蒂尔开始成为一个慈善投资人,并将大部分的时间用于此,在他的指导下启动一些能够实现其构想的项目。他已经向他的母校印度理工学院克勒格布尔校区捐资数百万美元。克勒格布尔校园内强大的网络将各个宿舍、各个场所连接到一起,所有这一切都是由巴蒂尔和阿君·马赫特拉赞助的。位于克勒格布尔校园内的,由国营半导体公司经营的高端 VLSI(Very Large Scale Integration,即超大规模集成电路)实验室的建立也有巴蒂尔和马赫特拉的资助。

巴蒂尔一向不爱在媒体前抛头露面,这就使得他很容易被人淡忘,人们往往不能将巴蒂尔这一名字与他所赞助的那些项目联系到一起。校园内的网络并没有因为他们的赞助而命名为巴蒂尔—马赫特拉网络。每次到克勒格布尔校区,我们都会发现,事实上,大部分的学生们甚至不知道,他们现在能够坐在宿舍里就可知晓天下事，到底是欠了谁一份人情。这真是一种不幸，我常常感叹学生和整个校区在感恩意识方面的缺乏。

马赫特拉不像巴蒂尔，他可谓是出镜率最高的商人，引得成群结队的记者被他那乐观的天性所感染，着迷于他那孩童般的幽默天真，以及对于引用艺术的敏锐。他也不会拿自己的名字去命名那些他自己资助的项目，有一次他用所爱戴的教授桑雅尔（G. S. Sanyal）的名字来命名他所资助的一个远程通信研究中心。其他人并不都像他们这样低调，克勒格布尔和孟买的商学院都是以他们主要资助者的名字来命名的，分别命名为维诺德·古普塔和沙勒什·J. 梅塔，就像以拉科什·甘格沃来命名孟买校区的信息技术学院一样。

瑞基（Rekhi）是早期从印度理工学院孟买校区毕业后来到美国的毕业生之一，他常常被人称为"印度黑手党教父"。他是一个好战的难民家庭的后裔。他的家族在国家分裂期间逃往拉瓦尔品第（Rawalpindi），他曾在最前线将那时在美国的印度科技专家召集在一起，遵循"我们相互为对方提防"的信条，形成一个联系紧密的商业关系网络。

瑞基在密歇根（Michigan）一所名不见经传的大学攻读了硕士学位。他在美国最初所从事的几份工作都不尽如人意。他的前三份工作都是被公司解雇的，这并不是他的错。因为在与他签下合同的那一刻公司雇主的财富似乎就开始减少。最终他前往加利福尼亚，与一个国防承包商签订了合同。自此，他的职业生涯一帆风顺，突破了层层限制，终于出人头地。但是现实也渐露端倪——他永远都不可能进入公司的管理层。20世纪70年代初硅谷的提升制度与我们今天所看到的大不相同。在那里，一个人的种族渊源很重要，而拥有印度理工学院学位证书也仅仅只是比其他的对手稍胜一筹。1981年，当萨哈斯·巴蒂尔在犹他创立巴蒂尔系统，以及科斯拉正在梦想着在硅谷上方建立一个新的工作站时，瑞基和两个印度同事开办了Excelan公司，专门制作能够更轻易地实现计算机之间通信的软件。可是筹措到所需的资金绝非易事。科斯拉的合作者是一个德国人和一个美国人，而Excelan公司只有三个印度人。他们用了几个月时间才筹集到200万美元的资金。但是合

八 "西进运动"

作者之间发生了一些不愉快的事情,Excelan 公司的财富岌岌可危。最终,作为权宜之计,不善辞令的技术专家瑞基被推上了首席执行官的宝座。而风险投资家们又在积极寻求一位白人来取代他。

在瑞基的带领下,公司发生了引人注目的变化。但是,当初次公开发行股票的时刻到来时,金融家们让一位美国人顶替了他的职位,这个美国人是惠普的前执行官。股票发行非常成功,一年后,Excelan 公司正处于蓬勃发展时期,瑞基重又担任首席执行官。20 世纪 90 年代初,瑞基以两亿的价格,将 Excelan 公司卖给了 Novell——世界上最大的网络公司,他被任命为 Novell 公司首席技术官。但是当 Novell 公司的首席执行官于 1994 年退休之时,瑞基——这位明显会成为新任 CEO 的不二人选——却未被考虑。于是他退出了 Novell。他已经赚了很多钱,甚至比他年轻时能够想象的还要多。"我挣得的钱比任何人都多,我花十辈子都花不完。"他曾这样告诉过一位采访者。他希望可以将自己的财富投入到一些可以改变成千上万的像他那样的印度人的生活中,这些人和他一样怀有一腔热情和聪明才智,但这并不意味着鼓励他们实现名利双收。他们需要一位参谋和一位督促者,瑞基可以做到这些。

尽管建立 TiE(The IndUS Entrepreneurs)公司并不完全出自瑞基的想法,他还是成为了 TiE 的脸面。一些使公司日益壮大的印度人,负有将自己的钱财、技能与其他印度人分享的责任,使得他们也能够变得富有和成功。到 2000 年 5 月,*Business 2.0* 杂志称瑞基为"非官方但又毫无争议的硅谷黑手党教父"。作家梅兰妮·华纳(Melanie Warner)描述了瑞基的工作日程安排。每周一次,坐在位于圣克拉拉(Santa Clara)办公区那间了无生趣的办公室里,用三四个小时的时间聆听前来求助的创业者们有什么奇思妙想,此情此景让她想起了《教父》(*The God father*)中考利昂(Corleone)在女儿的婚礼那天接见那些客人的情形。她说,能够登上瑞基联系人名单已经很幸运了,但那些真正的幸运者将会得到瑞基实质上的资助,兑现让其加入董事会,并起到积极作用的允诺。

时至今日,TiE 在全球范围内拥有几十个分支机构,TiE 年会吸引了大量想成为企业家的人,他们都在试图找到一位成功的印度企业家,拉住他,让他聆听他们自以为很有创意的点子。瑞基始终耐心聆听。因为他是 TiE 几个创立者中资历最深的人，而且对于诸如 Exodus 这样的公司的财政支持和指导已经令他成为人们交口称赞的传奇。Exodus 是由两名来自印度南部的优秀男孩创办的，他们两个人没有任何社交技能，但是都怀有同一个梦想，那就是要改造互联网的基础设施。1999 年，TiE 在孟买举办了第一届年会，瑞基和他的同事们受到了摇滚明星般的待遇。那些对互联网怀有梦想的人的欢呼声不绝于耳，他们似乎时刻准备着为瑞基他们进行一场现场表演。他们相信自己有足够的时间递上自己的名片以及仓促之间潦草完成的商业计划书。

2000 年的一个晚上，我来到德里一家五星级饭店，TiE 在那里举办 2000 年的年会，我想看看年会上会是怎样的一番景象。映入我眼帘的是一个极端混乱的场面，形形色色的男人和女人，怀揣大量的名片和影印版本的商业计划书，四下找寻着带有美国口音的印度人，想拉着他们听他讲自己的创业计划。这是在互联网行业低迷，以及纳斯达克（Nasdaq）指数深受其害后的几个月。纯粹出于好奇，我和一位朋友自称我们是 IBM 的前任执行官，目前正在圣何塞（San Joae）寻求合适的投资项目。他们纷纷提议在宠物用品、全国杂货数据库和移民服务方面都应开通互联网。

当然了，瑞基是众人的首要目标。我听到这些怀揣梦想的年轻人相互之间提着一些建议："很显然，他只给你 30 秒钟把自己的想法告诉他，所以你必须清楚简洁地明白自己要做什么，以及计划的获利能力和扩展能力。"最后，我们看到这位大救星被年轻人包围着，四周喧闹声一片。所有这些人都清楚地知道，并且深信，属于自己的时刻到了。瑞基彬彬有礼地听着他们说的话，随着时间一分一秒地流逝，局面似乎变得越来越难以控制。当瑞基告诉其中一个过度狂热分子他的想法没有任何商业价值的时候，这位年轻人开始与他争辩起来。瑞基的忍耐已经到了极限："如果你真的有你自认为的那样聪明的话，为什么今天还没有富起来？"他不屑一顾地扬长而去。接下来的整个晚上我都没有再看到他。

到 20 世纪 90 年代晚期，瑞基的野心似乎并不仅仅局限于帮助印度人逐渐富裕起来，他开始走访印度各地，每年几次。与政界高层会面，包括总理，还进行公众演说，告诉人们，为了改变印度的现状，人们需要做些什么。瑞基坦白直率的演说评论使他在媒体中占有重要的地位,其中最具影响力的莫过于他提议印度理工学院应当实现私有化以及他将为此而号召印度理工的校友们筹集10亿美元。他直言不讳地道出自己的想法,不去在意这将会冒犯得罪多少人。

在一次高等教育部政府官员和印度理工学院杰出校友的会议上,政府官员认为,印度理工校友们为母校捐资的时候,不应该为这笔资金的用途设下限制。也就是说,捐资者只需要开出一张支票,无需明确制定这笔钱要用于哪个项目。资金如何使用,完全取决于印度政府和印度理工学院各校区。当时在场的印度理工校友都认为这简直太荒谬了。这位政府官员的话音刚落,瑞基说道:"如果你是在告诉我,我可以把钱给你们,而在关于如何使用这笔钱上,我却没有发言权的话,我会说:'一边儿凉快去!'。"他接着说道,"你们到底还想不想要我的钱?你们认为接受我的投资是在给我面子吗?作为捐资人我有权清楚地了解我的钱到底将会花在哪里,检查它们是不是被合理地利用,并且按照原计划进行。你也可以因为不采纳我特地列出来的项目而有权不接受我的捐赠;而且我也有权拒绝给那些不符合我心中所想的项目投一分钱。我劝你们还是现实一点吧!"在瑞基这番直言不讳的言论之后,紧接着,其他几位印度理工校友们也畅所欲言,纷纷发表自己的意见,结果,就像给我讲述这件事的人所形容的那样,"那帮政府官员手足无措,恨不得找个地缝钻进去"。

但是我也发现有一些校友觉得瑞基关于印度的言论太过武断。在他提出将印度理工学院私有化的建议之后的一个月,我见到了一位在政府供职的印度理工校友,他对瑞基的言行颇感愤怒。"瑞基到底以为他是谁啊?"他说,"这些逃离印度的人,现在他们有脸回来对我们说教,来告诉我们应该做什么!他对于这个国家又了解多少呢?"

但是,这样的反应丝毫没有使瑞基泄气,并就此罢休,"我有的是时间和资金来源,"他在一次采访中说道,"我想让整个印度的社会状况得以改善。"

九 先驱们

　　硅谷早期的一位企业家,似乎与瑞基截然不同。多年以来,全世界的软件工程师几乎无人不知他的姓氏(尽管他们中大部分人没有想到,他们每天在使用的编程工具——Gupta SQL 中的 Gupta 是一个印度姓氏)。多年来,他一直与硅谷中的印度社区或团体保持着一定的距离。这看起来好像是他在刻意回避他身为印度人的身份,全心全力地去拥护他的新国家。2002 年 5 月,在斯坦福大学一次印度理工校友举办的会议上,我与古普塔有过一次简短的会面。当其他几名校友,像拉贾·古普塔和普纳丢·查特正在谈论要为自己的母校做些事情的时候,他插话了,他说:"为印度理工各个校区以及在印度的这些学生做些什么,关于这个话题的讨论已经太多了。而那些留在印度国内,由于技术行业的低迷,至今仍没有工作的印度理工校友的现状,才是我们应该关注的事情吧。"这位校友就是尤曼格·古普塔。

　　以下是截止到 2002 年 5 月,尤曼格·古普塔的简历:

　　尤曼格·古普塔,毕业于印度理工学院坎普尔校区,获医学工程专业学士学位,在俄亥俄(Ohio)的肯特州立大学(Kent State University)获得了工商管理学硕士学位。他现在是基调系统公司(Keynote Systems)的董事长兼首席执行官。基调系统公司在电子商务的基准评价以及网络性能管理服务方面居于全球领先地位。古普塔也是 NetClerk 的总裁,这是一个利用网络技术,专门为承包商们提供在线服务的网站。尤曼格的职业生涯开始于高科技行业,先是1973年加入IBM,这位在技术方面富有远见的早期企业家于1981年为甲骨文公司(Oracle)制订了一份商业计划,1984年担任其个人电脑部门的副董事兼总经理。离开甲骨文之后,他创办了自己的软件公司——古普塔公司(Gupta Corporation)(现更名为Centura Software公司),20世纪90年代中期,它已成长为世界上最大的软件工具和数据库公司。他也是Trustees of Mosaix公司董事会的一员,从1997年到1999年该公司一直是国营的呼叫中心系统公司,直到被朗讯科技公司(Lucent Technologies)收购。为了表彰他在信息技术行业所取得的企业成就,他被评为印度理工坎普尔校区杰出校友。

尽管这份简历看起来令人肃然起敬,但它只是罗列出古普塔所取得的成就。他为数据库行业巨头甲骨文(当时的公司名称为Relational Software)写了具有独创性的商业计划书。古普塔公司是第一家由印度人创办、在美国上市的软件公司,他们创造了在今天我们看来是理所应当如此的新颖的软件,他们还发明了"客户服务器"这一术语。它是第一家将标准化查询语言(SQL:Standardized Query Language)应用于个人电脑的公司。Gupta SQL曾经一时称霸于它所在的软件世界。

因为要去赶一班飞机,古普塔在斯坦福的大会上中途离场。当他将要走出会场的时候,我设法拉住他,告诉他我正在写的这本书,而且在月底的时候我可能会去硅谷。我问他,那时候他会不会在那里?他能否接受我的采访?"当然可以了",他一边说,一边将他的名片递给我,"给我发邮件,我们再确定这些事情吧。"

我给他发了几封邮件,但都没有回音。我在硅谷停留的最后一天,在我去赶飞往纽约的那班飞机的前几个小时,我给他发了最后一封邮件:"如果你不想见我,那么出于礼貌,至少也应该给我一封回信,告诉我,你不想见我。"不出我所料,仍然没有任何回复。

另一个拒绝与我见面的印度理工校友中的名人是科斯拉,他的

秘书给我发了一封很客气的邮件来回绝我,邮件的内容如下:

"下午好,科斯拉先生已经收到了您的邮件。但很不凑巧的是,由于繁重的旅行和公务在身,他不得不取消与您的见面以及接受您关于那本书的采访的约定了。他非常感谢您能够想到他,并且希望您的研究能够取得成功。

真诚的,K.鲍格尔(K. Baugher)。"

但是,在1999年下半年,我非常有幸能够通过电子邮件的方式,就一篇杂志的文章采访到科斯拉。他当时已是一位非常受欢迎的人物了。

我设法见到的一位极其富有,但基本处于隐遁状态,在一定程度上带有一些神奇色彩的人物是沙拉德·塔克(Sharad K. Tak)。

印度理工坎普尔校友蓝金·潘特(Ranjan Pant)非常慷慨地答应陪我到华盛顿地区四处走走,并带我去见一些成功的印度理工校友。一个下午,我们驱车来到离华盛顿市区不远的地方,在一排看起来像是有万贯家产,其住宅占据了整座小山的大户人家门前停住。这些大门旁的墙上安装着一个微型的电话和一部对讲机。潘特对着它们说了几句话,门就滑开了。我们的车开上一段蜿蜒的山路,最终到达山顶,一位穿着随意稍微上了点年纪的人站在一座气势恢宏的宅第前正在等着我们的到来。我和潘特对于塔克究竟做的是什么样的生意才打下了如此辉煌的基业感到很好奇。可我很快就发现,塔克其实并没有替我们解开这个疑问的打算。

穿过草坪,他将我们领到一座远离主体建筑的两层小楼里,里面所有的房间都装饰得像办公室一样,但是并没有人在那里办公。我们在一间墙上满是几十支高科技股票的价格浮动表的房间停下了脚步。"你们想了解什么呢?"他问。

"能不能告诉我们你所从事的是什么职业?"我问道。塔克笑着说:"如果你们不问我任何关于我的事业以及公司的问题的话,我想我还是很乐意跟你们进行一番谈话的。"

"如果你能够让我们大致了解你所从事的事业的话……"我坚持道,"我向你保证,除了我想要在书中写一些关于你的介绍之外,我对你所从事的事业其实一点都不感兴趣。我得在书中写一些关于你的事情,比如说,你是谁,你知道的,就像下面这样:沙拉德·塔克,1996届印度理工孟买校区校友,对……很感兴趣,诸如此类。"

"为什么每个人都那么想知道我对什么感兴趣呢?"他怀疑地问道。

"他们或许不感兴趣,但是当我们谈论起某个人,引用他的某些话的时候,读者很自然地就会想知道,这个人是谁。"我说,起初采访的热情在慢慢衰减着。

"你为什么想要引用我说的话呢?"他问道,疑惑地看着我。

"我在我的书中还引用了其他很多成功的印度理工校友的话。"我解释道。

"你想引用我所说的关于哪方面的话呢?"他问。

"在我有问题想问你的这些领域。"

"哪些领域?"

"关于印度理工的记忆,你在那里学到了什么……诸如此类的问题。"

"那与我所从事的事业有什么关系呢?"

我没有回答他的问题,开始问起他在印度理工的日子。在我们交谈的过程中,我可以感觉得到他对我们的疑心在慢慢减少。塔克来自于焦达普尔(Jodhpur)一个位于塔尔(Thar)沙漠边缘的小镇,之后进入印度理工学院。对于一个来自小镇的男孩,印度理工足以使他大开眼界。"正是在进入印度理工后,我才发现,原来吃肉的人也不一定就是坏人。在家里,大人们灌输给我们一些价值观,但是从来没有人为我们解释这些价值观。在国际化的学院中的生活经历绝对是一个心智成长的过程。"

在塔克还是学生的时候,他就很清楚地知道毕业后自己将要去美国发展。"我在焦达普尔的时候就已经看到有很多的人前往西方发展,那个时候我就知道,西方这些国家在很多方面的发展都比印度要先进很多,那是我向往的地方。我想处于探索的前沿,我也因此而付诸行动。"在为前往纽约而奋斗的进程中,他逐渐改变了饮食习惯。他开始进食非素食的膳食。"我非常清楚地知道,我不想再回到印度。"

几年之后,他成为一名创业者:"我喜欢自己的命运由自己来掌控。"但是,这之后,他也告诉我:"在某一个时期,那些饱受公司等级制度之苦的人们,几乎没有成功的机会。与成千上万的人进行竞争,他们在这样的条件下所获得的成功要比其他创业者或生意人的成功更令人钦佩。"

我注意到此刻的塔克已经非常放松了,于是我趁机问他:"那么,你所从事的事业又是哪方面的?"

"噢,我们的经营涵盖了很多领域,"他的回答很模糊,一语带过,"房产置业、广播电视、信息技术、休闲、酒店……"

"能给我一份你的个人资料吗?"

"我有各种各样的个人资料,"他立刻警惕起来,"有单页的个人资料,还有可以扩展成很多页的那种。"

"单页的就可以了。"

"让我来看看手边是不是还有一份。"他起身,打开几个文件橱柜,橱柜内所有的架子上空空如也。"没有,看起来我手边没有你想要的个人资料。我会让我的秘书发邮件给你的。"

"能否给我一张您的名片呢?"我问道。像是极力要抓住最后一根救命的稻草。

"好的,没问题。"我跟着他走了几个房间,打开了无数个抽屉,所有的抽屉都空空如也。我把我的黄色便条纸簿递给他,他在其中一页上写下了他的邮箱地址。邮箱ID的后缀是一个我从未见过的:"bm"。"这是.com还是.bm?"我问他。

".bm",他告诉我说,在转瞬即逝的那一刹那,我捕捉到他面带微笑的表情,"这代表百慕大(Bermuda)。"

我们开车往回走的时候,可以从后视镜中看到他还站在山上的宅第前的草坪上,目送我们远去。在塔克的府上度过的45分钟,我们没有看到除了他之外的任何人在这里生活的痕迹。

西海岸的科斯拉、巴蒂尔、瑞基和古普塔,波士顿的德什潘德,以及内布拉斯加(Nebraska)的维诺德·古普塔,这些成功人士的传奇故事激发了数百名印度理工校友立志成为创业家的梦想。20世纪90年代中期,在美国,尤其是在硅谷,正处于技术的繁荣阶段,简直和17世纪荷兰的"郁金香狂潮"如出一辙。《连线》(Wired)杂志称这一现象为"长期繁荣",该杂志是为这一繁荣喝彩欢呼的主要领导者之一。这一好转的势头向传统的经济循环常识提出了公然的挑战,在可预见的未来,这一现象还有继续下去的势头,这会使人们变得更为富有,并在地球上创造出一个人间天堂。同时印度理工的校友似乎在一夜之间变得无处不在。

一个非印度理工人,沙贝尔·帕提亚(Sabeer Bhatia)打响了这一进程的第一炮。在得到加州理工学院奖学金之前,他在伯拉(Birla)科技学院学习了一个月的工程学。1997年12月,微软公司出资4亿美元购买了帕提亚基于网络而提供的免费邮件服务——Hotmail。这在当时掀起了一股收购狂潮。Lycos网络公司出资1亿1300万美元收购了WhoWhere,一个由印度理工坎普尔校区两位校友——阿舒·罗伊(Ashutosh Roy)和干严·辛哈(Gunjan Sinha)创建的基于网络的搜索引擎。几个月后,亚马逊公司以1亿8700万美元的价格收购了由印度理工孟买校区校友拉科什·马瑟和其他3个分别来自印度理工不同校区的合伙人共同创建的电子商务价格比较系统。与亚马逊公司的合约期满之后,Junglee的创建人离开亚马逊,成立新的公司。马瑟成立的一个公司Stratify(原名为Purpleyogi)得到了中央情报局投资管理部门的财务资助。Uber创业者杰姆·克拉克选择了帕万·奈加联手实施他那极具野心的计划,即建立医药在线销售系统(Healtheon/WebMD)。

在早期创立的公司中,巴拉特·德赛成立的Syntel公司,位于密歇根州的特洛伊(Troy),正在以飞快的速度成长。他的合伙人是来自印度理工孟买校区1975届的校友,住在8号宿舍楼的拉吉·马什和赫曼特·卡纳基亚(Hemant Kanakia)。作为杰出的创业者,他们声名鹊起。马什和他在伯克利(Berkeley)大学的一位教授联手于1979年成立了第一家公司——Consilium。1993年,Consilium公司成功地进行了首次公开发行股票。后来马什离开公司,加入两个刚刚起步的企业,YieldUp(与印度理工坎普尔校区校友阿帕·蒲山联手创办)以及MCT公司。YieldUp进行了首次公开发行股票后,马什退出。MCT最终卖给了另外一家公司。

没有任何一届的印度理工学生能有1975届印度理工孟买校区校友那样团结。当马什成立Consilium公司的时候，他所想到的第一批人中就有和他同一届的同学兼朋友的苏巴什·坦瑞（Subhash Tantry）。坦瑞放弃攻读他的博士学位，与马什一起创业。

1996年，赫曼特·卡纳基亚当时在贝尔实验室进行研究，他给马什打电话，告诉他贝尔实验室决定不自行进行生产，而是要将赫曼特一直在研究的集成块进行允可经营。卡纳基亚非常自信，认为他的研究有着潜在的巨大的商机。所以，他想从马什那里得到一些建议，好知道自己该怎么做。"过来吧。"马什说。卡纳基亚当时住在华盛顿市区，听了这句话之后，毫不犹豫地飞往硅谷，两位好朋友一起研究出一份商业计划书。"一切准备就绪之后，我召开了4次会议"，马什回忆道，"我们正在寻求200万美元的资金援助，那天结束之前，我们筹集到了100万美元。所有这些都来自像我这样的印度理工校友，还有印度理工的联络人。卡纳基亚在华盛顿市区建立了自己的公司，第一个加入公司的员工是我们的一位同学。这使很多事情都简单化了：省略了面试的环节，不用费尽心思地去挑选究竟谁才是合适的人选。"

"刚刚起步之时，我们那一届的几个同学二话没说，就给我开了支票，"卡纳基亚说，"他们根本不知道我在做什么，但是他们知道我的能力所在，所以他们一声不响地给我开来了支票。"在那第一轮的友好捐款的3年之后，卡纳基亚以4亿5000万美元的价格，把Torrent网络技术公司卖给了瑞典电信业巨头爱立信公司。卡纳基亚随后又建立了两家公司，Photuris和Gemplex。

"仅在美国国内，我们1975届的印度理工校友中，至少有十几个成功的创业人士吧，"卡纳基亚说道，"那一届校友中的每个人的净资产都可能有一百万美元。"

坐在卡纳基亚位于Gemplex公司一角的宽敞的办公室里，我问他，这一届印度理工校友能够取得如此引人注目的成功，是否有什么特别的原因。"我们经常无视权威，"卡纳基亚说道，"我们一直在寻找更好、更有创造性的解决办法。其实每一届校友中都会有这样的人，但可能是因为我们这一届中这样的人比其他的更多一点。

比如说,我们这一届中就有印度理工孟买校区文化节'芳香之歌'(Mood Indigo)的发起人。"

关于1975届的校友,还有一个令人感到奇怪的现象,那就是他们中的很大一部分人都住在同一幢宿舍楼,也就是8号宿舍楼。通过这几年的共同生活,一起参加比赛,共同为宿舍争得荣誉,他们之间对彼此的了解一天天加深。他们来到美国后,相互之间也都保持着联系。"我们了解每个人的特长以及能力,所以当我们得知有一个人成为企业家的时候,我们就会想,嘿,那个家伙可是什么都不懂啊,既然他能做到,我们也一定能够做到。"卡纳基亚笑着说道,"我们之间常常会有这种竞争意识,这也在我们之间建立起了一种难能可贵的互相支持的体系。"

"我们在有1975届校友的地方都设立了联络点。"马什说,"开始的时候,只是单纯的社会活动,在这里的湾区,我们每月进行一次徒步旅行。之后,人们开始谈论生意上的事:联系人、建议、帮助、一般客户等。然后,一些人去异地的时候就不再需要特地去找什么联络人了,他所要做的只是打一个电话,一切就都安排好了。其他届的学生没有建立起如此重要的强大的联络网。"

在这种非正式但很强大的校友网络中,以及随后的TiE的培养下,校友之间互帮互助,互相给出建议,印度理工校友的创业浪潮迅速席卷整个美国。当硅谷中实力最强的风险投资公司Kleiner Perkins Caulfield & Byers——或者更确切一点来讲就是它杰出的管理者维诺德·科斯拉,支持由印度理工坎普尔校区校友普拉迪·辛胡领导的Juniper网络公司占领交换器市场,与思科公司并驾齐驱时,在当时引起了一阵轰动。华尔街上主要的分析家大部分是印度理工的校友,华尔街是个充满了诱惑力又极其容易令人沉迷其中的地方。印度理工的校友们掀起的一个接一个的股票首次公开发行,使纳斯达克连续多日遭受了一场又一场的风暴,在很长一段时间里冲击着亿万市场资产。1990年到1998年间,有人曾估计,硅谷中处于创业期的公司大概有10%是由印度人创办的。印度人再也不是人们眼中的汽车旅馆所有者、报摊主,以及带有浓郁咖喱味的品位低下的室内装潢者。克林顿在一场接一场的演说中对印度技术的独创性和商业野心极力称颂。

现在,这些印度人开始出现在《时代》(Time)、《财富》(Fortune)和《福布斯》(Forbes)的封面上。1998年12月,国际版本的《商业周刊》(Business Week)所登的封面故事就是关于印度理工各个校区的。"一些在世界上享有盛名的首席执行官、总裁、企业家和发明家都是从印度理工这一高等学府的精英学院毕业的,"他滔滔不绝地继续往下讲,"它所制定的令人难以置信的高标准迫使大部分的男同学平均每天的睡眠时间不超过5个小时,培养出了数不胜数的精于解决问题的大师。"整整两年之后,salon.com得出结论说,"按人均来计算的话,印度理工所培养出来的百万富翁比(世界上)其他任何一个本科学院都要多得多。"

这一繁荣时期内登场的一位重要人物就是维诺德·科斯拉,《财富》杂志尊他为"这一时代最伟大的风险投资家"。在他被Sun公司解雇之后,才三十岁就已是千万富豪的科斯拉,已经休了几年的长假了:在印度置地养家,在美国加州的帕洛阿尔托(Palo Alto)的新家前种了一片葡萄园作为前院。最终在1992年,科斯拉被他的一个朋友说服,他的这位朋友也是风险投资业中的一位传奇人物——约翰·多尔(John Doerr),科斯拉最终以合伙人的身份加入在当时最有名气的风险投资公司Kleiner Perkins Caulfield & Byers。

科斯拉所促成的最成功的风险投资有Juniper网络公司,它在巅峰时期的估价为750亿美元;Corvis公司达到400亿美元;Fibre-lane通信公司,有两个附属公司:Cerent(被思科以79亿美元的价格收购)和Siara;以及Lightera网络公司。科斯拉在20世纪90年代惊人的投资是建立在他所坚持的一种根本信念的基础上的,他坚信在不久的将来,宽带将成为人类文明进程中一种最基本、最不可或缺的商品。他所支持的公司都在以这样或那样的方式经营着宽带这项业务,通过使用光纤和光作为信息传递的载体,通信速度得以不断提高。每一个公司都是按照科斯拉头脑中的"七巧板"经营着其中一个板块的内容,当把所有的板块都组合到一起的时候,就会促使宽带无限地融入全世界人们的生活中。

在这一过程中,科斯拉创造了巨额财富。拉杰在《飞马》(The

Horse That Flew）一书中引用了一名科斯拉"助手"的话，声称科斯拉创造了 5 亿美元的财富。还有一种说法是科斯拉在美国度过的每一天，都为大众创造了 6 个工作岗位。几乎每一家美国商业和技术杂志都曾在 20 世纪 90 年代晚期的某个时间将他作为封面人物，采访过他，并称他是世界上最具影响力的风险投资家。

我之前也提到过，我曾在 1999 年 12 月为了 *Outlook* 杂志的一篇文章对他进行了采访。以下是从那次采访中摘录的。某种程度上而言，这也展现了科斯拉的远见卓识。

问：你可能是硅谷中的印度人中最成功的一位。印度人哪些独有的品质对你所取得的成就有所帮助？

答：工作道德和不急功近利的品质。我已经习惯在资源稀缺的环境中进行工作。

问：人们普遍持有这样一种观点：印度人在国内的时候显得慵懒，表现也不甚理想，而到了国外，他/她就会像换了个人似的……

答：恐怕在这一点上我不敢苟同。我想说努力工作并不是最重要的。最重要的是积极地去预测所有的可能性，并且相信还可以取得更多的成就。我常常在想，在一个典型的印度家庭中，如果他们雇不起人给他们粉刷房间的话，为什么他们不自己刷墙呢？而在美国，我则常看到雇不起人的人自己刷墙。

至于那些在国外的印度人，很不幸地，这部分精华被分离了出来。他们在我们最好的学校中接受教育，逐渐达到顶峰，然后获得国外奖学金，最后却留在了国外。很自然的，这些人会做得更好，尤其是在一个像美国这样的资源丰富、英雄人物众多、催人奋进的环境中，更当如此。使人们成为他们想成为的人——这对于美国而言是最好的事情。

问：印度是不是几乎有 50％的印度理工校友移民到美国？我们应当做些什么才能使他们回国？

答：在经济全球化的环境下，唯一能做的就是为他们提供与他们的潜质相匹配的工作机会。我想，如果这些人要离开印度的话，那我们就该让这些人偿还国家曾为他们所受到的教育而投入的资金。

问：硅谷是一个自然的生态环境，孕育了很多很多的奇思妙想、创业者和财富。我们是否可以将此种模式照搬到印度?

答:很难,但也是可以做到的。首先可以借鉴硅谷中的基础设施。安装网络接口和价格低廉的电信基础设施是我们所能做相对花费不太多的事情。与教育和直接投资相比较而言,通过使印度的企业家接触到外面的世界,电信基础设施将会对所有的商业活动起到积极的作用。会激发一部分有干劲的人的潜能。

问:世界银行最近的一份人类发展报告中,提醒人们:对英语是否精通已成为一个关键的分叉点。富裕的国家,尤其是美国,在知识的传播体系中所占据的霸权地位使得互联网在信息互通有无方面的差距有所扩大。

答:我更加赞同用两分法来看待这个问题,而不是从贫富这一角度来看。它是建立在人们是否被激发的基础上。大部分人都能够上网,信息经济的参与者都将得到更多的机会,在真正的投资潮流中,我倒是宁愿使这些具有独立背景的人们连接到互联网,而不是一味地强调平等。推动世界前进的最好动力是人们的积极性与进取心。为人们提供可以发掘出其潜能的工具,由他们自己来决定自己的命运。

我承认英语将会成为一种在世界范围内占主导地位的语言,这毫无疑问。地区主义确实是个不值得提倡的提法,这很容易导致分裂的步伐加速、冲突增多、对他人的不宽容和不尊重。也许有一天我们会成为世界公民,国与国之间的界限将会消失。这样的话就可以使很多问题得以解决了。当然了,这不可能在接下来的几百年内实现,但是日新月异的技术将使我们朝着这一方向前进。传统意义上的战争将不再那么重要,新时代的竞争主要是信息和经济实力的竞争。美国在这一方面在其他国家看来似乎具有绝对的优势。

问:近来,管理学理论研究学者彼得·德鲁克(Peter Drucker)称软件和新型的媒体行业正在流行着新式的奴隶制——对来自第三世界国家的人进行奴役……

答:奴隶制时期,人们别无选择。而在这里,印度的工程师们却能够得到比在任何其他地方都要好的工作机会,所以是他们自己选择了自己的职业、自己的工作。如果他们被一些公司拒绝,一些像德鲁克这样的人会视其为带有种族歧视色彩的行为!

十 快乐的亿万富豪

格鲁·德什潘德开着他那辆黑色的丰田雷克萨斯，沿95号州际公路（简称I-95）飞驰而下。I-95全长1907英里，北起缅因州（Maine）的霍尔顿（Houlton）与加拿大的边界，沿美国东海岸无限延长直至南部的佛罗里达的迈阿密（Miami），沿途经过15个州。我们才走了175英里，从康涅狄格州（Connecticut）的史坦福，到马萨诸塞州（Massachusetts）的波士顿（Boston）。参照MapQuest.com，走完这段路程用了三个小时零三分。沿途经过了纽黑文市（New Haven）、克林顿市（Clinton）、奈安蒂克（Niantic）、新贝德福（New Bedford）、普罗维登斯（Providence）、诺伍德（Norwood）和昆西（Quincy）。这真是美好的一天，春日里残留的气息依然顽强地抵挡着夏日临近的脚步，此时的新英格兰景色优美，用石块建立起来的教堂掩映在常绿的树林中，透过它还可以隐约看到远处的垂钓码头。在我们的右边，隐约可以看到大西洋的旖旎风光。

在德什潘德旁边的副驾驶座位上坐着的是苏博拉·苏瑞什（Subra Suresh），他是麻省理工学院材料科学与工程学院院长。我坐在后座上。

德什潘德的外表和举止使他成为看起来最不像是具有印度创业家精神的海报明星人物。他看起来倒像是一个性格温顺的图书管理员，埋在人堆里你根本不会注意到他。当然了，如果近距离地看他，你会注意到他的目光熠熠生辉，如果再长一点时间观察他的话，你会发现他总是一副愉快的表情，这会给你留下深刻的印象。

1999年,有几个月的时间,德什潘德曾一度成为世界上最富有的印度人。

"从某种角度来说,我的生命中似乎没有碰到过什么糟糕透顶的事情。一切的一切在我看来都是那么有趣,"德什潘德告诉我说,"当我还是小孩子的时候,我住在班加罗尔(Bangalore),那里常常在凌晨两点的时候才会供水,所以我们就常常在夜里起来,给所有的水桶都装满水。但是,这对于我而言根本算不上什么难题。那些凡事都由家长替他们安排好的孩子们根本不会体会到这些的,这真是一种遗憾。"我在想:他真做作,半夜起来给水桶装满水,这很有趣吗?

苏瑞什开始讲述他初到美国时的那段日子。时光退回到1977年,他到爱荷华州立大学(Iowa State University)攻读硕士学位的那一年,口袋里只有可怜巴巴的80美元。在当时严格的外汇管理制度下,他那时只能兑换到250美元,但其中的170美元都用来参加GRE考试和申请进入美国的大学。他在美国只身一人,举目无亲,真可谓是孤立无援。时值8月底,而他的第一笔薪金支票10月1号才能开出。他还得支付租金,购买书籍,维持生计,而更雪上加霜的是,他所在的地方又是美国最寒冷的地区之一。"那个时候你被吓到了吗?还是觉得很有趣?"德什潘德问道,他对此表示出由衷的兴趣。

"我真的被吓得不轻呢,"苏瑞什说,"这座位于爱荷华的大学城地理位置较为偏僻,离这所大学最近的城市也在300英里以外。最重要的一点是,我是个素食主义者。第一次吃汉堡对我来说是一次痛苦的经历。我放了很多奶酪、调味番茄酱和芥末想掩盖掉那股讨厌的牛肉味。我试着咬了一口,再往嘴里塞满炸薯条,但仍觉得那种味道简直是糟透了。"

"你知道吗,我过去常常认为这种事情很有趣,"德什潘德若有所思地说道,"我也有过这样的经历,但我一直都认为这是一件刺激、让人感到兴奋的事。你试图摆脱这种逆境的过程中常常伴随着一种冒险的意识。"

我开始认识到,德什潘德这绝不是在进行一场做作的表演。阿尔贝·加缪（Albert Camus）有一句名言：生命中从不存在无法跨越的门槛，一切都只是因为你对它的藐视而让它变得渺小。德什潘德只是把其中的"藐视"换成了"兴奋"。

1999年10月22日，德什潘德成立的第三家公司——Sycamore Network 在纽约股票交易市场（简称 NYSE）上市发行。首次公开发行750万股，每股38美元。股价高于发行价，在一天之内，每股的价格就一路飞涨到270美元，刷新了以往 NYSE 的每一项纪录。Sycamore 的股价一直在200多美元的价位徘徊，公司资产值猛增至180亿美元，德什潘德所占的21%的股份增加到37亿美元，再加上他1997年把早期的公司 Cascade 卖给 Ascend 通信公司所得的37亿美元，他一度成为世界上最富有的印度人。在 Sycamore 上市前的一个月，*Red Herring* 杂志写道，德什潘德"为这份令世人瞩目的创业家简历抹上了浓重的一笔"。《财富》杂志将 Sycamore 列入"美国十强公司"之一。

苏博拉·苏瑞什也是一个不容小觑的人物。他1977年毕业于印度理工马德拉斯校区，获工学学士学位；1979年毕业于爱荷华州立大学，获硕士学位；之后在麻省理工学院，用1年零11个月的时间读完了博士学位，他在麻省理工学院化工系创下的这项纪录至今仍无人能打破。在他32岁的时候，他就获得了终身教授职位，43岁的时候成为系主任。他始终是他所在领域的带头人，他的研究涉及薄膜技术、多层功能材料，以及材料如何受亚微米级压力的影响。他名下的专利有8项，发表过的研究论文将近200篇，出版了3本书。"到麻省理工学院来攻读本科学位的这些学生在高中时代就已经是学校中的数一数二的高材生了，他们来到麻省理工学院后，在课程的学习中不断遭到打击，"他说，"就像在印度理工那样，他们在来麻理工之前心里就很清楚，他们来到这里也会受到打击。那么他们为什么还如此义无反顾地来到这里？为什么不随便去其他什么地方，而且在那里他永远都会是第一？我想，他们来到麻省理工，是因为在这里就读的学生的整体水平要比其他学校的高很多，而这将会督促他们不断向前追赶，这些都是那些名不见经传的工程学院或大学所不具备的。在这里你很难给'出色'一词下个定义。就像很难定义'爱'或'尊重'这两个词一样,你看到了、感受到了才会了解其中的真谛。在印度理工或麻省理工,你很容易就能了解到什么叫做'出色'。"

德什潘德很赞同苏瑞什说的话。然后他打了个比方(我很快认识到这一点,常用打比方来表明自己的观点是德什潘德与人交谈时最大的特征,而这也恰恰表现了他那灰白头发下那颗不同寻常的大脑)。"生活就像游泳或跑步,如果你给自己定下的目标是游5圈,游完第4圈的时候,你就开始感到很累了,也许在根本还不到第5圈的时候,你就已经筋疲力尽了。但是,如果当初你给自己设定的目标是100圈,游完区区的5圈绝对不在话下。目标从一开始就要设定得高一些。"

我问起他的童年。德什潘德说他在四处流浪中度过了自己的童年生活。他跟着父亲,从卡纳塔克邦(Karnataka)的一个小镇搬到另外一个小镇。他的父亲当时在国家劳工委员会供职,因为在一个叫桑克什瓦尔(Sankeshwar)的小村庄里工作,周边邻近的地区都没有用英语教学的学校。"几年前,我们开车经过那个小村庄,停车在那儿喝了一杯软饮料。一些人从那儿经过,看到我们,开始大叫:古鲁拉伊(Gururaj)!他曾经是我的同学呢,现在他只是个做苦力的小工。我想,那个村子里也就只有三四个人能毕业吧。"

"我也有过跟你一样的经历,"苏瑞什说,"在我的家乡甘吉布勒姆(Kanchipuram),学校里有一位叫拉姆(Ram)的同学,我们两个在学习上是竞争对手,常常是难分高下。后来我去了印度理工,也就没有了他的消息。6年前,我在甘吉布勒姆的教堂里见到了他。他成为了那儿的一位牧师。他出生于牧师之家,他这样做也算是子承父业了。"

把我们拉回现实的就是我们之间唯一的关联:印度理工学院。"印度理工使你接近无限的可能性,"德什潘德说,"印度理工网络的价值就在于,可以帮助你提升到更高的层次。我想,在印度理工的阅历就是要让你知道世间所有的可能性,并且说服你,使你相信你是无所不能的:你能成立印孚瑟斯公司。无论何时,何地,任何事,你都可以做得到。"德什潘德的妻子洁(Jayshree)的妹妹苏塔

(Sudha)嫁给了纳拉亚南·穆尔蒂,当然,他也是在印度最受人钦佩的企业家之一。洁和苏塔的兄弟什利尼·库尔卡尼也是一名印度理工校友,他是一位天体物理学家,他发现了褐矮星。

"同时,那也是一段卑微难熬的日子,"苏瑞什说,"我们在印度理工过着俭朴的生活:简陋的房间,供水不足,还有虱子到处爬的厕所。当然了,所有这些都是在毕业之后才慢慢认识到的,我在那里生活的时候,根本就没注意过这些。"

"我为我们曾有机会进入印度理工,并为在那里度过的时光而感到自豪,"德什潘德附和道,"我确信,那里的条件现在还是没什么改善。"他转向这位"受访者"问道,"苏瑞什,告诉我,教你的老师中有没有给你留下深刻印象的呢?"

苏瑞什稍加思索,说:"有一位山姆帕特(Sampat)教授,他博览群书,学识渊博。我之所以对他的印象深刻主要是因为他讲课时旁征博引,收放自如,但老实说,那里的教学并没有给我留下多少印象。"

"那么,现在,"德什潘德说(他继续扮演着他记者的角色),"接下来我还有一个问题想问你,而且我也一直在考虑这个问题。如果教师队伍的水平比那个时候再高出10倍的话,会不会产生什么不一样的结果呢?毕竟,入学考试筛选出来的都是全国最优秀的学生。又或者你什么都不教给他们,他们是不是还会像现在这般的聪明和能干呢?"

"我觉得,如果教师队伍的水平更高一点的话,还是会有一定影响。从我在麻省理工学院的经验来看,这些来到麻省理工并表现出色的印度理工校友之所以出色并不取决于他们在课堂上的表现。"

"但是,"我问道,"那不是刚好证明了教师队伍的水平即使再高出10倍也不会起到什么作用吗?"

"不是那样的,"苏瑞什说,"让我来告诉你原因吧。那些进入麻省理工学院研究生院就读的普通印度理工本科生的表现并不及那些毕业后继续留在麻省理工学院攻读硕士学位的普通麻省理工本科生。因为他们是有备而来。麻省理工学院的老师们经常带领本科生在课堂上做一些研究,当他们进入研究生院的时候,已经为研究生的研究工作做了充分的准备。所以，如果印度理工的教师队伍的水平更高一点或者多一点以研究为导向的精神的话，印度理工校友们会学得更多，学得更好。"

新英格兰的风景在明媚阳光的照耀下显得更加秀美。"如果你累了，就和我说，我来替你开一会儿。"苏瑞什说。"噢，不用，"德什潘德说，"1980年到1981年，我曾从多伦多（Toronto）开到加利福尼亚，30天的时间里开了8000英里，相比之下，这根本不算什么。不过，桑迪潘，你想不想喝杯咖啡什么的？我们可以找一家小咖啡馆。你想抽一根烟吗？"我承认，我一点都不介意他这样问。"我过去抽烟抽得很凶，"他说，"还是戒掉它吧！好吧，我们继续向下一个城镇出发。先抽你的烟，再戒掉它。"

是时候提出有些让人觉得已经是陈词滥调的问题了："你是如何成为一名企业家的？"

"我根本没有任何企业家细胞，而且对此一点都不感兴趣。能走到今天这一步纯属偶然。在印度理工的时候，我在 Telco 公司谋到了一份工作，每月的薪水是 500 卢比，这在当时还算是不错的收入，而且，显而易见，Telco 也是一家很好的公司。所以，尽管我得到了奖学金，让我去加拿大的新布朗斯维克大学（New Brunswick University）攻读硕士学位，但我并不是很想出国，因而犹豫再三。我们所在的印度理工校区有一位来自加拿大的客座教授，他告诉我说：你读完硕士学位之后，如果你愿意，你随时可以回到 Telco 公司。去加拿大就当是去国外度了两年的假期吧。他这一提法很有说服力，我当即就同意了。在新布朗斯维克的时候，教我的教授中有一位离开了，我代他上了一年的课。我渐渐发现我开始喜欢上教师这份工作了，真的很喜欢。事实上，在那一年，我被评为最优秀教师。我决定将教师作为我的职业，那么我还应当攻读一个博士学位。我在皇后大学攻读了博士学位，还认识了在多伦多任教的朋友——彼得（Peter）。摩托罗拉（Motorola）公司收购了一家叫 Codex 的数据通信公司，并邀请他去做那里的工程部门的主管。彼得决定接受邀请，然后他跟我说：格鲁，我们何不一起去呢？这肯定很有意思。我说，好吧。当时是 1980 年。接下来的 4 年里，公司迅速发展成业界的后起之秀,员工人数由原来的20人增加到400人。营业额增长到一亿美元。公司的一切事物都由我们3个人全权负责。但是,1984年左右,我开始想我应该为自己,而不是为摩托罗拉,成就一番事业。"

为了他的梦想,他用了3年的时间来为成为一名企业家做准备。他知道他的梦想不可能在加拿大实现,因为当时在加拿大还没有风险投资这一行业。所以他转战到波士顿。他很清楚,得到绿卡需要3年的时间,在这段时间里,他辗转于各个行业,从技术领域到销售、营销、财务,体验着商界各行各业的方方面面,并从中积累着他认为要成为一名企业家不得不具备的知识。当他初到波士顿的时候,谁都不认识。因此,他得建立起自己的人脉关系,与哈佛大学、麻省理工学院的尖端科学的研究者,以及那些风险投资者们,建立起一定的联系。1987年,他拿到了绿卡,随后,他建立了Coral网络公司。

那是一场灾难。

公司成立伊始,一切进行得很顺利。他们已经筹集到了400万美元的风险投资资金。然后,他与合伙人之间发生了分歧,以他的退出而告终。当然了,他离开就离开了,根本不可能有什么遣散费之类的。"突然之间,我们陷入了一种几乎断粮的境地。洁一直都有工作,但是在我创业的阶段,我常常在早上6点就离开家,一直到晚上11点才回来,白天没人照看孩子。所以洁辞掉了她的工作,而在她辞掉工作的4个星期后,我也辞掉了我的那份工作。这就使得我们的处境更加艰难。"那真是一段不堪回首的日子。

但是,格鲁往往会有自己认为有趣的事情。或许生命中难免会有乌云密布的时候,云朵的边缘或许是黑色的,但整个云朵在我看来却始终都是银色的。"今天,对于发生在我生命中的一切,我深怀感激之情,"他说,"你经历过那样的一段经历,一段与作为政府官员的儿子有巨大反差的经历,而这将在很大程度上扩大你所能承受的范围。我们所经历的一切在当时被看成是生命中一场突如其来的厄运。但是,事后想想,那真是一段不寻常的经历。"他开车驶出I-95,进入普罗维登斯市。"逆境,"他告诉我,"可能是命运赐予你的最好的礼物。"

1990年,他成立了Cascade公司,仅是两个人的小本经营,主要经营交换器,是由他和他的朋友丹·史密斯(Dan Smith)(他也是Sycamore的联合创办人兼公司的首席执行官)联合创立的。他们的启动资金仅为12.5万美元。7年后,德什潘德将Cascade卖给Ascend的时候,它已经发展成为拥有900名员工,营业额高达5亿美元的行业巨头。自那之后,他每年都对一家公司进行投资。1997年,他投资Cimaron Communications,主要开发高速电信集成电路块和通信设备中的合成电路芯。1999年对Tejas网络公司投资,该公司主要制作光联网产品;还有Airvana,这是一家为高速移动互联网服务公司提供基础设备的公司,是德什潘德2000年投资的公司;2001年,他为A123系统公司的成立提供了资助,A123想创造一种便携式的电源,在将来的某一天取代电池。这些公司召开董事会的时候,他都会出席,但从不插手公司日常的管理工作。1998年,他成立了Sycamore,出任董事长,由他亲自经营。"我喜欢每年给不同的公司投资,"他若无其事地说道,"这是非常具有教育意义的,能使你接触到不同的领域,学习并了解它们之间的细微差别,还会碰到各种各样的问题,所有这一切都让人感到无比兴奋。"

"当你给一家公司投资的时候通常都会考虑哪些因素呢?"我问他。

"首先它得有天然和广阔的市场,"德什说,"还应该具备一些其他附加条件,使得它在时间与市场,或新技术,或有5个对此精通的人等方面占有得天独厚的优势。"他又开始转换成记者的角色,"那么,苏瑞什,你会经常想你为什么会进入学术界吗?"

"可能是出于偶然吧。"苏瑞什说道。他获得博士学位后,回到印度,向一家公司申请工作。面试他的人原是美国宇航局(NASA)的一名工作人员,他对苏瑞什说:"你还年轻,随时都可以回来的。还是出去多见见世面吧。"于是他回到美国,在布朗大学(Brown University)任教,之后获得终身教职。"一切只是刚好发生了,我从来都不用考虑除了学术生涯之外的任何事。"

我们现在已经进入了普罗维登斯市内,正在四处寻找一家叫

Dunkin' Donuts 的小店。令人感到诧异的是,尽管苏瑞什对这个小镇很熟悉,但我们还是没找到一家。我们开车经过市府大楼,多年以前,苏瑞什曾作为美国公民在那里宣读过誓言。"我们还是去火车站吧。"他提议。

在车站的时候,趁德什潘德和苏瑞什两人进去买咖啡的时候,我在外面的路边点燃了一支烟,这着实让我有种受宠若惊的感觉:世界上最富有的印度人竟然为我买咖啡。但在当时看来,这似乎也没有什么不对的地方。

这两个人在美国,在两个完全不同的领域都取得了巨大的成功,他们之间有什么共同特征吗?也许有两点是他们身上所共有的,那就是为了实现自己的梦想所具备的无畏的胆量和坚定的信念。"整个1990年,我都在休假,"当我们围在车边的时候,苏瑞什一边喝着咖啡,一边说道,"我决定写一本书。一周7天,我都坐在家里,不停地写。我给自己设定的最后期限就是我的第二个孩子出生的时候,估计他会在8月的最后一个星期到来。我在8月的第3个星期将手稿发给出版商。然后,就接到了麻省理工学院给我打来的电话,我那时候感到很苦恼,经过一番挣扎之后才做出了决定。我已经36岁了,有两个孩子,我在布朗大学的生活过得很舒心,我还在海边拥有一套美丽的房子。如果选择现在离开这里,而要去麻省理工学院的话,我必须要从头开始,重新经受获取终身教职的全部过程。但是,我必须得做出一个决定,而且我也确实做出了决定。在布朗大学,我已经达到了作为教授所能达到的极限。布朗大学也不能再为我提供更大的发展空间了。而到了麻省理工学院,我必须得再一次全面地证明自己的能力。人们不是常说海阔凭鱼跃嘛。这的确很有挑战性而且令人感到兴奋。事后再回过头来看,我当时做出的决定是完全明智的。麻省理工为我提供了更为广阔的施展才能的舞台,在那里,企业界与学术界实现了高度的结合。"

"决断力,"德什潘德赞同道,"这是大部分人都不能在正确的时间做到的。机遇无时无刻不在,你接到一个邀请,需要你做出决定,在适当的时候抓住机会。如此而已。"

回到车里,我问了德什潘德一个问题:"在作为最富有的印度人的那几个月,感觉如何?"

德什潘德听完后,沉默了片刻,说道:"那没什么,"他说,"我和我的妻子对这种身外之物丝毫不感兴趣。我们的生活方式还是和以前一模一样,并没有因此而发生丝毫的改变。当然了,那个时候,我接受了大量的关于最富有的印度人的报道的采访,我这样做也是有目的的,因为,你知道吗,我那时候想的是,人们会看到这些报道,然后会想,既然这个家伙都能做到,我为什么不能?而这真的是我从中得到的唯一的益处。"

有一段时间我们都陷入了沉默。雷克萨斯朝波士顿方向驶去。在我们的左边和右边标识着不同小镇名称的不同出口不断向后穿梭。夕阳的余晖也在渐渐褪去,夜幕也许会在我们到达市区之前降临。"生活就是一个接一个的挑战,"德什潘德说,"你总是有问题要去解决。如果你够聪明的话,那么你会选出需要解决的问题。我很幸运,因为我总能遇到这样的问题。问题最终得以解决并不那么重要,重要的是解决问题的过程。除此之外,其余的都是次要的。"

"都是次要的。"这句话打在了我心里某一个地方。几天后,我发掘出一本 NRI-focused 杂志在 Sycamore 成立后对德什潘德的一段采访。"由一个简单的概念开始。在未来的25年内,宽带将成为人们生活中一种不可或缺的日常用品。远见卓识将会给宽带经济带来改变。其余的就是细节问题。"《财富》杂志大力推崇 Sycamore 时,说它"就是打算改变互联网的性质",为支持整个光通信网络而提供硬件产品以及软件方面的解决方案。

在德什潘德让我搭他的车去波士顿的那天,Sycamore 在纳斯达克交易中的每股价格不到 4 美元。电信行业现已陷入极度窘困的境地,每周都有一家公司宣布倒闭。世界通信公司(Worldcom)的假账丑闻使其大势已去,也将宣布破产保护。"对整个行业注入的资金过多,需要对大量的上市公司进行清盘,"德什潘德也承认,"每个人都在尽力削低价格想把手中的股票低价抛出,可多日来无人问津。今天,我每次都是在赔钱往外抛。要想看到情况好转,至少需要两年的时间。"

这又是一个亟待解决的问题。

"这也是为什么你不能花太多的时间去想你的钱,以及你是否已经成为这里或那里最富有的人了的原因,"他说,"那我就干脆不在这个问题上浪费时间了,所以,即使事情已经沦落到今天这样的境地,于我而言,也没有什么值得大惊小怪的。你的生命中需要有洞察力,在财富上也是如此。如果缺乏了这一点,你就会陷入困境而无法自拔。"

稍事停顿之后,他说:"乐趣不在于金钱的多寡,而在于你可以做不同的事情。当然了,也有许多人会觉得每天都沿着和昨天同样的轨迹生活,做同一件事也很惬意。"

"当你觉得一切已索然无味的时候,你对它便不再重视,所以你才能够摆脱它对你的控制,从中走出来,否则,一切就会像受虐妇女综合征(他每个晚上都打我,而我却离不开他)那样。这就像是在高空荡秋千,你必须懂得何时放手让它去飞,这样能抓住下一个目标。桑迪潘,我们已经到波士顿附近了,是不是该给你的朋友打个电话,问问他的家在什么位置?"

我告诉他说,我来给朋友打个电话,我们先找一个比较显眼的地面标志物,再确定具体的见面地点:"你就把我放到那里,我让他来接我。"他没同意,坚持把我送到我朋友的住处。

我给什夫(Shiv)打了电话,问清楚了具体的方位。我们先把苏瑞什送到家,然后继续前往莱克星顿(Lexington)。德什潘德不停地转弯和换挡,最终找到了什夫的住所。当我们穿梭于房屋错落的街区寻找着什夫的门牌号时,十几个晚上出来遛狗的人从车旁经过。没人会留意,这辆用坏了的1994年生产的雷克萨斯是由当今世界上最为成功的印度人来驾驶的,他亲自开车把一个人送到朋友家门口。我以前从没来过波士顿,当然了,我再也找不到比这更好的来波士顿的方法了。

*

在搭德什潘德的车前往波士顿的几个月后,《财富》杂志针对各大公司的执行官的行为列出了一个"贪官"名单,"一个有些卑劣的公开的秘密就是,甚至当投资者的损失高达70%、90%,甚至在某些情况下将全部的股份都搭进去的时候,许多即将宣布破产的公司的高层也能大发一笔不义之财……"这篇报道称,他们之所以变得富有,是因为他们善于利用这个大泡沫背后由通货膨胀所引发的物价飞涨,将价值亿万美元的股票兑换成了现金。文章视此种行为违背了与股东的约定,因为即使事态向着不利于公司或投资者的方向发展时,这帮高层都能稳赚不赔。

  Sycamore 在这一杂志的"贪官"名单中名列 15。公司的最高执行官在公司股票价格一路狂跌的情形下仍然卖出了价值 7 亿 2600 万美元的股票。公司最大的客户,Williams 通信公司于 2002 年 4 月宣告破产,但是,那个时候德什潘德已经卖出了价值 1 亿 3700 万美元的 Sycamore 股份。他的合伙人丹·史密斯也已经卖出了价值 1 亿 2900 万美元的股票。

  但是,对于《财富》杂志上这种道德上的指责,我不敢苟同。通过与德什潘德的交谈,我的头脑中对于他的想法已经有了清晰的脉络。他认为,在 Sycamore 的巅峰时期,公司的股票价格高得简直有些离谱。那么,当你看到如此多的人,不计价格高低,如此疯狂地抢购你的股票的话,你会怎么做?任何稍微有一点理智的人都不会将它攥在手里,而是把它抛出去。像 Sycamore 这样的公司的行为一直都处在华尔街严密的监视下。如果那些投资银行和共同基金认为花 135 美元买进 Sycamore 的股票也算一笔不错的交易的话,难道还会有人坐视不理,不去兑换一点现金吗?具体到德什潘德身上的话,这里所指的"一点"的价值可是会大大超出我们的想象。

十一 梦想开始的地方

　　由于格鲁·德什潘德的父亲是一位地方政府官员,政府给予他父亲的任命使得德什潘德不得不在位于卡纳塔克邦郊区的学校读几年书。他在这所位于桑克什瓦尔(Sankeshwar)的村庄里的卡坎纳达(Kannada)语学校度过了4年的时间。在那里,据他自己估计,"迄今为止只有三四个人得以毕业"。在德什潘德即将参加印度理工入学考试的时候,他已经转学到了班加罗尔学习。
　　但是,并不是所有的印度理工校友都像他一样幸运,可以到城里上学。
　　1958年,在旁遮普邦的一个村子里,有一位名叫格尔巴·威克(Gurbachan Singh Virk)的小男孩,他渴望能建造船只。他家几代都是农民,但是威克却想过另一种不同的生活。尽管他从小到大都没有见过一条船,他还是希望自己可以建造船只。那么,他就需要进入印度理工克勒格布尔校区,因为在那里他可以进入船舶工程专业,毕业后可以获得船舶工程学的学位证书。他向学校提出了申请,希望自己能被录取。那个时候还没有联合入学考试这道门槛,学生们都是按照平时成绩的好坏选出来的。挑选之后,会有一场面试,根据面试的表现最终决定把你分配到哪个系,学哪个专业。
　　威克的成绩不错,他相信自己会被录取。但是,这种事情,谁都说不准。等待的日子里,威克的心老是悬在半空中,真是备受煎熬。一天,他拉住村里的邮递员,对他说,6月10号左右,会有他的一封信,信封上有3只狮子的图案。他请邮递员一看到这封信,就要马不停蹄地送到他家,并且要亲自交到他手上。"当我收到那封信的时候,"威克回忆道,"我顿时高兴得一蹦三尺高。"

他坐着马车从家出发,赶到离家最近的火车站,然后坐上前往贾郎达尔(Jalandhar)的火车,晚上才到达贾郎达尔。到那儿之后他才发现,从那里开往加尔各答的火车只有第二天早上5点的班次。威克没钱住旅馆,他在那里无亲无故,谁都不认识,晚上无处落脚。

车站外一家路边小餐馆的老板答应让威克在店里的一条板凳上过夜,但是,那晚,这个男孩辗转反侧,难以入睡。大概每隔一个小时,他就会惊醒一次,总是害怕睡过了头,赶不上火车。最终,早上4点,他起来了,步行到车站,坐在站台上,等待火车进站。

在克勒格布尔,面试时,这位农民的儿子面对的是六七位很难应付的教授。威克告诉面试官他是家里供出来的第一位大学生,他想成为一名造船工程师。随后面试官问了他一个他一直担心会被问到的问题:"你以前见过船吗?"

"见过。就在昨天,在加尔各答的豪拉桥(Howrah Bridge)上,我看到了几艘小船,"威克如实回答道。所有的人都强忍住笑。然后农业工程学院院长潘德雅(Pandya)教授问他:"你的父亲是一个农民,那么,威克先生,难道你不认为农业工程更适合你吗?"

威克脱口而出:"先生,我认为这种世袭的等级观念是与宪法精神背道而驰的!"话刚一出口,他也觉得哪里出了差错,但是他决定"豁出去了"。所有的面试官都忍不住笑了。当时化工工程学院院长 M. N. 拉奥(M. N. Rao)教授笑得最厉害。威克心想:"好吧,至少那家伙还笑得很高兴。"晚上,他步行到公告板前查看,发现他已经被船舶工程学院录取了。几天后,拉奥教授带威克出来散步的时候,对他说:"我为你感到骄傲。"

我与威克一起吃了午餐,他现在已经退休了。退休前他一直在休斯敦(Houston),从事船舶设计工作,他在休斯敦生活了很多年。"当我回首过去,从那个村庄走出来,一直到在国际海事组织和国际标准化组织这样的全球性委员会任职,这真是一个不小的跨度,"这位个子高高的,留有白色胡须的锡克(Sikh)教徒说道,"所有的这一切都是因为印度理工。"后来,他告诉我他打算将印度理工克勒格布尔校区作为他财产的受益人之一写入遗嘱。

印度理工的校园中盛传着很多像威克这样的成功人士的故事。成千上万出身清苦的男孩子们纯粹是通过发挥自己所长，努力拼搏才通过了联合入学考试进入印度理工的。在印度理工学院的学习和生活改变了他们的命运。这也许是他们连做梦都不曾想到的事情。我曾在波士顿与另一位年轻人有过一次简短的会面，当时他正在波士顿大学攻读哲学博士学位。"在我被印度理工克勒格布尔校区录取之前，我的家人从未踏出过旁遮普一步，"他告诉我说，"家里从来都没有人读过大学。我的父亲甚至都没有听说过印度理工学院。所以，当我坚持要去克勒格布尔的时候，他派我的一位堂兄跟我一道，去探个究竟，看看印度理工学院到底是个怎样的地方。如果我堂兄不喜欢那里，他就要立刻把我押回村子里。火车驶出卢迪亚那（Ludhiana）车站的那一刻，我就对我的堂兄说，无论如何，我都不会回去的。我的堂兄说：'谁有心思管你到底要去做什么啊。我只是想借机到加尔各答看看豪拉桥和维多利亚纪念馆（Victoria Memorial）。你要做什么，那是你的事，随你便吧。'"

印度理工校友的那些令人难以置信的故事都在激励着成千上万的处于社会底层的孩子们。这些故事向他们传达了一个清楚的信息就是：在印度，至少还有一所世界一流的大学，在那里，人们口中常说的"门路"根本不重要。你是什么出身和你认识哪些人都不重要。

2002 年，比哈尔邦迦耶区（Bihar Gaya）的一个小村庄登上了某报纸的头版。报道的内容很有意思，于是我们的杂志 Outlook 派驻比哈尔的通讯记者阿玛·特瓦利（Amarnath Tewary）前去那里采访。这个小村庄叫帕特瓦特利（Patwatoli）。那是一个落后的奉行等级制度的地方，那里的人们世世代代都靠手摇织布机和动力织布机谋生。但那里的男孩子们都梦想着能够进入印度理工学院，并为之奋斗着。以下内容摘自阿玛的报道：

对于生活在这里的一些孩子来说，他们走出家门，所到过的最远的地方就是离这里最近的迦耶，他们中有一些人也许去过比哈尔邦的首府——巴特那（Patna）一两次，还有一个男孩曾为了接受培训而在德里度过了一年的时间。在过去的4年中，只有两个人看过《这就是爱》和《黑帮情结》这两部电影，而其他人已经有5年没有去过电影院了。但是，他们都已通过2002年的印度理工联合入学考试。对于他们而言，美国成为他们的终极梦想一点都不足为奇，而且成功地进入印度理工学院让他们与梦想之间的距离仅有一步之遥，唾手可及。

为了通过联合入学考试，他们如此全神贯注，以至于与外界完全隔绝，两耳不闻窗外事。村庄外面所发生的一切都与己无关。每天有16个小时的时间埋在堆积如山的推荐教材中。1996年以来，帕特瓦特利村总共有22个男孩子通过了印度理工联合入学考试，这让那些生活在大都市中，有着便利的教育条件的人觉得蒙受了奇耻大辱。

对于帕特瓦特利的很多家庭来说，这是第一代走出村子、考上大学的人。1990年，村子里只有10名研究生和30名大学生。但是，就是在这样一个仅有一万人口、简陋的小屋一家紧挨着一家、到处都是织布机转动时轧轧作响的声音的小村庄里，在2002年，已经有25人从印度理工学院毕业，另外还有75名工程师。

克里希纳·普拉萨德（Krishna Prasad）今年40多岁，身体看上去有些虚弱，他没有念过书，现在，他靠织布赚钱维持生计。收入最好的时候，一个月可以挣到2500卢比。克里希纳是4个孩子的父亲，大儿子曼纳·普拉萨德（Munna Prasad）是他生意上的得力助手。但是，这一行业越来越不景气，这让他萌发了要送曼纳去上学的念头。马地亚·维地亚拉亚（Madhya Vidyalaya）是附近唯一一所政府开办的小学，克里希纳决定让儿子在这所学校就读。如果曼纳能读会写的话，至少可以找一份织布之外的工作。曼纳今年被印度理工学院录取了。关于曼纳取得了什么样的成就，他的父亲到现在为止也还是没有一个清晰的概念。"人们说，他从印度理工学院毕业后就会去美国，然后挣大钱。"他一边说着，一边启动了织布机。

与曼纳不同的是,萨什·山卡(Sashi Shankar)的家庭有足够的资金可以送他到拉贾斯坦邦的科塔去读书,对印度理工学院虔诚的追随者们而言,那里就是心中向往的朝圣之地。"我们兄弟姐妹 6 个,我们织布所得的收入比其他织布者要多一些,所以送萨什去科他读书、供他升学所需的费用我们还是可以担负得起的。"家里的长子阿玛·普拉萨德(Amarnath Prasad)说道,"萨什会去美国,挣大笔的钱。"萨什的父亲提卡·拉姆(Tika Ram)这样说道,"现在,我也不用为他发愁担忧了。"而萨什自己则想参加公务员考试,希望有一天自己能成为迦耶区的区长。

双胞胎兄弟巴尔克·普拉萨德(Balkishan Prasad)和汉纳·拉尔(Jhanna Lal)通过第二次尝试,双双通过了印度理工联合入学考试。他们的父亲库布劳·普拉萨德(Khublal Prasad)没有读过书。大哥现在帮助父亲处理织布生意,他也是一个大学生。库布劳的 9 台织布机中有 4 台出了故障,只能勉强维持生计。除了去瓦拉纳西参加印度理工联合入学考试那次,巴尔克和汉纳从小到大都没有出过迦耶。苏吉特·库马尔(Sujit Kumar)是个幸运的人,因为他的哥哥阿尼尔·库马尔(Anil Kumar)今年刚从印度理工克勒格布尔校区毕业。在如何准备印度理工联合入学考试方面,他得到了哥哥的指点。阿尼尔现在在一家软件公司工作,他给家里带回来一台电脑。他抱怨道:"一天之内只有 4 个小时有电,有时候一停电就停 6 天,电脑在这里又有什么用?"

罗珊·拉尔(Roshan Lal)这次通过了考试,她的哥哥提·纳拉亚·普拉萨德(Tej Narayan Prasad)已考入印度理工坎普尔校区。他们的父亲格纳瑞·拉尔(Girnari Lal)是一名保险公司业务员,他没有接受过正规的学校教育,不会讲英语,他送儿子去学校学习英语,为的是能在这方面弥补他的不足,能够帮他一把。格纳瑞·拉尔说:"我不认识保险单上的那些英文,有时候去问别人那些英文都是什么意思,他们也都挺不耐烦的。所以,我决定送孩子们去学校接受教育,学习英语。"

当然了，这些孩子们在备考印度理工联合入学考试时，都面临着一个共同的问题：英语学得不够好。"所有的教科书和辅导书都是用英文编写的，我们开始一边查阅字典，一边学。如此循序渐进地，我们的英语水平也慢慢有些长进了。但是，当我们入学后，又会面临着另外一个问题：在校园中如何与人交流的问题。"古提什瓦·普拉萨德（Gupteshwar Prasad）说道。他是印度理工克勒格布尔校区二年级的学生。

帕特瓦特利这些虔诚的印度理工追随者们在很大程度上是受了村子里的第一位印度理工毕业生的鼓舞。吉腾德拉·普拉萨德（Jeetendra Prasad）是村子里考入印度理工学院的第一人，他是1991年被印度理工学院录取的，现在美国新泽西州（New Jersey）的普华永道（Price Waterhouse Coopers）会计师事务所任职，负责公司的管理咨询工作。他们不断地沿着吉腾德拉的足迹前往美国，这似乎是驱使他们从帕特瓦特利走出去，进入印度理工学院的最原始的动力。

因为空间的狭窄，织布机发出来的噪音无时无刻无处不在，还有断电的问题，学生们在家学习的时间并不多。他们建起了3个"家庭中心"。孩子们可以住在那里，一起备考印度理工学院。当地的印度理工校友和工程师们专门组织人来辅导这些备考的孩子们。已考入印度理工学院的人每次回家度假的时候，都会给这些胸怀大志的孩子们一些指导和建议。"帕特瓦特利家庭中心的教育环境是世界上最好的。"印度理工学院三年级的学生哈利·纳斯（Hari Shankar Nath）说。

我的好朋友萨奇·莱伊（Sachchidanand Rai）就是在这样的一种环境中成长起来的。他现在已经是一位富有的商业人士。萨奇来自加尔各答的姐妹城豪拉，出生于一个极度贫困的家庭。在他很小的时候，父亲就去世了，一家人靠着哥哥开的一家小杂货店维持生计。他在一家印地语政府学校就读。在他之前，该学校从未有人参加过印度理工联合入学考试，更不用说通过考试了。事实上，很多学生在中学的时候就辍学参加工作了。当萨奇发现他在所有参加联合入学考试的人中排在第 900 名的时候,在选择什么专业方面,根本没有人可以给他任何的建议。最终,家人帮他决定,首先应该选择土木工程,因为,从这个专业毕业之后,就可以在比哈尔邦工程部谋得一份工作;其次可以考虑矿业工程,因为比哈尔是个煤矿遍地的地方。但他在联合入学考试中的排名不够好,不能选土木,所以,只得选择矿业工程。

在我们进入印度理工的第一年,萨奇的房间与我的房间只隔了两个房间。我们很快就成为了朋友。几个星期之后,我已清楚地认识到,在他那乡土气息浓郁的外表下隐藏着的是闪耀着智慧光芒的头脑。萨奇也越来越明显地感觉到,在矿业工程系,尽管他可以不费吹灰之力就稳拿第一,但是,毕业之后,他并不想成为一名矿业工程师。我们这一届是最后一届 5 年制的学生,下一届学生只需要在印度理工读完 4 年,就可以毕业了。所以,和我同届的很多人都准备再一次参加印度理工联合入学考试,争取取得更好的成绩从而可以选择他们喜欢的专业。萨奇也是他们中的一员。

随着考试日期一天天临近,他本来应该坚定决心、不遗余力地备战考场的。但是,不知怎么的,他总是无法集中精力,进入学习状态。其中的原因之一就是,他大部分的朋友并不打算再参加一次联合入学考试。晚上,房间外的嬉笑打闹声使他无法把自己锁在屋里,埋头用功准备考试。

他在没有任何准备的情况下参加了他生命中的第二次联合入学考试。这次他排在 300 多名,然后他选择了机械工程专业。

毕业后,他进入了加尔各答一家规模较大的工程公司。但是,两天之后,他决定不再受雇于任何人,不再做那点微薄工资的奴隶。他在进入公司后的第 3 天,就辞职了,之后成了一名创业者。所有这些他都没有告诉过家里的任何人。好几个月了,他的家人一直都蒙在鼓里,他们都认为萨奇现在仍在那家公司做工程师呢。在过去的 17 年中,萨奇曾在几十个领域进行过尝试,结果有成有败。但是,不管结果如何,他始终保持着乐观的情绪,从未皱过一下眉头。即使面对挫折,他依然泰然自若。他把大部分的收入都用在改善老家那些村庄的条件上。他为那里修建公路、挖水井、解决各种纠纷、资助电话亭的建设、改善学校的教学条件。任何时候,总会有几个人从萨奇的老家来到加尔各答找他,梦想着能从他这里发点小财。他从来都是有求必应,而且每次都会设法为这些"申请人"做点什么。

他为自己贫寒卑微的出身而感到自豪,虽然现在的他已经腰缠万贯,但他并没有因此而有丝毫的改变,除了多了一份回报社会的决心,还有一份拯救每一个卑微的灵魂的责任,因为他看到了那些灵魂正闪耀着真诚和自信的火花。于我而言,他是一位可以与拉贾·古普塔和阿君·马赫特拉相提并论的印度理工英雄。

十二 回报社会

那些出身贫寒的男孩子们（我在这里单指男孩子是因为，相同出身的女孩子，很少进入，或者很少被允许进入印度理工学院）来到印度理工的校园，他们像是被带到了一个全新的世界。他们首先认识到的是，论聪明才智，他们并没有因为在乡下生活了这么多年就比那些在大都市的孩子们差多少。事实上，他们可能比城里的孩子聪明得多，因为他们要通过JEE考试进入印度理工学院所要克服的困难要比城里的孩子大得多。而这也培养了他们巨大的信心，以及百折不挠的坚强意志。他们相信，他们也和其他印度理工校友一样，能把整个世界变成自己的舞台。

第二件出乎他们意料的事就是在印度理工校园中，他们不得不与多得惊人的不同文化、语言和生活方式打交道。事实上，就算是对于那些来自印度大都市，曾在使用英语教学的学校学习过的人而言，也无可避免地被卷进这一文化大融合的进程，成为其中的一部分。"我们都来自不同的地区，有着不同区域的文化背景，深受成长过程中文化环境的影响。我们来到印度理工，见到了一些以前从未与之接触交流过的人：孟加拉人（Bengalis）、泰米尔人（Tamils）、泰卢固人（Telugus），"格尔巴·威克说道，"我不得不试着去了解他们，喜欢他们，最后与他们成为朋友。"他对我说，"印度理工向来是很鄙视对各个地区抱有成见的。因为，当你慢慢了解来自各个地区的人后，你会看到隐藏在成见背后的很多东西。在印度理工的第一年其实就是一次现实中的探索之旅。"

威克给我讲起他的朋友提班·古普塔（Tejbhan Gupta）的事。他和提班的房间被分在同一幢楼，但是两人还没见过面。有一天，威克正背对着门坐在房间里，他注意到墙上有人影在晃。有人正在从门缝往里窥探。威克转身向后看的时候，窥探者不见了。威克轻轻地站起来，躲到了门后。过了一会儿，窥探者又回来了。他看到威克不在房间里，于是就把整个头都探了进来，威克立即上前抓住了他的衣领。来人就是提班·古普塔。他看上去像是被吓坏了。对于眼前发生的一切，威克有些摸不着头脑，他把古普塔请进房间，问他这是怎么一回事。古普塔对他说："如果我告诉你真相的话，你会发火的。"威克彻底被搞糊涂了，但他答应古普塔，他不会乱发脾气。古普塔这才道出了事情的原委："我听说，和锡克教徒建立友谊，哪怕只是与他们交谈几句，都是非常危险的。"

40多年后，威克向我重提这段往事的时候，说："老实说，听完他的话，我惊呆了。这个家伙是从哪儿来的？这再一次印证了一个事实：进入印度理工的人中，确实不乏一些家境贫寒，而且对整个世界似乎一无所知的人。"最终，威克和古普塔成为了最好的朋友。时至今日，每当威克来到德里的时候，他们还会约出来见个面。

印度理工克勒格布尔校区是印度理工各个校区中成立最早的，而且在随后几年的时间里，也是全国唯一一个印度理工校区。来自全国各地的男孩子们都聚集到克勒格布尔。随着其他校区一个接一个地建立，而且每个校区都建立在不同的地区，印度理工这一"大熔炉"的作用越来越弱化了。印度东部的学生比较愿意选择到克勒格布尔校区，因为那里离家近，北部的学生偏向于选择德里校区，等等。"那里的宿舍楼、各个学院，当你四处闲逛或是到教室上课，都会让你萌生一种生活在大同世界中的感觉。在那里，你不再被贴上锡克教徒或旁遮普人的标签，那种感觉真的难以用言语描述。这里有如此众多来自不同文化背景的人。遇到姓拉曼的人，你不会轻易下结论认为他来自印度南部，而遇见名为巴尔比尔的人，你也不会以为他就是从北方邦来的。你所看到的只是一个普通个体。"威克若有所思地说，"在我供职的公司——全球海事系统有限公司(Global Marine),几年前,有个白人对我说:'格尔巴,我都没有注意到你包着头巾呢!'他想表达的意思是,他一直以来只是把我当成全人类中的普通一员来看待。"

马诺·朱赫(Manoj Chugh)最近刚刚上任思科公司印度区和南亚区总裁。他比威克晚19年进入印度理工,但是当他们回想起在印度理工的那些日子的时候,他们的感受竟然出奇地相似。"我们刚刚来到印度理工的时候,不管我们来自哪里,都能打成一片。没有区域主义,没有贫富之分,彼此之间完全平等。如果有人只跟自己的'老乡'来往,就会被人认为是低等人,通常情况下,会被大家慢慢疏远。"

印度理工学院是一个真正的非宗教机构。在所有的节日当中,庆祝最多的是洒红节(Holi),我们常常会到各个老师家里与他们共度这一节日,最好的去处莫过于到 M. N. 法鲁奎(M. N. Faruqui)教授的家里了。这么多年来,我们并没有觉得他是个穆斯林教徒!如果我有一个信奉穆斯林教的朋友,那么我们就会庆祝开斋节,如果有帕西人的话,我们还得庆祝他们的节日。印度理工人对待每一个人的方式就是:不管一个人是食堂工作人员、人力车夫,还是过去在校园里经营小茶馆的人,我们都会带着敬意,平等地对待他们。

这是一个只有3000人的微缩版的社会。"如果这一小型社会无限扩大,能够成为一个国家、一个民族的话,那么国家的很多问题都能够迎刃而解了,"朱赫对我说,"这里是试行积极的社会试验的绝佳场所!印度理工校园内的生活教给你团队协作,教你学会体谅别人的苦衷,并与人感同身受,让你认识到什么是人道、什么是正直,培养你无私的心胸。这些概念中有很多都是我们建设整个民族的文化所必需的,所有这些我们都可以在印度理工学院的校园生活中学到。这些就是你在印度理工学院的日子里所学到的——这样的一种文化,这样的一种态度。政府要成立实验室的话只需注入所需资金,但是,他们如何创建这种文化呢?"

现在,这些出身贫寒的男孩中有很多人,比如说我的朋友萨奇,正在用他们从印度理工所学到的回报着这个曾倾其所有来培养他们的印度社会。

2002年5月,当我正在计划我的美国之行,并要去那里与印度理工的杰出校友们见面的时候,我再一次遇到了拉杰夫·阿加沃(Rajeev Agarwal)。我隐约记得他好像也曾住在RK楼。他是个沉默寡言、神情有些阴郁的男孩子,比我低一年级。在印度理工,他是个低调的人。住在同一幢宿舍楼的那4年时间里,我们只是擦肩而过,几乎连个招呼都不曾打过。毕业之后,阿加沃去了美国,他在西雅图(Seattle)和孟买成立MAQ Software公司之前,一直在微软工作。

拉杰夫进入印度理工学院前就读于一所政府开办的印地语学校,这所学校位于北方邦一个名叫沙哈汗普尔(Shahjahanpur)的小镇上。多年以后,他又回到这里,为改善这里的生活尽自己的一份微薄之力。"我正在与家乡的一些女子学校一起努力,"在他发给我一封邮件中,简短明了地写了这么几句,"推动我积极向前的动力就是要帮助她们。"

我们在德里不期而遇,那时,他正要迈出他印度之行的第一步。"大多数发展中国家的小城市都面临着基础设施不足、意识落后,以及缺乏发展经济机会等问题。"拉杰夫说道。我们每天都能在报纸的社论版面读到与他的这番话语相似的言论,每当看到这些陈词滥调的时候,我们都是匆匆翻过这一页,转到体育版。但是,拉杰夫不只是说说而已,他为此不遗余力,投入了大量的时间和精力。"我们总的目标就是要扩大教室的面积,提高对女孩子们的素质教育,"他告诉我说,"我从位于沙哈汗普尔乡下一所极端落后地区的学校开始。他们为男孩子们成立了一所学校,为他们接受教育打开方便之门,但是,对于女孩子们来说,却没有这样的便利条件。教室里都没有通电。我资助她们另外新建了一些教室,成立入学登记处。女孩子们也可以上学了。我负责教授她们营养学。鉴于她们买不起牛奶,我们就把大豆混进麦粉来使孩子们获取足够的蛋白质。这可以提高孩子们的免疫力。从长远来看,为了使学校能够实现资源上的自给自足,我号召他们自己植树造林,以后可以为建造新的学校提供木材,以及其他一些可以成为商品的东西。"

对于女子高中的课程,拉杰夫设置了数学和自然科学课程,还配有实验室。因为这是政府开办的学校,所以他需要得到政府官员的批准才能建立实验室。但是,如果这些官员从中得不到什么好处的话,他们是不会有心思理会你的。拉杰夫又是个在美国居住的人,再加上他是软件行业的创业家,那些官员们都眼巴巴地指望着能从中捞一大笔,好和上级部门的领导们疏通,实现自己仕途上的飞黄腾达。但是,拉杰夫没有给他们一分钱。他一边等着政府的批文,一边开始建立实验室。

几个月后,实验室建好了,里面的设备也都已经安装好,政府的批文却迟迟没有下发。拉杰夫就此事给当时的总理写了一封信,询问事情的进展。总理办公室的一位官员给他回了信,对他的努力大加赞赏,并告知他的信已经转发给北方邦的首席大臣,他会立刻进行处理的。

但是这种"立刻进行处理"从未出现。申请的批文仍然停留在原地。等了一个月后,还是没有任何音信,拉杰夫又开始与这些政府官员进行周旋。最终,这些政府官员被他的耐心和坚决不行贿的决心打败了。拉杰夫最后拿到了政府的批文。"我这样做也是为了长远打算,"他说,"而且,既然我已经走了这么远,我也没那么轻易就放弃。做事应该有始有终,一些事情既然有了开头,我就希望能看到结果,能够改善沙哈汗普尔人的生活。"

有一个带有传奇色彩的故事,讲的是一个出身贫苦的印度男孩从印度理工毕业之后,继续向前,最终把整个世界变成了自己的大舞台。这个人就是维诺德·古普塔。古普塔来自于农村,他所在的村子在距德里北部166公里的兰普·曼亚兰镇(Rampur Manhyaran),这里离拉杰夫的家乡不太远。古普塔很乐意为他曾接受过的印度理工的馈赠而作出自己的回报。当古普塔看到他的一位朋友偷偷带进学校的一台美国制造的收音机的时候,他惊奇万分。他对电子工程和对美国的向往,以及由此在他心中激起的第一次暗涌足以使他立下誓言:成为一名工程师,然后到美国去。内布拉斯加

（Nebraska）资料分析业巨头 InfoUSA 是古普塔于 1971 年在他的车库中创立的一家公司。

他通过了印度理工联合入学考试，毕业于克勒格布尔校区的农业工程学院，他基本上属于系里的后进生。但是，出乎每个人意料的是，他所申请的 14 所美国大学中，有 5 所大学已经向他抛来了橄榄枝。拎着一只装衣服的手提箱，兜里揣着 58 美元，古普塔踏上了前往美国的旅程，他下定决心要干出一番大事业。

1971 年，他加入 Commodore 公司，一家活动房屋的制造商。在那里，他的工作就是更新美国所有活动房屋经营者的名录。古普塔订购了当时能订购到的 5000 余本企业黄页通讯簿。很快，公司的接待室就淹没在这一大堆的黄页书籍的海洋里。老板给古普塔下达了最后通牒，要求他必须在下午 4 点前将所有的书搬出去，否则就等着被解雇吧。古普塔把所有的书搬到他的车库里。几周后，他利用业余时间，在一位同伴的帮助下，汇编出了一本企业名录，这可真是煞费心血的成果。他提出两个条件让 Commodore 选择，要么花 9000 美元来买他这本名录；或者，也可以免费给 Commodore，但是，前提条件是，要允许古普塔将这些名册卖给 Commodore 的竞争对手。Commodore 选择了后者，然后，古普塔从罗尔斯顿银行借了 100 美元，成立了美国商业信息公司（后来更名为 InfoUSA，即美国资讯公司），3 个星期内，他就接到了价值共计 36000 美元的订单。

一年后，古普塔从 Commodore 辞职。那个时候，他所编制的名录中包括了机动车、船舶、汽车、拖拉机和无线电广播的经营者。1986 年的时候，公司的资料库中已经涵盖了整个美国所有黄页的内容，通过各种方式——比如在电脑中输入行业、品牌、经销商、员工人数或销售量，就可以查阅到所需信息。客户可以借助从资料库中获取的信息，更好地进行市场确认和分析，销售机会挖掘，反馈式直邮，会展客户信息管理，电子营销和竞争力分析。他们那时候唯一的竞争对手是 Dun＆Bradstreet 公司。但是 Dun＆Bradstreet 公司对于那些小的会展客户并不感兴趣，但古普塔感兴趣，而且一开始就迅速占领了中小型客户的市场。

今天,美国资讯公司收集并保留了 1400 万个行业和 25000 万个客户的全面资料。从古普塔最初 100 美元的投资,InfoUSA 现在已发展成为一家拥有 2000 名员工的公司,2001 年的销售额达到 2 亿 8900 万美元。1992 年,美国资讯公司上市。

1991 年,古普塔是第一个向母校捐资的印度理工校友,他成立了一个 200 万美元的基金会,在印度理工克勒格布尔校园内建立了以他的名字命名的管理学院——维诺德·古普塔管理学院。在他的事迹的鼓舞下,几十名克勒格布尔校友纷纷慷慨解囊。对他的另外一个母校——内布拉斯卡大学(Nebraska University),他也捐资 200 万美元,用于开设小型企业管理课程,他还捐赠了 50 万美元作为基金,用来资助那些希望在其科学和工程学院就读的少数族裔学生。在他的家乡,他已出资 100 万美元,建立了一所女子科技大学;他还为即将在他以前所在村子里建立的新科技楼出资。

尽管他过着一种近乎奢华的生活——飞往全球各地打高尔夫,到斯库巴(Scuba)潜水以及驾驶他的"克什米尔公主号"遨游海上,但古普塔并没有忘本。一位在维诺德·古普塔管理学院任教的教授曾向我讲述,在每年例行的走访中,古普塔是如何执意要带他的旅伴一同骑自行车参观这所他热爱的校园的情形,因为,自行车是他学生时代常常使用的交通工具。他们仓促之间给他凑了 8 辆自行车。然后,这位资讯业的巨头,同时也是美国驻巴哈马(Bahamas)群岛总领事,和他的美国朋友一起出发,开始他们的观光之旅了。他喜欢去 RK 楼看看他从前住过的房间,并与现在居住于此的新人们合影留念。

印度一家主要的信息技术公司的首席执行官有一次发现古普塔在度假期间,和他的朋友以及从兰普·曼亚兰的乡下来的亲戚们在美国一处风景优美的旅游胜地。"那阵势看起来就好像是他把半个村子的人都带来了,"这位首席执行官对我说,"我们都感到惊奇,就想问,这个家伙在世界上到底是不是真实的存在?"

我还听到过另外一个与这位神奇的人物有关的故事,尽管已在美国生活了30余年,他却始终能够保持着纯正的印度北部口音。在他世界各地的住处,一成不变的指令永远是:在他到达之前,每个房间的灯必须是亮着的。几乎每个房间都有一台电视机,而且每一台播的都要是他最喜欢的节目。

  我无法确定这个故事的真实性,但是有一点我仍记忆犹新,就是在我们正在为印度理工克勒格布尔校区制作宣传册的时候,古普塔曾给我们发过来的履历,他叮嘱我们说一定要将这段话印在册子的最前面,以下是履历的开头,一段自豪的陈述:"维诺德·古普塔出生于兰普·曼亚兰——距德里北部100公里的小镇,那里没有电,公路也不通,没有卫生间,没有电视,没有汽车。"

十三 印度教育学院

"在我认识的所有人之中,阿南斯是纯粹为了追求学术而追求学术的人。"在开往哈佛广场的火车上,什夫告诉我说:"阿南斯全神贯注,只是一味地教书和学习,对于人际间的交往从不下苦功夫。而人际关系对其他活动,尤其是创业是很重要的。他曾告诉我:我很幸运,因为我已经知道了我这后半辈子该做什么。这真是棒极了。"

阿南斯、什夫和我是位于加尔各答的印度管理学院(简称IIM-C)的同学。什夫进了花旗集团,随后加入安达信会计师事务所,经由伦敦,最终来到美国,与他的妻子一起在芝加哥(Chicago)成立了一家软件公司。2000年4月,它被一家稍微大一点的软件公司用一大笔钱收购了。自那时始,什夫和苏奇(Suchi)就开始寻求生命中的下一个目标了。

阿南斯加入了联合利华旗下的子公司旁氏印度。他很快就厌烦了这份工作,所以决定到宾夕法尼亚大学(Pennsylvania University)的沃顿商学院攻读博士学位。后来他又去了哈佛商学院,在那里他已是技术和运营管理学院的副教授,专门从事供应链的管理,尤其是那种生命周期较短,需求量不可预料的产品。

自从15年前,从印度管理学院毕业之后,我们就再也没有见面了,但我还是很容易就认出了他。他没有长胖,一头黑发没有变白也没有掉落。唯一的改变就是他那稍微带点美国口音的英语,以及对话中不时出现的一些美国短语和短句,还有每隔两句就会说一次的口头禅"你知道吗"。我在以下转述他的话的时候,都把他那句口头禅省略掉了。

"我们去 Au Bon Pain 小店坐坐怎么样?"他一边走向我们,一边说。在那家杂志店门口等了 10 分钟,这 10 分钟里,我一直都在想,哈佛的 T 恤和咖啡杯以及钥匙扣的定价是高得离谱还是刚刚适度?

高得离谱。但是不论怎样,Au Bon Pain 小店都是正确的。"在你告诉我你在写这样一本书后,昨天晚上我一直在想印度理工以及在印度理工的全部生活,"阿南斯一边说,一边喝了一小口他瓶子里的水,"印度理工建校之初,就是为了要培养工程人才,但是,在我看来,在印度理工我们得到的是很广意义上的通识教育,类似美国的文科院校,与比如加州理工等学院的教育是不同的。在加州理工人们在那里接受工程师的教育和培训,毕业之后他们的职业就是工程师——他们可以把东西拆开,再进行组装。我是无论如何都做不到这一点的,而且,其他很多的印度理工人也不一定能做。"

我常常以为阿南斯是真正的勤奋的印度理工人的真实写照。他是个技术专家,而且显然是掌握了那些在我看来高深莫测,而我在印度理工时也只是稍微感兴趣的工程技术的大师。

"看看那些最为成功的印度理工校友吧——麦肯锡公司的拉贾·古普塔,以及花旗银行的维克特·梅利兹——他们进入印度理工接受教育,但并不见得他们都是学工程学出身的。"阿南斯说。阿南斯 1986 年毕业于印度理工马德拉斯学院机械工程专业。"我们这些能够进入印度理工就读的人,本身就很擅长学习了。我们是考试高手,如果没有印度理工,我们肯定去了其他地方。而在印度理工选择专业是有风险的。选择专业的过程就像我们每个人都是优秀的运动员,但是我们却不知道该选择哪项运动项目。所以,我们中的一些人被分配到机械工程学院,以此作为自己的运动项目;还有一些学生被分到电气工程学院,诸如此类。专业的选取与我们联合入学考试的排名有直接的关系。我们可以在进行一项运动项目的时候,兼顾其他几项。大多数人进入印度理工的时候还很年轻,他们犹豫不决,不知道自己以后该做什么。但是进入印度理工,有一些东西是确定的。"

在为写这本书而进行调查的过程中,我所见到的几十个人中有很多都是在我上学,包括在印度理工克勒格布尔校区和IIM-C的时候就认识了的。但是,他们中的大部分人,我都有6到20年没见过了。其中有现在新泽西州的桑乔伊·保罗(Sanjoy Paul),他现在可是朗讯公司的大红人,在这之前,我们都有17年没见过面了。他还跟从前一样喜欢讲孟加拉语的俚语和俗语;还有现在休斯敦的帕萨·查特(Partha Chatterjee),他现在是Dynegy公司能量贸易风险管理体系的缔造者,我跟他失去联系已经有15年了,除了在听到我还是用15年前的俚语和俗语来进行表达的时候,他显得尤为激动外,其他的一点都没变;还有一位是在圣何塞(San Jose)的阿米诺·戴斯(Amitabha Das),他确信我是采用作弊手段,比如说抄袭,才蒙混过关,从印度理工克勒格布尔毕业的。他促使我开始分出一些时间用到学习上,并参与小组项目的完成。他一开口讲话还是带英语口音的孟加拉语,还有带孟加拉语口音的英语。尽管他现在IBM供职,也不用每天早上5点起床,在距考试还剩仅仅3个小时的时候临时抱佛脚,死记硬背课堂笔记,但是他的声音听上去还是那么慵懒疲惫,永远都像是没睡醒或即将要睡过去的感觉。还有什夫,在美国的十年,功成名就,但这丝毫没有改变他那温和的印度南部的口音,还有带有个人特色的那句意味深长的名言:这一事态发展与一个人的期望完全是正相关关系。

阿南斯也是如此。他将这份冷静以及善于分析的技巧在任何对话中都发挥得淋漓尽致,为他说过的每一句话负责。我也跟我的这些老朋友深有同感,过了这么多年我们仍能联系到彼此,聚在一起,一切就好像我们上个星期刚刚分别后的再一次重逢小聚。阿南斯说的一番话出乎我的意料,但毫无疑问,说出这番话的人还是当年的那个阿南斯。我在想所谓的幸福是不是就是这种久别重逢之后,故人依旧的那种感觉呢?

"事实上,我们进入的是'印度教育学院',而不是'印度理工学院',"他说,"是IIE(印度教育学院),而不是IIT(印度理工学院),你进入的其实不是印度理工其中的一个学科专业,而是印度理工这个作为整体的学院。你在其中所学到的最基本的不是技术知识，而是思考问题的方式。就像每个人所留意到的，每一届和每一届之间都有细微的差别，比如说，我们那一届的机械工程学院，是勤奋好学的一届，但是，我们的下一届学生，整体上而言都稍微落后于我们。由此你可能会得出这样的结论：教授在学习生涯中并不是决定性的因素。"

我们坐在 Au Bon Pain 杂志店中，四周弥漫着浓郁的学术探讨气氛。这家杂志店里常备有一些带象棋棋盘的桌子，这些桌子都已经被人先占去了。一些上了年纪留有胡须的人，可能是学校的教师吧，他们神情严肃，等着对面那些满脸粉刺的学生走下一步棋。年轻的男男女女不时地从旁边走过，背包里鼓鼓的，塞满了书，似乎在对某一问题进行激烈的辩论。马路对面就是哈佛怀德纳图书馆，它在绿荫蔽天的校园里若隐若现：10层楼的书库，5英里长的书架，300万本藏书。1925年，一位缅甸的显贵来到图书馆，他想看一下来自缅甸的藏书，他从中找到了第一本用缅甸语印刷的书籍。在这里你还可以看到第一本对开本的莎士比亚（Shakespeare）作品，以及古登堡式（凸版印刷版本的）《圣经》。哈利·艾尔肯·怀德纳（Harry Elkins Widener），毕业于哈佛大学，是个藏书爱好者，他在泰坦尼克（Titanic）号上不幸遇难，与泰坦尼克一起沉入大西洋底。有人说，悲剧发生前还有一个故事（尚未证实）是，就在哈利将要踏进救生船的那一刻，他忽然记起有一本刚刚得到的书——培根（Bacon）《随笔集》（Essays）落在了船上，那是1958年印刷的第二个版本，这显然是具有独特意义的一本书，于是他跑回去取，结果不幸遇难。他的妈妈为了纪念自己的儿子，捐赠了200万美元，用来建设图书馆，并且规定，每一个哈佛大学的学生都必须学会游泳。

"目前为止，我所接触到的大多数印度理工校友几乎没有关于他们在教室上课的深刻记忆，"我对阿南斯说，"你也是这样吗？"

"教室……"他稍微想了一会儿。我确定他每堂课都出席了，几乎没有翘过课。"我只是记得发生在教室里的那些有趣的事情。"

"我只记得实实在在的或者鼓舞人心的学习经历。"什夫说。

"我也是，"阿南斯点头表示赞同，"但这并不代表我们运气不好,没有遇到好老师。"

我向什夫和阿南斯谈起我那天上午见到的 Narad 网络公司的德夫·古普塔。我只是想请古普塔大概跟我谈谈他所做的事业,他就滔滔不绝地给我讲起了他所进行的发明和所获得的专利,其数量之多,令人震惊。他还给我讲了他 3 次进军企业界的经历。前两个公司是在电子数据库基本革新的基础上建立的,它们都已经被思科以 6 亿 5000 万美元的价格收购。第三个公司,即 Narad,古普塔说他不会再将它卖掉。古普塔觉得,有了 Narad 开发的技术以及所获得的专利,他们应该使这个世界从根本上发生改变。古普塔在印度理工坎普尔校区学到了不少技术知识,这点是再清楚不过的了。

"像德夫·古普塔这样的人,他们可能从不止一个教授那里学到这些东西,"阿南斯说,"就像在印度理工马德拉斯校区有一位瑞曼莫斯(Ramanmurthy)教授。他每年都是 6 个机械工程专业学生毕业设计的指导老师。他为学生写推荐信,而每一个经他推荐的学生必定会得到多个美国大学提供的全额奖学金。事实上,他常常问那些申请者:'你们真的想去这所大学吗?请对我实话实说,我将照实填写。'我们常常怀疑他的推荐信是不是被施了什么魔法?大洋彼岸的那些美国大学的教授有解除这一魔法的钥匙,从中挑选出正确的那个。但这样的教授毕竟是少数。其余的教授只是还可以,但真的不会引起太多人的注意。"

在斯坦福举行的印度理工全球校友聚会上,曾有过关于印度理工人领导素质的讨论。一群人吵吵嚷嚷地认为印度理工人并不是做领导人的材料,他们只是四处奔波忙碌的工蜂、问题解决者、毕业设计的导师,或许甚至是思想领导者,或者知识领域的领头人。这群人觉得印度理工体制内并没有任何培养领导才能的机制。而其他的人则认为,领导才能并不是靠老师教会的,已经有足够多的首席执行官或企业家站出来反对以上言论。而且,印度理工体制在课外为培养学生们的领导才能提供了广阔的空间,排得满满的课外活动日程,以及校园中学生的选举活动,都足以说明这一点。

阿南斯认为,一个人的领导才能并不是教出来的。"那些口口声声说要在印度理工增开一些领导培训课程的人根本就是对教学的过程一无所知,"他坚定地说,"有些东西是可以教的,而且,不管怎么说,如果我在印度理工马德拉斯校区的时候就开设了这门领导才能培训课的话,我肯定学不到什么东西。我会对它不屑一顾,将它视作另一场需要应付的单调乏味的考试,我也许会在这一科的考试中取得不错的成绩,但不会从中学到任何东西,最终只是一无所获。也许,如果今天让我去学一门与领导才能有关的特定课程的话,我可能会对这门课予以关注,认真去学。但这种状况发生的前提条件是我必须有足够成熟的思想。可印度理工的在读本科生明显不够成熟,还应付不了这些课程,不能将开设课程的作用发挥到最大。至少,我做不到。"

"当然了,印度理工体制中的漏洞在于,让你过分注重考试,很容易就变成一种考试机器。所以,很多人从不曾自问,在他们的生命中,除了考试之外,自己还想做什么。不计其数的印度理工毕业生前往美国,攻读博士学位,在每一门功课中都是佼佼者,然后他们会问:'现在我该做些什么?'他们对于这个问题仍感到茫然,他们只是想有人来告诉他们。他们这种门门功课都领先的特殊才能——暂且不管它们是什么吧,是培养领导才能所必需的,但只有这种才能是绝对不行的。"

之后,有一段时间,我们三个都陷入了各自的心事中,阿南斯若有所思地说道:"昨天晚上我一直在想,到底是什么使得印度理工不同于印度其他的大学,我想,答案应该是对自己智力的自信。"

"那又是什么?"我问道。我知道他在说什么,但是我想让他自己清楚地说出来。

"我们中从来没有一个人说过,我们做不到,因为它太难了,或者说太深奥了等等诸如此类的话。即使讨论的话题是人类学或其他问题,一个印度理工人随时都准备投入一场关于任何问题的辩论中。也许对于这一学科他根本一无所知,但他却极度自信,一旦他开始关注于此,他就一定会悟透。"

"这是一把双刃剑。因为,如果其他的人不能向他解释这一话题的话,印度理工人常常会认为那人简直就是白痴。他从未想过自己在别人的眼里可能也是一个傻瓜。即使你一直都在班里排最后,每一个印度理工人照样拥有这样一种自信,你可以在关于任何领域的任何辩论中持有自己的观点,你也许赢不了,但你绝对可以坚持己见。我不知道这种自信来自哪里,也许是JEE的经历使然吧。但这似乎又没什么值得大惊小怪的,就像是,你塞给我一本书,然后说,我们所有问题都是从这本书里出的。那么我的成绩也可以遥遥领先。"

"我说,伙计,"什夫说道,"我记得有个来自印度理工马德拉斯校区的家伙,他从来都不去上课,除了定期试探一下课堂的情况如何,他完全有把握能够通过所有的考试。结果,他真的做到了。"

什夫回忆道,还有一个叫罗恩(Lone)的家伙,也是印度理工马德拉斯校区的学生。罗恩也是个信心十足的家伙,但他的这种十足的信心似乎又找不到什么让人信服的理由。但是夏季实习时他被分到了旁氏,因为,在进入商学院前,他曾到一家公司工作过一年,这家公司为他写了一封推荐信说他工作能力十分突出。

"是的,"阿南斯见过那封特殊的推荐信,很明显的,那封信的可信度令人怀疑。并不只是因为信里说他在公司里表现良好,而更令人起疑的是,公司认为他确实是个与众不同的人,公司从来都没有见过像他这样特别的人,信中还说,一想到他的离开,泪水就不禁湿了眼眶。"罗恩到旁氏来做夏季培训,"他说,"我当时也在那里接受管理类的培训。他的兴趣似乎完全不在他的本职工作上。他开始对公司的办公程序以及经营方式提出改进建议。他甚至都不曾考虑过这样一个事实:这些人,已经以这样的方式,经营了这么多年了,他们现在这样做,其中肯定是有某些特定原因的;还有就是凭借这些年所积累下来的经验教训,才作出现在这样的决定。而他只是单纯地以为,公司应该完全改变现有的生产和销售模式!"

"这真是不可思议,"什夫说,"很难想象,他的这种超级的自信竟然没有任何传统教育为支撑。"什夫曾和一名印度理工的毕业生在同一个市场调查小组共事,我们在这里称他为切瑞(Cherry)。一个阳光明媚的上午,他和切瑞来到加尔各答最主要的传媒公司,去看看那里有没有什么项目可以让他们来做。"在我还没明白这是怎么一回事的时候,他已开始对公司现在所采取的战略以及从现在起该如何做,自顾自地发表了一篇长篇大论。在他讲完之前,已经对公司的重组有了一个完整的计划,并承诺说,如果让我们来做这个研究项目的话,公司将会从中得到各种各样的特殊优惠。看着眼前正在上演的一切,我目瞪口呆地坐在那里,简直不敢相信眼前正在发生的一切。我们的这次计划以彻底的失败而告终。但是,你知道吗,我并不这样认为,甚至是切瑞自己都知道自己是在胡说八道!"切瑞现在是 IIM 中一位受人尊敬的教授。

我们之间的这场谈话,渐渐将我们带到了对那些我们所见过的,并和我们共同生活了那么多年的稀奇古怪的人的回忆中。他们平常在人前从不露面,除了来敲你的门,非常有礼貌地问一句:"抽烟吗?"的时候,才会出现在人们面前。那个在印度法律体系课即将结束的时候才走进教室,还以为是组织行为课刚刚开始,全然一副困惑表情的家伙;还有那个被一些不怀好意的人说服,在第一节营销管理课程上穿了一套套装的家伙……我们突然间才发现,夜幕早已降临,我们必须得走了。互道再见的时候,阿南斯说了最后一句话:"印度理工 IIT 中的 T 是最无关紧要的字母,"他说,"我学到了很多工程学的专业知识吗?我不知道。但是你若问我,你有没有觉得受到了一次伟大的教育?是的,毫无疑问。"

然后,他离开了。我和什夫朝火车站的方向走去,一边走,一边在想:身为一个印度理工人究竟意味着什么?

十四 什么是印度理工人

"理论上说,我与印度理工学院的体系结下不解之缘已有40年了。"印度理工学院马德拉斯校区的印地立桑教授说,"我在印度理工学院德里校区和马德拉斯校区担任了27年的教学工作。在那之前还曾在罗克工学院工作了13年,而这所工学院现在已经是印度理工学院的一个校区了。"实际上,在我见到他的时候,印地立桑正主持着一个负责将罗克工学院转变为印度理工学院一个校区的委员会。他自然是个很合适的人选来回答我那个问过许多遍的问题——什么是印度理工人?

"从实质上来讲,印度理工人是一种具有竞争性的动物,"印地立桑说,"一种非常聪颖的竞争性的动物。再者,在类似于青年旅社的环境中的特殊生活培育了强烈的竞争力。有一次,在学生找工作的季节,我问一个学生:你如何才能在各个公司五花八门的招聘考试中胜出?他回答说:先生,印度理工人能够在考试中得到任何分数,我们是应试专家。"

如果说,是步履维艰通过JEE考试的过程造就了每一个印度理工人刻苦学习的能力,那么,印度理工学院的体系,以及由满是高智商考试高手所营造的竞争气氛中那大量的测验和考试,还有实验报告,则在潜移默化中赋予每一位普通印度理工人从容应对超负荷压力的能力。当然,完成印度理工学院的学业有许多方法,每一位印度理工人都可以依据自身的倾向和生活态度来选择自己的道路。因而有些人选择成为耐力大师,他们每天上8个小时的课,然后再额外学习5到8个小时。其他一部分人则是玩家,他们能准确地测定自己的投入产出比,然后投入适量的努力来取得自己所满意的那种学习成绩。

印度国大党经济单元领袖加拉姆·拉梅什,他是印度理工人中为数不多的涉足政坛的一位校友,说道:"在印度理工学院,我学到的最重要的东西是有条不紊。这是一种你在其他任何地方所学不到的有条不紊。因为如果你每天不多投入4到5个小时,你就会落后。这就是为什么印度理工人在美国的高等教育中会表现得那么出色。在美国,大学几年是一种休闲型的时光,你会去探索许多知识领域,然后确定你真正想做的事情。在你进入研究生阶段之后你才会变得严肃起来。"

思科公司印度区和南亚区(SAARC)总裁马诺·朱赫过去从来都不是最好的学生,他也从没有为此而懊悔过。"你还记得教化学的那位B. N. 阿瓦斯(B. N. Awasthi)教授吗?"他问我。我记得。那位已故的阿瓦斯教授也是一位印度理工学院的校友,在我们那个时候他是学校最受欢迎的教授之一。"在考前,"朱赫说,"他会对我们说:考卷上会有几道题,它们占10分,你们中只有极少数的人能够答得上来,但其他的题目我相信你们都能解答。这样很好。你参加考试的时候,浏览一下试卷,迅速找出那些不在你能力范围内的题目,然后回答剩下的那50分的题目,得到其中的35分或40分,诸如此类,你对此感到满意,因为你不愿放弃娱乐和游戏,以及其他你生活中的乐趣来交换这10分——那样做的代价太高了。但对于最好的学生而言,那是一个公平的价格,所以他会上每一节课,并在每天晚上疯了一般地拼命学习,来解决那些难题。这样做也不错。那是他自己做出的选择,而像我这样的人也有我们自己的选择。"

在两种情况中,你都需要有条不紊。这两种情况是:你是把一年都安排得满满当当——每一天都额外付出固定的几个小时来学习——对校园中那些会令你分神的事物视而不见,或者在一年中的大多数时间里享受课堂外的生活,然后在考前几天来个180度大转弯,完全改变生活方式,恶补那些你落掉的功课和实验。我在印度理工学院求学的时候,第二种人在数量上比第一种人要大得多。

所以,当有人问我:什么是印度理工人?抑或:你在一个普通印度理工人身上能发现什么特质?我通常给出的两点答案是:适应巨大压力的能力,在项目或存在最后期限的情况中保持有条不紊的能力。不管是他测量好进度,以便满足一个项目的最后期限,还是丢下所有的工作直到不得不做,普通的印度理工人都会自信能够迎接任何他所能承诺的期限。在多数情况下,他是正确的。

教育网站 egurucool.com 的创办者之一阿什·高亚(Ashish Goyal)说:"我从印度理工学院中得到的最为宝贵的东西是努力工作的能力,以及解决问题的技能。就是说,你可以把任何问题彻底想清楚并予以解决,在智力上解决。"

"印度理工人是有理性的人。"印地立桑说。他讲述了20世纪80年代任印度理工学院马德拉斯校区负责人时发生的一件事。一天深夜,印地立桑和妻子返回办公室,发现门前站着将近200名学生,手中拎着水桶。印度理工学院马德拉斯校区的水一直有问题,这一次学生们失去了耐性。他们情绪激动,要求立即解决问题。

印地立桑没有被吓住。他从车里下来,面对滋事的人群问道:"你们是来自某个技工学校呢,还是来自印度理工?"听到这句话,男孩们安静了下来。"你们是印度理工人,"印地立桑告诉他们,"你们是要学会解决问题的。现在出了一个问题,你们不是想着如何去解决它,而是表现得像暴民。不管怎样,今晚是什么也做不了了。明天一早,你们带着解决方案来见我,我们一起来解决它。"

"印度理工人拥有合乎逻辑的头脑,"印地立桑说,"你可以和他们争辩。他们离去了并在第二天早晨带回来三四个不同的解决方案。当然,我们的水源的确不足。但问题的根源是,学生们淋浴用水的消耗量太大了。解决的方法很简单:封上淋浴器,使用水桶洗澡。每一个学生只有一个水桶,那么他洗澡又能用掉多少水呢?问题就这样解决了。"

在他做负责人时,还有一次,在一周的时间里突然发生了两起自杀事件。第一起与爱情有关。第二起是一个男孩自认为考试没有及格,就悬在电扇上吊死了。"他真糊涂。"时至今日说起这件事,印地立桑依然生气,"那次考试他通过了!"但令人吃惊的事情是——也是只有在印度理工学院才会发生的事情——这个男孩的尸体是在上午 11 点 40 分发现的,到中午 12 点 30 分,学生们都来到了教室。他们并没有把自杀事件归咎于学校的监督。他们正确地认定,这些情况是教授们所无法控制的。"我为学生们在那时对我们表现出的信赖深表感激,"印地立桑说,"印度理工人是理性的人。"

他指出,印度理工学院的每个学期必须有 70 个教学日。这些是必修的。"所以印度理工人从来不要求假日。因为他们知道,如果他们要求了一个假日,那么他们就必须拿出一个周六或周日来补课。在大多数其他学院和大学,如果有需要庆祝的事等,学生要求放假一天的请求,经常会得到满足。"我从来没想过这一点。但当这位老教授提到这种情况,我回想过去,发现的确是这样。在印度理工学院的时候,我们从来没有想到过要求假日。这在大部分其他印度校园中是闻所未闻的事情。

这一切所附带的结果是,印度理工人为自己所能感知到的优越感而高兴,为生活中的一切活动感到高兴。"在一定程度上,这是独有的。"Kellogg Brown & Root 公司石油、天然气技术的副总裁理查德·迪索萨(Richard D'Souza)说,"如果你们把相同的这些人放到另一种背景下,他们就不会做得这么好。我们不能不提到把所有这些人聚集在那种才华横溢的环境之中。这听起来颇有点杰出人物统治论的味道,但我并不认为这是错误的。"

"杰出人物统治论"是印度理工人必须与之相伴的词汇。与之相伴,他们也并不感到惭愧。

若干年前,我大多数住在孟买的印度理工学院的朋友还没有结婚,我也经常去那个城市旅行。每一次旅行,大家都至少会有一个晚上全部聚集到某个单身朋友的房子里,畅谈到第二天清早。一天晚上,我们得知孟买的一位朋友爱上了他的同事。但是他在办公室中有一个劲敌。

自然,我们有义务立刻团结到他的周围,为他提供一切可能的和不可能的帮助。我们想要知道有关目前竞争形势的一切情况、谁占了上风以及其他细节。当我们得知,那位朋友的情敌是一位工程师,但不是印度理工人的时候,我们出谋划策的语气马上就发生了变化。我们的意见是,如果一个印度理工人在情场上输给了一个非印度理工人,那这个印度理工人就应该到最近的一棵树上吊死。这是一场他不能输掉的战斗。如果他输了,对于印度理工学院的名声就是一种侮辱,每一个印度理工人应该为这永恒的羞耻而上吊。甚至,他把那个并非印度理工学院出身的人严肃地看作情敌这件事本身,就足以对印度理工学院所象征的一切造成一种打击。

谢天谢地,他终于如愿以偿。我的朋友,温克和他原来的同事——漂亮的马丽尼(Malini),已经步入他们美好的婚姻生活。

当然了,如果当初马丽尼真的选择了那位非印度理工人的话,我们将会劝温克,说这恰恰证明了她根本就是一个没有大脑的傻瓜,不值得你去爱。

但他们这种天之骄子之气,到了同为印度理工人的同学那里,就转化为一种深深的谦逊。在入校最初的15天左右,每一个印度理工人在印度理工学到的第一件事就是谦逊。马尼什·提尔(Maneesh Dhir)现在是印度网景公司的总经理,他是1986届的印度理工德里校区的校友。他说:"在进入印度理工校园之前,你也许是家人眼中的心肝宝贝或者掌上明珠。但是,当你进入印度理工之后,你会突然意识到,在这里,你什么都不是。这里的每一个人都像你一样聪明,还有很多甚至比你还要聪明许多。你在JEE的排名甚至都不能代表什么。也许你的排名在前100名,但是,当时考试的时候也许有另外一个家伙的身体刚好不太舒服,没有发挥好,所以最后被排到了1900名,可事实上呢,他却比你聪明很多。而且在JEE考试中,即使你错了1个分值仅为1分的题,你的排名也许就会下滑50个名次。所以,在印度理工的第一个月是学会谦逊的过程。可那也算一段不错的经历。"

理查德·迪索萨对此深表赞同。他是1971届印度理工克勒格布尔校区的校友。他说:"我并不认为自己的智商很高,但我肯定自己是聪明的。所以,当你在那样一个环境中,发现自己竟然是个与他人无异的普通人时,你会感到深深的谦卑。然后你来到了美国,到这里最好的研究生院就读,之后你发现,在这里你比其他人的学识要渊博得多的多。我想,在美国任何一家研究生院,你都不会找到一个请教他人任何问题的印度理工人。这里的体制与印度理工稍微有些不一样,但你一旦看透了,一切都会变得轻而易举。"

"是这样的,"阿君·马赫特拉说道。他是1970届印度理工克勒格布尔校区的校友。他说:"我在印度理工学到的第一件事就是这个世界上还有很多比你聪明的人,你来到印度理工前还以为自己是个聪明的人,但是当你来到印度理工后,你会发现周围都是一些比你还要聪明的人。所以,一段时间后,你确定自己仍然是个聪明的人,但是周围尽是一些比你还聪明的人,你不得不去掌控整个环境。学会如何与身边那些比你还聪明的人相处,这真是伟大的一课。但是也有很多人不知该如何弥补这一打击所造成的创伤。他们来到印度理工,看到自己身边有如此众多的聪明人士,面对竞争,他们望而却步。所以,几个星期后,他们退学了,转到一些名不见经传的学校就读,在那里他们显然要比其他同学具有优越感。我还记得我们那一幢楼里有个人,也是如此落荒而逃。当然了,又不能对父母说,自己是因为胆小而退学的。所以,有一天,这个家伙的父亲找上门来,说他的儿子被我们整得很惨,还说遭到了痛苦的折磨,等等。"

今天,印度理工各个校区中已经没有了往日那些恶作剧。近年来,学校的管理部门与其进行了长期持久的斗争,并采取了极其严厉的措施,比如说把所有的新生安排到单独的宿舍楼居住等。但是,直到20世纪90年代,印度理工仍然因其对新生的恶作剧而声名狼藉。当然了,这种情况在其他的理工学院表现得更为严重和糟糕,但是,印度理工却比其他院校在这方面的曝光率高很多。

尽管媒体上关于克勒格布尔校区内恶作剧的大部分报道都被大大夸张了,而且有时候纯属虚构。但是我们也面临着一些很粗暴的行为,包括被人掴耳光、被踢等,大约有3个星期的时间被定为"恶作剧时期"。这一时期随着"新生欢迎"仪式的到来而宣告结束。这并不是一段让人愉快的经历。每年都会有很多的男孩子拒绝进入印度理工,只是因为他们对于校园内的恶作剧过于忧虑和恐惧。而且,每一年都会有一些人因为不堪忍受而辍学回家。在某些情况下,他们的精神会大大受到创伤,失去自信和自尊。但是,在一个以男性为主导的群体或具有明显部落特征的环境下,他们只是耸耸肩,说一句:"既然他那么胆小如鼠的话就算了",而一笑置之。

但是,几年来,我也逐渐认识到,一些适当的恶作剧能够起到一种重要和必要的作用。我不是宽恕任何形式的对人身的恶作剧,而且对于那些虐待狂学长们仍然心怀怨恨。但是,对于那些检验他们智慧和机智的恶作剧,甚至那些新生们,自己都乐在其中,这使他们从中学到了什么是谦卑。到恶作剧时期结束前,这些新生们已经完全接受了自己所在学院的文化和传统,认识了和他同一个学院的大部分人,卸下了自己原有的防备,学会了如何承受压力,如何去面对一个充满了陌生和敌意的情境,并且逐渐认识到,也许对于父母、亲戚以及兄弟姐妹来说,他是个天才,但这里是印度理工,在这里,你与愚蠢之间的距离仅有一步之遥。

因为,"印度理工信条"最重要的宗旨就是,在这里首先应该得到尊重的是你的才智。没有人会去注意你的父亲是不是百万富翁、你的宗教信仰是什么、你出身的种姓是什么,唯一起决定作用的只有你的才智。在这里,犯什么错都可以被原谅,只有愚蠢是最不可饶恕的罪过。

这也有消极的一面。阿什·高亚给了我这样一个巧妙的阐释。"我们这些印度理工人毕业之后,走入社会,以为能够提出解决问题的方案就足够了,但是,在现实中,这是远远不够的,"他说,"在印度理工,这已经足够了,因为你身边的每个人都与你有着相同的看法,而且他们也足够聪明,认为你所提出的建议是最好的解决方案。但是,在商界,你必须给出足够的理由,让别人信服你的方案是正确的,同时也是最好的。你必须得赢得同事们的支持。对印度理工人而言,有时候这让他们感到极度的震惊。"毕竟,在现实的世界中,熟悉都市的生活方式和世态的能力是居于首位的,纯粹的智慧只能居于第二位。

"智力"在印度理工校园内受到极大的尊重,这与学术上所取得的分数之间是不能画等号的。普纳丢·查特是查特集团的主席,公司主要针对电信和信息技术行业做长期战略投资。他是世界上最为富有的印度理工校友之一。他说："在课业上的出色表现并不能说明什么，其他一些能力会受到更多的尊重：比如说，积极参加课外活动的天分、领导能力。能够在考试中发挥出色而取得优异成绩并不被当做是一项多么重要的才能来看待。毕竟，通过了 JEE，其他的根本就算不上什么了。"所以，即使有人一年下来，每天都有 16 个小时用来埋头苦读，最后取得优异的成绩，他们的名字也不会出现在"最受尊敬的人"的名单上。高亚说："学术，在印度理工的校园中有着不一样的含义，它无关分数的高低，而与其所具备的超级敏锐的能力紧密相连。有一些人，考前只需投入最小的努力，就能拿到 10 分的满分，在第二年的时候会有新的理论诞生，这些人会像上帝一样被人供奉追捧。我们那一届中，有一个人曾经在制作四色地图的校样上搞了些花样，那帮数学教授们竟然花了将近两个月的时间才找出问题在哪儿！"

像拉贾·古普塔、阿君·马赫特拉，以及阿伦·萨林，在印度理工的校园中都位于那种"最受人尊敬"的人之列了。古普塔非常积极地参加各种各样的课外活动，他在印度理工的这五年里，共出演了 17 部话剧，包括英语和印地语的演出。他还活跃于学生管理部门，参加学院组织的运动会。"所以我学会了如何对这些事情进行优先排序，平衡所有的兴趣爱好，哪一个该用多长时间，哪一个应该优先做完，"他说，"印度理工给了我一个展现自我的更为广阔的、充分发挥领导才能的舞台。让我知道了除了关注学习成绩之外，还有更多更重要的事情要做。我不记得在课堂上具体都学了些什么，其中又有哪些用在了我以后的事业中，因为我后来转到了管理专业。但是，我彻底领略到了印度理工提供给我的更为宽广的教育内容成就了一种完整的教育，而并不只是局限在工程学或技术的教育上。"

马赫特拉和沃达丰的首席执行官萨林都是克勒格布尔校区 B. C. 罗伊金质奖章（B. C. Roy Gold Medal）的获得者。这一奖项是每年颁发给那些在学术上和课外活动中均表现优秀的毕业生的。马赫特拉承认："当你能够很好地处理学术和课外活动之间的关系的时候,你会得到来自同龄人的尊重。"他是印度理工板球队和篮球队队员,还是足球队的替补守门员,也打曲棍球,同时也是智力竞赛小组的成员,还出演话剧。他从未缺席过一节课,学术上也有很好的表现。当马赫特拉竞选总秘书长的时候,他发出一道"命令",不许任何人同他竞争。结果,真的没有人与他竞争。

萨林是印度理工克勒格布尔校区田径运动、曲棍球和体操的代表。他说,他赢得的"奖牌有几吨重",他被评为那一届课堂内外兼顾,最为优秀的学生。除了 B. C. 罗伊金质奖章,他几乎就要拿到颁发给最优秀的运动员的 Bhandarkar Cup 奖了。但是,在最后一年,由于他患上了黄疸症疾而不能参加印度理工各校区间的运动会,最终错失了此奖。

印度理工生活中另一个极其重要的一面就是合作竞争。每个印度理工校区中都有很多极其自私的人,让他们和别人一起分享什么东西的话,他们宁可选择去死。这些人只会引起别人的蔑视,他们过着一种相当孤僻的生活。马诺·朱赫说:"这无关教育,而是与文化有关。这是印度理工逐渐灌输到你脑中的一种强大的价值观念体系。当一个人来到团队中时,他会明白团队协作的价值何在,在那里,人们组成一组,一起工作,将注意力集中到同一个目标上,最后达到既定目标。印度理工中总会有一些事会教给你什么是团队协作。"

四五年的时间你都是和这一群人一起度过的。一块儿玩耍、一起学习,吃饭在一起,住也在一起。然后你认清每个人真正面目的时刻就是在最后一年,当你设法得到一份工作的时候。你坐下来与一起参加面试的人参与公司组织的小组讨论。这是对现状分析的考验,那时候你就会知道谁是你的朋友,谁不是。朱赫给我讲了好几个这种关于同学间友爱和忠诚的例子。"当我向人们讲起这些故事的时候,他们都惊呆了,都不相信竟然会有这样的事情,"他承认,"有一些人常常参加这种小组讨论,即使他们对公司提供的那份工作丝毫不感兴趣,纯粹只是为了帮助那些想得到这份工作的朋友。这些人常常会在小组讨论中表现很差,为的是突出自己朋友的好,让他脱颖而出。"

朱赫班里的同学看到有一些人在讨论中说个没完,而他的朋友在一旁却插不上一句话,不能给前来招聘的人留下任何印象。所以,在讨论正酣的时候,他站起来,对着那些谈兴正浓的家伙们嚷道:"闭嘴吧,你们这帮浑蛋!让我们来听听这位先生有什么要说的!"当然了,他这种表现,无论如何都甭想再得到这份工作了,但是,他的朋友得到了发言的机会,最后通过了面试。

朱赫自己也接到电话,让他去加尔各答面试。但是他对此一点都不感兴趣,因为已经有三四家公司邀请他去工作了。这家公司让他和另外一个同学一起去参加面试,那个同学那时候还没有得到任何公司的工作邀请。问题是这个家伙在相同的时间还有另外一个面试。朱赫对他说:"不要担心,我会去参加面试,跟他们说你可能没赶上火车,或者让其他一些什么事情给耽搁了。反正就是说你肯定会赶来的,我会想办法拖延时间,让他们等你的。"而且他最终也做到了。朱赫并不想要这份工作,所以,他故意在面试中表现得很差,对于被问及的问题,故意给出各种各样错误和愚蠢的答案。他的逻辑就是,既然公司叫两个人来面试,那么他们中肯定有一个人会被录用,而他的朋友比他更需要这份工作。所以没过多久,面试官就将他"踢"了出来,他在面试的房间外徘徊,等待他那位朋友的到来。最后,等他的朋友赶到的时候,朱赫问他另一个面试怎么样,他的朋友说他并没有得到那份工作。

朱赫对他讲了一些令人振奋的话,将他送进了面试的房间。一个半小时以后,晚上10点钟,面试官走出房间,对朱赫说很抱歉,他们已经决定录用另外一个人了。所以朱赫来到管理部门,报销旅费。"当然了,这些旅费是我起初的兴趣所在。"朱赫笑着回忆道,"我的朋友得到了那份工作,而且还在那家公司工作了很多年。"

但是,故事到这里还没有结束。几年后,朱赫遇到了那晚面试他的面试官中的一位。他还记得朱赫,他将朱赫拉到一边,对他说:"朱赫先生,我想你也许是误会了,"他说道,"那天的面试不是只有一份工作,而是两份。"

当然了,朱赫根本没有为他所做过的事感到遗憾和后悔。"朋友就是一切,"他说,"当你不喜欢在喧闹的食堂里用餐时,就会想

十四 什么是印度理工人

要出去吃一顿。你会到你所在的那幢楼,敲开每一个房间的门,问是否有人愿意和你一道。我还记得有一次,深夜两点,我的朋友桑吉夫·瓦迪亚(Sanjeev Vaidya)突发奇想要吃一种印度小吃。在印度理工,大部分最好的主意好像都是在深夜两点诞生的。而且瓦迪亚这一强烈的要求一经提出,其他几个家伙积极响应,也认为那是当时他们所能做的最棒的事了。完全疯了。他们推出自行车,朝大门口的Chedi's小店骑去。那里没有了。他们就继续向前,向前,但是,那个时候,所有的店铺都关门了。最后,他们来到了4公里开外的火车站,那里还有几个小贩没睡。他们最终吃上了。"

苏拉博·斯瑞赞同道:"在印度理工,我们学会了今天管理课本上所讲的'合作'。"他说:"你们之间互相竞争,但是彼此之间又互相帮助、共同合作。你让其他人抄你的作业和实验报告,同时你也抄其他人的。所以,我们学会了如何竞争、如何合作、如何建立长久的友谊。"

阿君·马赫特拉是National Cadet Corps(NCC)的中士,负责他所带领的班。但是,班里所有的成员都是他的同学和朋友。马赫特拉面临的问题就是如何使他的这些同龄人服从于他。所以他把所有的人都召集起来,对他们说:"看吧,朋友们,我们的目标是什么?我们的目标就是成为最整齐的小队,对吗?所以,当有人看着我们时,我们应当拿出最整齐的一面给他看,当没有人注意时,一切照常,你们想怎样就怎样,我才懒得管你们!"结果就是,当队里有人心不在焉或是步调不一致时,队里的其他人就会提醒他,嘿,打起精神来!"这是一段很有用的学习经历,教你如何学会管理你的同龄人,如何在与他们共事的过程中保持自己作为领导的威信,"马赫特拉说,"事实上,这就是我在我的事业中所用的管理方式。如果只是命令你周围的人做这做那,你将会一事无成。你应该向这些人说明你们的目标,刺激他们,然后鼓励他们管好自己,以达到那些目标。"

领导才能只是在印度理工中所能学到的众多东西中的一部分。

但是,在接下来的一章中你将会看到,大多数的印度理工人认为,在印度理工学到的这些领导才能还是远远不够的。

十五 "印度理工"品牌

2003年2月,印度理工50周年庆典在班加罗尔举行,在一场关于"印度理工各校区及其在民族建设中的作用"的大会上,作为重头戏,庆典的组织者邀请时任Tata Sons的执行董事的R.戈帕拉克里希纳发言。戈帕拉克里希纳决定要把印度理工这一概念当做一种品牌来开发,而且当场给出了一套完整的品牌营销战略。他开始系统地着手这项工作,一如当初他在印度斯坦利华公司31年的任期内,为斯坦利华开发和"扶植"起来几十个品牌那样。

为了定位"品牌特征",他对50名左右的印度理工校友做了一项调查。被调查者来自印度理工各个不同的校区,分别处于不同的年龄层次。戈帕拉克里希纳很大方地拿出他在班加罗尔的演讲稿,还有一些他整理的收回的问卷调查上比较有趣和有意义的回答给我看。

第一个问题是:"一听到印度理工这个名字,最先出现在您脑海中的是什么?(请看完问题后马上回答,因为我们想知道您最自然最真实的反应。)"

这些即时作答的词语有:"聪明的、才智超群的人"、"每一代人中头脑最好的一群人"、"真正学习的好场所"、"有质量保证的高等教育"、"强烈的竞争意识"、"在一个道德腐化和堕落的社会中唯一一处单纯进行英才教育的圣地"、"精英俱乐部"、"突破陈规,勇于创新"、"集聚了众多英才的小群体"、"优越感"、"我的院友,我所参加的课外活动",以及简单到仅仅只有一个词的回答:"有趣"。

其中一个校友说:"对我来说,'印度理工'就是'成功'的同义词。"

戈帕拉克里希纳对这些答案做出了分析,最后归结出4个出现频率最高的特征:拥有最出色的学生、勇于创新者、不只是埋头苦学,以及英才教育。

当被问及"对于这一曾与你息息相关的品牌,你有何具体的感受"时,戈帕拉克里希纳的答案很简洁:自豪、自豪、自豪还是自豪。但是,很有趣的是,这份自豪之情中往往又掺杂了些许的谦卑和感激之情。下面是一些校友们所做的回答:

"我感到自豪。其间还夹杂着一种精英意识,和对广大中产阶级出身的人所付出的辛劳的由衷感激。"

"作为印度理工人,我感到由衷的自豪。我并不是说作为印度理工人就高人一等,事实上,刚好相反,我们还是有一点谦卑感的。我为曾经在那里学习过而感到自豪,这个伟大的学院选择了我,并允许我成为它的一部分。"

"我对它怀有深深的感激之情,因为它是我生命中最重要的一个转折点。"

大部分人都将他们在印度理工的那段时光视为改进技能、改造个性和改变命运的宝贵经历。

"印度理工不仅教给我书本上的知识,还教会我如何有目的地进行学习,这项技能在以后的任何情况下都用得着。"

"印度理工给我自信,它让我相信没有什么事能将你打败,你会闯过一切难关。这也是激发我在3年前成立自己的公司的原动力。"

"印度理工给我这样一种感觉,我可以在任何舞台上积极地参与竞争,我的智力得到了证实。"

"事实上,技术教育是我们所受到的教育中最无关紧要的一部分。比技术教育更为重要的是,我们学会了如何掌控自己的生命。打个比方,我相信英才教育,但我也从不会因此就认为做某些工作会有失身份,印度理工的教育让我懂得劳动者的光荣和高尚,它还教给我自律,让我可以在巨大的压力下进行工作。"

"你学着去领导和担负责任。你会时常被人提醒,记住自己所享有的优越性以及你应当对社会所负有的责任和义务。"

"它告诉你:没有什么难题是解决不了的,没有什么挑战是无法战胜的。"

"当我想到印度理工时候,我会想到聪明伶俐、天资聪颖、乐观豁达,以及随时准备成为世界主宰的气概。"

戈帕拉克里希纳再次从中提炼出五种要素:心胸宽广、创新思想、单纯坦率、自信十足以及竞争意识。

对其他问题的回答,显示了其作为一个"群体"或"家庭"的特征。

"我发现,即使在多年以后,当你与印度理工的校友们重逢时,你们仍能很快地打成一片。"

"三十几年后,你遇到了一位和你并不同届的同学或朋友,你会感觉他们跟你记忆中的模样相差无几。诸如头发灰白等等的细节,统统都消失不见了。"

"我们那群女孩子是在印度理工认识彼此的,在一起度过的5年的时光里,我们有过很多的快乐,对于彼此有了更好的认识和了解。就像一个大家庭一样。其实,它就是一个大家庭。她们是我这一生中最好的朋友。我们生活在一起,潜移默化中,逐渐拥有了一些共同的并将伴随我们一生的信念和价值观。我所有的朋友都去了国外,只有我自己留在了印度。但是,15年后,当我再次见到我的朋友 Gigi 的时候,我们还可以重拾当年别离时正在谈论的话题。现在,我们都已结婚生子,但是,所有这些对我们并没有什么影响。我知道她生命中有一部分并没有因为这15年来发生的事而受到任何影响,一切都没有改变。当我们再次相见时,我们并不觉得已经有这么长的时间没有联系了。"

"当印度理工的校友们相见时,我们又联系在一起,不断地回想过去。无论他今天已经成为什么样的人、取得了多大的成就,我们所使用的语言从来都是区别于其他人的、独特的语言。"

举个例子吧。那些20世纪70年代早期的印度理工孟买校区的校友们在华盛顿特区举办校友聚会的那个晚上,我刚好也在场。

他们当时都已是大企业家,而且其中至少有一个是取得了引人注目的成就、闻名于世的人。那天晚上所发生的对话大致如下(我已经更换了其中所提及的名字):

"嘿,老兄,你还记得格普瑞特(Gurpreet)吗?"

"当然记得了。那家伙现在到底在做什么呢?"

(转向我)"我们宿舍楼里有一个叫格普瑞特的家伙。几年前,他给我打电话,告诉我说:'嘿,老兄,我的妻子刚刚生了一对双胞胎!'我说:'那你的家族中有谁生过双胞胎吗?''没有',他说。我又说:'你妻子的家族中有谁生过双胞胎吗?'他又答:'老兄,没有。'于是我又问他:'那你的邻居中有没有谁家生过双胞胎?''没有',他说。'朋友呢?''也没有。'我沉默了大约有半分钟,像是在思考一些什么似的,然后我告诉他说:'那么,格普瑞特,很抱歉,我无法为你做出任何解释。'(这引起哄堂大笑)等一下,等一下,还没有完呢。两年后,这个家伙又打电话给我,当我拿起电话的时候,电话另一端的人已经笑得快要喘不过气来了。于是我说:'伙计,冷静一点,出什么事了?'他说:'我刚刚想明白你给我讲的那个双胞胎的笑话!'"(众人捧腹大笑。)

"噢,朋友,你还记得跟我们在一起的那些家伙吗?还记得那个叫阿尼尔的家伙吗?有一天那个家伙找到我,并对我说:'哎,为什么人们要在厕所门的内侧写那么多肮脏的话?'我问他:'什么肮脏的话?'他说:'每当我蹲下去的时候,那些话刚好就在我的眼前。门上潦草地写了好多猥亵的话。这个人(他指向聚会上的另外一个人),他简直坏透了。'可你是怎么看到那些话的呢?阿尼尔说:'我蹲下去的时候,它们刚好就在我眼前啊!'然后,那个人满脸严肃,一本正经地说:'你的意思是,你蹲下去的时候是面对着门的?'阿尼尔这时开始有点慌了。于是,我们告诉他:'千万不要把这件事告诉任何人,否则你会遭到人们的嘲笑的。你本应该朝着另外一个方向的啊,也就是说,你本该是背对着那扇门的。'然后,阿尼尔走开了,还再三道谢,非常感激我们!"(整个聚会充满了笑声。)

这样一直到深夜,我们笑得眼泪都流下来了。

戈帕拉克里希纳的调查发现,这种同志间的友爱之情甚至还延续到了那些他们从未见过的校友身上。

"当我看到其他的印度理工校友时,我就有一种投契的感觉,我们有一些共同的特质、价值观、道德规范。要是有年纪比我小的印度理工校友来找我的话,我常常想怎样才能帮助他们。"

"我会不遗余力地帮助他们。"

"每当我听说现在在印度理工就读的那些校友的时候,我都感到高兴和自豪,那种感觉就像看到自己的家庭在不断壮大一样。"

戈帕拉克里希纳继续进行研究,以为印度理工开发一种"品牌架构"。"印度理工本身就自成为一个世界,"他很确定地说,"那里已有的规则、惯例、行为规范、社交活动、行为榜样、典型的手势和话语,以及无形的核心价值观和毋庸置疑的信念,所有这一切都使其成为一个拥有自己独有的文化和宗教信仰的群体。但是,所有这些价值观实质上都属于中产阶级价值体系的范畴。根据调查,对'在进入印度理工之前,你对印度理工有什么看法'这一个问题的大部分回答,明显折射出一种典型的中产阶级式的抱负。"

"对我来说,成为一名工程师是进入中产阶级的途径,而且印度理工也是工程学研究巅峰的所在。"

戈帕拉克里希纳总结说,印度理工校友的中产阶级价值观体系中最重要的一个因素,就是对英才教育的强大信念最终在印度理工人的决心和意志上得以表现。

那么,如果印度理工也能神奇地长出手和脚、眼睛和耳朵,那么它将会成为一个什么样的人呢?以下是戈帕拉克里希纳的调查者理想中的印度理工的化身应该具备的特质:

"风华正茂、技能超群、雄心勃勃。"

"多才多艺、学识渊博。"

"他应当是一个对自己有强烈自信心的人,如果他认定传统的观念是错误的,那么他应当勇于突破;尊重真正有成就的人,他正直、诚实,并且乐观地相信如果对技术的使用得当,世界将会变成一个更适宜居住的地方。"

当然,一些拟人化的比喻,有点超人的意味。比如说,"精瘦的、强壮的、行动敏捷的、好看的、聪明的",或者是"一个具有非凡才智、独创性、竞争力，但同时还能友好地帮助他人，并与其在同一个价值体系中共事的人"。而一些其他的描述看起来像是在描绘理想男人的模样：

"男性。非常机警。反应迅速。才智超群，善于分析。其无人能敌的优越性，使每个人都感到惊讶。富有雄心，专心致志。"

"聪明绝顶，天资聪颖，富有勇气，有应付大量工作的能力。一个领导者，一个敢于突破陈规，敢于创新的人。"

"是一个身着燕尾服的超级英雄。"

"才智超群，自信十足，具有竞争意识，非常善于解决问题，高度自尊，甚至达到自负的程度；他应当是一个领导者，也是一个团队的参与者；是精英教育的信奉者；而且还要有一点点的坏。"

但是，这么多的回答中，只有一些人认为，作为一个人，印度理工也会有一些缺陷和不足之处。比如说，"智力非凡，而不是老于世故；有20%的可能性，他们会变得老于世故"。

还有一些简洁的、冷静的评价："无聊乏味的人；成功人士，以技术为导向的商界人士；沉闷刻板；富有逻辑；穿深色套装。"

一位印度理工女校友认为印度理工人应当是一个"有点懒散，所学知识很深奥，固执的人。"

当印度理工的校友们被问及，如果印度理工是一幅画或者是一首曲子的话，那么它会是怎样的一幅画，怎样的一首曲子？至此，事情变得更加有趣了。至于画的方面，有几个人选了M.F.侯赛因（M.F.Husain）的绘画，但是各人选的原因各不相同。其中有一位说应当选侯赛因的绘画，因为侯赛因本身就是一个"精英，印度国际化代言人"，而另外一些人则认同他的"粗线条画法、生动的颜色、打破旧习的主题，等等"。孤立的状态就像是"一道风景，只有一座孤零零的城堡屹立其中"。用"一条正在航行中的船乘风破浪向前"来表现印度理工的雄心和能力。

关于用哪幅画来代表印度理工并没有取得一致，其中有几个人选择了现代艺术——"应当用蒙德里安（Mondrian）绘画风格来表示"；"抽象、粗线条、原色"的画来表现；"完美的线条，鲜艳的颜色，富有质感，催人奋进，镶在框架内，但又有超越边界向外无限延伸的感觉"。其他人肯定地认为,它应当用一幅"小心翼翼地画出来的风景画来代表,不是抽象派,不是现代派,也不是乡村风景派,它更像是一条街道上的风景,细节突出,所有的东西都布置得井井有条",或者"一幅行星系统图,带有自然界的力量和神秘"。还有"打破旧俗,用土气的颜色,看上去像是染了一层尘埃(需要被掸掉似的)"。

如果提议用什么音乐来表现印度理工的特质,所有人都认为东西融合的音乐是上乘之选。有一些人倾向于选择爵士乐,从迈尔斯·戴维(Miles Davis)到难懂的"现代乐器爵士乐"——非常复杂的作曲结构,演奏时的节奏一拍紧挨着一拍,而且用沉重的男低音做背景支撑。最意味深长的回答就是"一种永远都不会过时的音乐"。

我把它留给符号学家,而不是我自己,去理解所有这些所蕴含的意义。

戈帕拉克里希纳最后列出了10条印度理工校友们遵循或应该遵循的戒律:包括一个宗旨,一套价值观体系,还有一种在大多数学生并没有意识到的情况下,印度理工的校园生活在你脑中形成的世界观。

以下就是印度理工校友们的10条戒律,戈帕拉克里希纳的整理,使其成为系统相互关联的整体:

1. 你对问题的解决应当客观,而不要感情用事。
2. 你应当具有个人的创新性,而在群体中时要自律。
3. 清晨醒来时你应当自己激励自己。
4. 你应当有一种勇于竞争的精神,但是,应以公平的方式进行。
5. 你应当自我肯定,但这样做的时候记得要谦卑。
6. 在你的一生中,你应当时常发挥自己的长处。
7. 你应当成为精英,但不必要给自己贴上精英的标签。
8. 你应当时刻将团队的利益放在首位。
9. 即使你忘记了你学习中所修的课程内容,但也不能忘记校园生活中的一点一滴。

10. 你可以用当前人类的幸福和你在校园中所经受的一切之间的比例,来测量你进步的速度。

当我读完这些戒律的时候,我又有了新的认识,我想大部分的印度理工校友也会和我一样吧。通过联合入学考试,进入到这一精彩的校园生活中——无论它是位于美丽的泊湾湖边,还是在肮脏拥挤的坎普尔城市郊区,都无关紧要。我在校园中随心所愿,做一些独特的、与身上所穿的制服格格不入的事情,我从来都没有认真想过所有这些事情到底有什么价值。

五十多年来,印度理工体制将所有这些戒律灌输进印度理工学生的头脑中,现在他们已经出了那片曾经生活过的天空,来到一片更为广阔的天地中,遵循着更为宽广的规则,过着自己的生活。也许他们自己从来都没有注意过这些规则,但是,凭直觉,他们却能够从其他印度理工人的身上看到。

结束这一章之前,附上戈帕拉克里希纳问卷调查中的一个问题,以及一些具有代表性的回答:

"如果所有的印度理工学院突然之间全部消失不见了,你会有什么样的感觉?"

"我会感到十分茫然失落,就好像我忘记了自己的童年生活那样。"

"我会感到非常震惊,就像一个人完全失去了寄托。"

"我会感到非常痛苦无措,就像失去了父母双亲中的任何一个那般痛苦。"

或许,以下是最辛酸的描述:

"我的父亲是国家分裂时期的难民,在他弥留之际,他的内心仍然承受着巨大的痛楚,他出生在这片土地上,在这里生活了二十几年,然后被告知,这里不再是你的国家,你必须得离开,而且永远不能再回来。失去家园,而且知道你再也回不去了,这种痛楚:我的感觉就是这样。"

十六 领导才能的问题

人们常说印度理工的校友们是一群理性的人,他们将客观放在主观的前面,将集体的利益放在个人利益之上,虽身为精英中的精英,但从不在人前炫耀,但是,他们具备人们常说的领导才能吗?或者说,他们中又有多少人具备这种领导能力呢?又有多少人走出他们曾经的王国,成为了真正的领导者呢?问这些问题似乎显得有些奇怪,因为在发展中国家所有的大学中,印度理工的校友已经算是做得最好的了。但是,尽管如此,这些问题还是引起了很多印度理工校友的担忧。当我在为这本书进行调研的时候,听到了来自很多知名的还有不知名的印度理工校友们关于这个问题而形成的两个方面的争论。

比如,阿伦·萨林,很显然,他是一位领导者,他很清楚地知道印度理工的教育体制在对于学生领导才能的培养方面存在着一些漏洞。"印度理工能培养出最好的工程师,我可以向你保证这一点,"当我在圣弗兰西斯科(San Francisco)见到他的时候,他非常坦率地对我说道,"但是我不知道这是不是它正确的使命。你把每一代人中最好的人挑选出来,然后把他们培养成工程师,但是,任何一个录取这些精英们的学院都必须要有更远大的抱负,应该将他们培养成领导者。如果你只是满足于将这些人培养成工程师的话,你也许就放弃了本该做的最佳选择,而只是选择了次佳的解决方法。"

但是,怎么才能将他们培养成领导者呢?"他也许已经具备了某种能力，但是，你还应当为他提供更为广阔的施展空间，让他可以超越自己，提升到更高的层次，"萨林觉得，"像哈佛和斯坦福这样的大学都会给学生提供这样自由发展的空间，在那里你可以成为你想成为的任何人。而从印度理工走出来的领导人的数量少之又少，我对此感到很失望。我们来到美国已经有30多年的时间了，而即使这样，我能想到的成为领导人的印度理工校友也只有少得可怜的那么几个。今天，这一状况有了很大的改观，领导人的数量大大增加——千万不要以为是我弄错了——互联网是个很有用的工具。所以，与10年前仅有的10个或12个领导人相比，他们的队伍已经发展到了今天的24或36个了：他们经常公开露面，被人奉为效仿的模范和榜样，他们可以改变人们对于从印度来的这些人的看法。"

当然了，这里最重要的问题是：领导才能是可以教育出来的吗？毕竟，"领导"的概念一直都是最难进行定义的几个词之一，也是管理理论学家们一直悬而未决的难题。关于领导的含义，什么是领导，以及如何成为领导的书堆积如山，管理理论学家们比较认同的关于领导的定义就是："领导者必须要有追随者。""这完全是我个人感兴趣的领域，"萨林说，"领导者必须具备哪些条件？你能教授领导才能吗？我认为领导的原理是可以教的。当然了，世界上没有两个领导者是一样的，这不像数学问题，会有两个相似解。但是，他们之间会有一些共同的特质、共同的思想，比如说煽动大众的情绪，以一种很有说服力的方式与他人进行交流。我想，如果人们能够尽早学到这些东西的话，他们可以重新选择自己的生活方向，成为他们梦想成为的人。"

阿什·高亚非常同意萨林的看法。"在印度理工，我们往往对追求智力上的优秀过分注重，而忽略了其他技能的学习，"他对我说，"印度理工的校友们因其社交能力的缺乏而声名狼藉。但我并不认为这种技能的缺乏算是多大的障碍，许多杰出的印度理工校友在职业生涯中往往都会遇到那个额外的小刺激，比如如果你想要在印度理工掌握好一门语言的话。学院也有英语课，但是，这些都是初级入门课，是专门为那些没有语言基础的学生设置的，而不是按照成为企业领导人的要求，为那些想用语言技能来武装自己的人设置的。"

那么，印度理工的教学大纲中是不是就可以忽略文科的教育了呢？在我们那个时候，学校开设了几门文科课程，其中有英语、心理学、经济学、历史，这些都是必修的课程，但我们从来都没有认真学过这些课程。事实上，当我前往加尔各答的印度管理学院攻读工商管理学硕士学位的时候，一个全新的美妙的世界在我眼前展开。我逐渐认识到，鉴于我们在印度理工课堂上所学的肤浅的知识，我们对于这个世界如何运转认识的了解竟然如此有限。但事实上每个印度理工学院校区都有一支优秀的文科教师队伍，而我们最多也只是邀请他们来做我们辩论赛、话剧演出以及音乐竞赛的评委。

普纳丢·查特非常赞同这一点。"印度理工教育中的一个问题就是文科课程根本得不到应有的重视和强调，"作为总部位于纽约的查特集团的董事长的查特说，"由于这一问题，我们在以后的生活中遭受了很多的痛苦。你的世界观渐渐变得狭窄，你不会去开发与人交流以及开拓思维的能力，在建立自己对于社会事件的思考的紧要关头，我们没有得到任何人的指导。"

加拉姆·拉梅什比查特低四届，他在距离查特1900公里之外的校园内对查特的看法产生了共鸣。"文科课程的缺席使得这个学院成为一个在专业上不完整的学院，"他对我说，"这当然是与印度理工体制有关的一个问题。如果你去看看美国任何一所本科工程专业所设置的课程的话，你会发现，那里的学生们可以接触到的文科专业课程的数量要远远多于印度理工的学生。"

2002年3月，我和阿什·高亚开车前往他以前所在的印度理工德里校区的宿舍楼，去跟现在居住在那里的人聊聊天。当我们看到现在强加在学生身上的那些苛刻的纪律规定时，我们惊呆了。我比高亚还要好一点，因为，两个月前我在克勒格布尔的时候就已经见识过学校管理部门与此类似的态度了。所有的文艺活动都必须在晚上10点之前结束，学生们会因为抽烟而遭到罚款，如果在宿舍里喝酒，还会遭到留校察看一个学期的惩罚。进入宿舍楼有严格的规定，门口的保安手持登记簿，让你写上自己的姓名、地址、造访原因。在宿舍的走廊里打板球还会受到 500 卢比的罚款。

但是，我很惊喜地看到，一些学生选修了 20 世纪英国文学，这一课程要学习 3 本书：《一个青年艺术家的自画像》(A Portrait of the Artist As a Young Man)、《发条橙》(A Clockwork Orange)和《洛丽塔》(Lolita)。他们告诉我，大概有 15 个人选修了这门课。他们这样做是因为他们对文学很感兴趣，而且他们希望通过这一课程寻求到更为宽广的世界观。但我必须要交代的是，这并不是主流行为，只是一些个例而已。

拉吉·马什，现为 Tibco 软件公司的首席运营官，他还记得他在印度理工的时候曾经对文学很感兴趣，并且选修了尽可能多的相关课程。"我记得我修了一门科学哲学课——卡尔·波普尔(Karl Popper)的逻辑实证主义，"他告诉我说，"那么，那时候所学的一切在今天的生活中起到什么直接的作用了吗？没有。但是，它使你在一定的领域和话题上产生了热情——这些最初的火花会让你明白什么是热情。印度理工的教育教给你一种世界观、一种思维方式，以及一种行为方式。我曾用大量的时间去了解究竟何为热情。"说到领导才能，他并不像加拉姆·拉梅什和萨林那般确定，前者是他在印度理工孟买校区的同学，他们住在同一幢宿舍楼里，而萨林，则是和他同一年毕业的，只不过萨林是从印度理工克勒格布尔校区毕业的。"领导才能并不是什么必要条件，而是为那些到印度理工来的人事先注入的元素，"他说道，然后陷入一阵沉思，"也许是我将领导和自信联系在一起了。领导含义的一部分，就是完全处于不受欢迎的职位，所谓高处不胜寒的感觉，大抵也不过如此。而这要求你必须具备一定程度的自信心，印度理工刚好能够给你这样一种自信。"

跟马什一届的赫曼特·卡纳基亚是一位企业家，时任 Gemplex and Photurix 的首席执行官。他对那种以为印度理工的校友们没有领导才能的看法嗤之以鼻。"印度理工怎么可能没有培养领导才能呢？"他抱怨道，"让我们来看看印度理工培养出来的人吧，阿伦·纳拉特，第一个参与研究的人，最后成为了贝尔实验室的总裁；当然了，他并不是凭借自己的研究才登上总裁宝座的。还有拉贾·古普塔、维克特·梅利兹……这些在各自的领域内极其成功的人士。成为其侨居所在国家的领导者与在印度做领导人是完全不同的两种现象。在技术领域的领导者与管理界的领导者又是完全不同的两个概念。在美国,进入会议室,重要的不是你自己是谁的问题,而是,你都认识谁。我们还未来得及进入这个国家市民的居住地去看看,这也是需要时间的,而且我也不认为这和他们与生俱来的领导能力之间确实存在什么关系。在美国的硅谷出现之前,你也许会说,想不到印度人还能够成立公司、经营管理。今天,再没有人敢发表这样的言论了。"

我发现,一提及与印度理工校友们的领导才能有关的话题立刻就引发了一场激烈的争论。

我非常有幸能在波士顿见到管理顾问普拉·丹格(Puran Dang),他同时也是印度理工校友会在新英格兰的印度理工社区(IIT-SINE)的创办者;阿尼尔·赛高(Anil Saigal)是塔夫茨大学(Tufts University)机械工程学院的教授,穆克特什·潘特是锐步公司的市场总监。丹格是从印度理工克勒格布尔毕业的,赛高从孟买校区毕业的,潘特是从印度理工坎普尔校区毕业的。我们当时正坐在丹格的家里。

"如果你善于进行分析的话,那么印度理工本身就是一套领导体制的基础所在,这取决于你所扎根的文化背景。"潘特说,"理性,无论走到哪里都会受到尊重。"

"我觉得那些积极参与文化活动的人在生活中会比其他人做得更好。"赛高说。

潘特对于这一点也深表赞同。"也有那些古怪的人,你只有在餐厅才能见到他们的身影,他们从不开口与任何人交谈,"他回忆道,"他们每次考试都会取得优异的成绩,只有在这时候他们才会露一下脸,然后又迅速从人们的视线中消失。在印度理工校园内,你可能会是一个内向的人,完全醉心于学术。但是在校园之外的世界,你需要的是与人沟通的技巧、与人协作的能力,等等,而所有这些都是在印度理工的校园内完全被忽视掉的。在印度理工,一个问题通常有一种解决办法,这是考试制度的建立方式。我们通常所说的智力，往往指的是数学运算和应用能力。但是在校园之外的世界，从来都不是只有一个解决方法。"

"以拉贾·古普塔为例，"赛高建议道，"究竟是他的学术表现还是他在课外活动中的表现使他成为麦肯锡总经理的呢？"

"二者皆有"，这是潘特的观点。"如果你画一个坐标系，X轴代表学术上的成就，Y轴表示非学术上的成就，你会发现，那些在某一个方面做得好，而在另一个方面表现差的人在以后的生活中并不会有太突出的表现，而有效地使这两者达到一种平衡的人往往更容易获得成功。"

"在印度，在课程的选择上，我们并不像在美国那般自由，"丹格说，"但是，这也是可以改进的，比如说，在麻省理工学院，有些人的本专业是工程学，但同时，他们还可以选修3门音乐课程。还有，与人沟通的技巧是非常重要的，印度理工应当突出这方面的教育。"

萨林对此事已经给予了足够的关注，他现在正在践行他所说过的话。"我将尽力为此做一些力所能及的事，"他对我说，"怎样才能把印度理工克勒格布尔校区的学生们培养成领导者呢？我将资助克勒格布尔校区开设一门关于领导才能的选修课。印度理工的学生具有聪明的头脑，但是他们还有哪些不足和欠缺？为什么他们能够开发出486微处理器或奔腾芯片，却不能进入微软或英特尔的高层队伍？当然了，运气是个很重要的因素。但是，老实说，我感觉，我的一些同事也许根本就不曾想过，他们本来是可以更好的。年少的时候，没有人告诉他们：你能够成为一个大公司的首席执行官。但是，人到中年，在你35岁或40岁的时候，你仍是个中层管理者，那时候的你，有妻子，有孩子，手头还有一些积蓄。到了这时，一切都已经太晚了。你应该早一点开始，也许在你20岁，或者18岁，或者还要更早一些的时候就开始做打算。印度理工的特色仍是在培养出色的工程师，而非可以运营一个市值1亿美元公司的管理者，在这方面，印度理工需要改变。"

当我就此事询问印地立桑教授时，他认为唯一的解释就是印度理工体制建立的方式。他说，这几年以来，对这个问题的思考越多，他越确信"印度理工体制完全是以考试为导向而建立起来的"，

"那么,印度理工的考试都考些什么呢?"我问道。"基本上,每张试卷上的每个问题都给出 5 个变量,5 个方程式。然后解开这 5 个方程式,问题也就随之解决了。但是现实生活中的工程学问题与此又是完全不同的。同样给你 5 个变量,但这次只有 3 个方程式。我在印度理工的执教生涯即将结束的时候,我尽力将这样的问题引入考试中,而且学生们都很喜欢这样的题目。我常常给出 5 个变量,3 个方程式,学生们自己需要做出种种假设,然后给出最理想的解决方法。如果你的假设错误,你会得到各种各样在现实中根本不可能存在的结果。甚至有些美国人也这样评价:这些印度理工的校友们具有超强的分析能力,很勤奋刻苦,但往往缺乏一种综合能力。"

印地立桑觉得,还有另外一件令人担忧的事,那就是,他们对于社会的弊病一点都不敏感(一点都不关注)。每个印度理工校区就像是一座孤岛,除了其中很少一部分人外,大多数人对于校园外所发生的一切——如贫困与落后、性别问题、种姓制度以及政治问题统统不感兴趣,也不会为了这些而困扰。"我们培养了他们的头脑,却忽视了对他们心胸的培养,"印地立桑教授说,"我不想看到印度理工培养出来的是一群心智素养很高却没有头脑的人,但是,我也真心地希望他们能够把心胸放宽一点,而不仅仅只是具备聪明的头脑。"

每一个印度理工校区的校园内部都可以实现自给自足,以至于学生们根本用不着担心外面的世界会怎样。我在学校的时候,整个宿舍楼不同侧楼的人常常聚在一起,手里拿着一份报纸,但是,我们对于那上面的政治新闻或其他类似的新闻连看都不看。我们只是在一起比赛看谁先完成报纸上的填字游戏,看看上面的滑稽连环画以及电影预告,对体育运动的新动向展开激烈的辩论,仅此而已。

而且,他们这种与印度社会和现实的脱离趋势逐渐增强。我们在学校的时候,至少还有一些学生——常常是"左翼分子"——深切关注印度社会中的问题,常常走访克勒格布尔校区周边的村庄,与那里的人共同劳作。但是,从与 20 世纪 70 年代的印度理工校友们的谈话中可以看出,他们的社会意识和政治意识在渐渐淡去。20

世纪 70 年代的印度理工学生要比像我这样的 80 年代的学生的政治意识要强得多。

马什说他对社会政治问题有着浓厚的兴趣,并且曾为食堂工作人员的孩子们开设了几个班级。

玩具制作专家阿温德·古普塔(Arvind Gupta),跟马什一样,也是 1975 年毕业的,只不过他是从印度理工坎普尔校区毕业的。他和他的好朋友兼实验室工作伙伴阿肖克·胡恩异口同声地说道:"20 世纪 70 年代初,是整个世界处于大动乱的时期。自那之后,印度民众的政治观念越来越淡薄,再也没有进行过什么深入人心的政治运动。"古普塔对我说:"印度理工克勒格布尔校区是纳萨尔运动的中心,人们经常在那里讨论这些事情。"古普塔说,他和胡恩当时对于这种意识形态理论上的争论不是很明白。但他们却是理论的"实践者":他们很想做一些立竿见影的事。那时候的坎普尔校园里有一个中央书院和一个校园书院,书院里有一支精英教师队伍,印度理工教授的孩子们都在那里上学。但学校食堂的工作人员的孩子们却没有学校可上。于是古普塔和胡恩就一个房间挨一个房间地敲门,请他们捐一点钱,好让这些孩子们能够去上学。"许多人直接当着我们的面就把门关上,"他回忆道,"但也有很多人捐款了。我们发现第二教室里面空无一人的时候,就在那里开设了晚班授课。"今天,在那里学习的孩子们有 300 个,它被称为"良机书院"。

就像古普塔所说的那样,缺乏强有力的政治理想肯定是使印度理工的学生们对国家和社会越来越漠视的重要原因之一。还有一个重要原因就是为了进入印度理工而受到的来自于父辈和同龄人的压力。1970 年,一个像萨林或者马什的人也许只是在 JEE 前学习几个月就能通过考试了;而在 1980 年,我们需要学一年。而今天,他们为了通过 JEE,在完全放弃了其他任何活动的情况下,也要学四五年的时间!结果,今天大部分印度理工的学生的意识和兴趣范围都非常狭窄。

近几年来,加拉姆·拉梅什一直在印度理工德里校区进修一些与印度经济有关的课程。他说,现在那帮学生的素质真让人觉得

"可悲"。"他们对于印度经济或政治状况或与社会有关的任何事都漠不关心。他们是非常单调乏味的一群人,这真让人气愤。"他说,那些学生们成天只知道埋头苦学计算机编程,除此之外,别无其他。而且,还成天梦想着能成为硅谷里的百万富翁或者是跨国公司的首席执行官。要想实现这一梦想,你至少需要了解一些除了编程,或者答题技巧之外的东西吧。"我们两个对这一看法深表赞同。

达努·罗伊(Dunu Roy)是印度理工孟买校区1967届化工系学生,自称"政治环境保护论者"。在他的母校和非政府组织中,他已经成为一个具有传奇色彩的人物,激励着成百上千的有识之士不遗余力地为劳苦大众和那些被剥夺了公民权利的人积极奔走。他也同意加拉姆对此现象的解读。"我曾在印度理工孟买校区、德里校区、克勒格布尔校区做过演讲,"他说,"所到之处,我看到的是没人对我的演讲感兴趣。每个人关心的只是自己的唯一的'事业'——学业。他们在课外几乎没有任何的活动和安排。"

我跟他提起关于领导才能的问题,罗伊听了之后笑着说:"这个,我不知道印度理工是否能培养一种领导才能,但是,它确实造就了一个傲慢自大的群体。指挥一个项目的个人并不会成就什么大气候,只有整个团队的通力协作才会酝酿出成果。"

"我感觉对'个人成就者'的归类似乎哪里出了错,"他继续说道,"这一类人应该包括所有印度理工所培养出来的大多数有能力的人,他们大都做着一份稳定的工作,经营着稳定的事业,使国家的经济保持持续的增长,而不应当只包括那些已挣得百万家产的少数人。"

印地立桑教授对我说,他觉得印度理工培养的只是一个人的头脑,而不是他的心胸。他对我说完这番话后没几天,我就见到了萨拉·斯瑞瓦。他比罗伊晚一年从印度理工毕业,不过他是从坎普尔校区毕业的。他曾想过培养这些印度理工学生们领导才能的好方法,那就是利用他们对于自身形象的需要。"我们只需对他们说:如果你认为你是这个国家里最好的那一部分人,那么你就应当承担起跟这一身份相符合的责任——一种对社会的责任感,"他说,"我们必须把'关爱'当成印度理工校友们自身形象的重要组成部分。你是最好的,最重要的原因就是你关心除自己狭小的生活外更多人的生活。所以,你是该消失在美国默默无闻的人群中还是留在国内呢?在哪里你能更好地发挥才能、改变世界?"

我常常听到这样一种相同的观点,而几个月后,从阿肖克·胡恩口中,以最准确的词语表达出了这一观点。那就是——被贴上了"最好的"标签,往往都会有一定的责任与之相伴。而他自己也正在尽全力承担起那份责任。

十七 课堂之外的生活

在我为写这本书而进行访问的几十个功成名就的印度理工校友中,只有几个人的脑海中留有课堂上的记忆,任何一个非印度理工毕业的人在听到这些话的时候,一定会感到非常震惊。但直觉告诉我,印度理工的校友们不会因此而大惊小怪的。因为在印度理工的经历远比在课堂上、实验室里,或在研讨会上解开错综复杂的难题,以及参加考试,还要丰富得多。几乎每个我曾与之交谈过的印度理工校友都说过同样的一句话:"我在课堂外学到的东西要远远多于在课堂上所学。"

休斯敦是我美国之行的第 6 个城市。我想问的问题太多了,结果,当我在纽约于约定的时间拨通电话时,我向时任麦肯锡公司总经理的拉贾·古普塔提出的第一个问题是:对于在印度理工课堂上的事,你记得多少呢?古普塔有着近乎完美的事业。当年他在 JEE 中排第 15 名。毕业时的排名居于那一届人的前 15%。在印度理工德里校区,那一届只有一个女生,那就是古普塔的妻子。他毕业时得到了一份在当时人人都向往的工作:在烟草业巨头 ITC 内接受管理培训。他得到了他梦寐以求的哈佛大学的 MBA 奖学金。据说其间还有一个故事,当最令人神往的麦肯锡管理者来招聘应届 MBA 毕业生的时候,在参加了一次面试之后,他就被公司拒绝了,他给麦肯锡公司负责招聘的人打电话,说他们犯了一个严重的错误,一位教他的哈佛大学教授当时都被他的这一举动给吓坏了。这给公司留下了深刻的印象,最后同意录用古普塔。1994 年,古普塔成为第一个非美国籍的麦肯锡公司的主管人员。他获得了这一份世界上最令人梦寐以求的工作,并担任这一职务长达9年,这是公司所允许的最长任期,他连续3次被麦肯锡的合伙人选中,每次任期为3年。那么,关于课堂上的事,他就一定会记得吗?

"课堂上的事……"通过电话线,我几乎能感受到他试图去记起些什么。"不多,"他最后说道,"我记得教我们的一些教授。有一些在毕业之后仍然保持着联系。但是,我得承认,我大部分的记忆都是关于课堂之外的,主要与一些课外活动有关。"

南丹·尼勒卡尼,1978年毕业于印度理工孟买校区,他是印度最受人尊敬的公司——印孚瑟斯技术公司——的首席执行官,也是众多印度理工校友、公司行政人员以及怀有创业梦想的人心目中的英雄人物。他的办公室位于班加罗尔郊外,风景美丽的印孚瑟斯园中。坐在他的办公室里,我向他问起当时在孟买校区教他的那些教授的素质。"我们那时候有一些真正令人敬畏的教授,他们个个都才华横溢。"他说。随后,他露齿一笑,坦白地说:"但要是谈论他们的话,我想你们是找错人了,因为,我只是见过他们几面而已,我很少去教室上课,而且,我不记得他们都教过什么。"

在印度理工孟买校区的那段日子,加拉姆·拉梅什是尼勒卡尼的舍友,同时也是测验小组的搭档。加拉姆·拉梅什谈起此事倒是面不改色,"我根本不记得课堂上的任何事,"他说,"除了看到所有人都穿着长袖衬衫,他们的手腕上都写着一些考试时可能用得到的公式,带着写满了密密麻麻公式的三角板来到考场。但是在当时,就像每个印度理工校区所流传的那一句话那样,进入印度理工很难;而不被踢出局,也很难。"

写了几封邮件,如石沉大海之后,我终于在康涅狄格的斯坦福大学,麦肯锡公司举办的印度理工全球杰出校友大聚会中捕捉到了普纳丢·查特的身影。在美国生活了30多年,创造了巨大的财富,但是所有这些并没有使查特那浓重的孟加拉口音有所改善,也没有使他那永远都是一副懒散样子的做派有所收敛。"印度理工体制为什么会如此成功?"他问完之后,自己回答,"因为全国联合入学考试,是世界上最难的考试,而且也是最公正的。但是,如果全国联合入学考试从全国选拔出来的已经都是最好的了,那么在印度理工的这几年时间里,他们自身的价值如何得到进一步的提高？这个,我认为当你把2000多个天资聪颖的人放到一个竞争激烈的环境中的时候,他们正处于从青年期向成熟期过渡的过程,而在交流互动的环境中,又有很多新的价值被加了进来。天知道,印度理工的学术教育是不是教给你很多。那么,好吧,我会很有礼貌很委婉地说：没有,当你在印度理工的时候,你并没有学到太多的学术专业知识。我在印度理工的时候,几乎都没怎么学习。我们只选择自己感兴趣的科目来读,这些科目使我们感到兴奋,但是,对于日后的考试,我想肯定有很多人仅仅只是通过在考试中作弊,才通过考试的。"

在印度理工克勒格布尔校区的传统中,这种作弊的艺术被称为"拓扑学(Topology)",是从动词"Topo"发展而来的,词源学的词根不详,意思是"在考试中作弊"。关于"拓扑学"的定义,更为人们广泛接受的是,它是数学中的一个分支,主要研究几何特性和空间关系,最基本的原理是由18世纪的瑞士数学家欧拉(Leonhard Euler)创立的。

在与古普塔、尼勒卡尼以及查特见面之后的好几个月后,我又向戈帕拉克里希纳提起了关于课堂上的回忆的话题。戈帕拉克里希纳于1967年毕业于印度理工克勒格布尔校区。现在说起来,那已经是很久以前的事了。我并不指望他能回忆起多少关于他所参加的电子工程学课上的记忆。

关于记忆,戈帕拉克里希纳提出一个非常有趣的理论,"记忆就像是被一个一个片断串起来的一根线,你如何处理以后的生活在很大程度上决定了哪些片断会残留在你的记忆中,"他说,"所以,你呢,很可能对你在IIM课堂上的课程的记忆比较深刻,也许是组织行为学课程,或者其他。"我也逐渐认识到,他所提出的这个观点完全正确。"那些从印度理工毕业后,继续前往其他学校攻读硕士学位或在微波天线领域拥有博士学位的人,对于在课堂上的记忆可能会有很多,"戈帕拉克里希纳解释道,"一些像萨哈斯·巴蒂尔的人可能会清楚地记得,在某一次的演讲中,当一切都被人理解被人认同的那一刻,他知道了在以后的人生中自己最想做的是半导体。"

*

萨拉·斯瑞瓦在当年的全国联合入学考试中排名第二。但是,在第一个学期末,他却发现,他在印度理工坎普尔校区的平均分只得了9.4分,而满分为10分。这一发现让他非常懊恼。这也就意味着他并不是班里的第一名,因为至少有一个人得了满分10分。"这于我来说简直是件天大的事,"斯瑞瓦回忆道,"接下来的两三个学期,我一刻都不停地拼命学习,只是为了得到那个10分。"

在印度理工的第二年结束时,他开始四下观察。然后他才注意到,原来在他周围还有这么多有趣的事情,他交了许多朋友。也许这些朋友的平均分只有8.5分,而不是10分。他们做很多事情,而不只是一味地沉浸在疯狂的学习中。而且,与他现在所过的生活相比,他们的生活似乎更有乐趣一些。斯瑞瓦决定拿学业上的10分冒险。在第3年、第4年和第5年的时候,他也不再仅仅只是关注学习了。而在那之后的任何一个学期,他都没有再得过9.4和9.7分的好成绩。但毕业时,他仍排在前五六名的位置。

"那项决定是我所做过的最好的一项决定,以满分10分为代价,做了很多除学习之外的事,"斯瑞瓦说,"我从来不会因此而感到遗憾。当我走出印度理工时,我已是一个成熟的完整的人。最初进入印度理工时,我是很单调的人,我只知道学分。但是在印度理工,我参加选举,成立各种各样的组织,建设新的团队。我开发了一种对商业模式逐渐理解的过程,我学会了如何管理时间。所以,毫无疑问,我所做出的决定是正确的。"

也许其他校园所提供的课外活动的范围,远没有在印度理工的选择余地大。我在印度理工克勒格布尔校区的时候,在文化活动方面,学生们可以参加话剧演出,进行辩论和3种语言的朗诵(英语、印地语和孟加拉语)。你可以探究东方音乐和西方音乐文化,组建自己的乐队,参加摄影爱好者俱乐部、智力竞赛、绘画。总之,在那里,你可以做任何你有天分和你感兴趣的事。运动场地是印度理工课外活动经常举办的场所。学生们可以参加他所能想到的任何室内或室外运动。各印度理工校区间的运动会是每年一度的运动盛会，各校区间相互竞争。而在每个印度理工校区内，各个宿舍楼之间的联赛也很激烈。我们常常称话剧和辩论为"开放式印度理工"项目，团队的人不一定要来自同一个宿舍楼。而且3个话剧团年度力作也纷纷被搬上舞台，这些演出的预算可是相当高的。

除此之外，还有学生会负责管理各个宿舍楼之间的或有关各项赛事的活动。印度理工各个校区也许是印度唯一的在参与竞选时完全不用政治术语和措辞的大学，一个人赢得竞选完全依赖于同辈人对他的尊重以及全体选民的意愿，看这位候选人是否是最合适的人选。和印度许多其他的学院和大学一样，每个印度理工校区每年也都会举办文化节，其他的校区也会来一展自己的风采。在印度西部，印度理工孟买校区的"芳香之歌"音乐节是最负盛名和备受瞩目的一年一度的文艺盛事；在印度东部，文化盛事是印度理工克勒格布尔校区的春季音乐节；在南部是印度理工马德拉斯校区的Mardi Gras（现已更名为Sarang，因为Mardi Gras这个名字太西方化了）……

印度理工的这些文化盛事在印度所有学院中的预算是最高的，所需的费用主要来自于印度企业的赞助。这些文化节都是由印度理工的学生们自己组织的。在这一过程中你会学到比在任何商学院学到的都要实用的管理、领导和团队协作课程。尼勒卡尼当时是印度理工孟买校区的秘书长，他成功地组织过两届"芳香之歌"音乐节。他说："和校园中这些令人敬畏的人一起生活，在与这些杰出人士的互动中得到的信心，所感受到的那种同志间的友爱忠诚，从组织各种各样的活动中所积累的诸多管理技能，我相信，所有这些都是你在别处无法获得的一种伟大的教育。"

戈帕拉克里希纳有一番理论正好表明了印度理工教育的核心，最令我感到惊讶的是，他所说的这番话与我从哈佛大学的朋友阿南斯·拉曼（Ananth Ramen）那里听到的简直如出一辙。"在英国，像牛津和剑桥这样的大学里也会有这种广义上的人文教育，"这位塔塔集团的重量级人物告诉我说，"在你通过了优等考试之后，并不一定要去竞争什么诺贝尔奖。你应当在行政机构、管理部门或政府机构中谋得一个职位,研究历史或哲学,懂得这个世界是如何运转的,最终成为政府部门的领导人员或者像联合利华这样的大公司的高层管理人员。我无意中想到,其实,印度理工各个学院跟剑桥、牛津是互相对应的。剑桥以人文学科为基础,而在印度理工则是以理科为主。我并不认为这是印度理工有意使然。在印度理工,可能不是有意为之,但我们最终接受到了一种很广意义上的教育,教给我们如何管理这个世界,而技术只是其中的一部分。"

赫曼特·卡纳基亚是尼勒卡尼所在的宿舍楼的前辈。在开创自己的事业之前,他曾在贝尔实验室工作了7年之久。他带领的精英团队,主要研究先进的联网数据交换技术,最终成为互联网的核心技术。和斯瑞瓦一样,他也在全国联合入学考试中排在前10名。"我排名第7,我本来能够取得更好一点的名次的,但是我觉得已经学得够多了,所以决定尝试一些其他新鲜的事物。"

我们来到总部位于弗吉尼亚州的Gemplex公司总部,坐在他那间位于公司角落的办公室里。尽管公司成立已经有两年时间了,但看上去仍处在创业初期。公司里有许多空着的小隔间,四周满是没有开封的箱子。当我问他,关于印度理工最美好的回忆是哪些时他笑了,说:"我想你不会想知道的!第3年以后的时间,我基本上都是在打排球中度过的。我常常在中午醒来,然后在床上用完早餐。我说服了食堂的工作人员,让他们给我提供这项特殊的服务。我在斯坦福大学攻读了博士学位,但我从来没有感觉到自己有什么不足的地方。所以,不管我们在印度理工的时光是如何度过的,我们也已经从中学到了很多的技术知识。但仅有这些还是远远不够的。比起这些来,一个人个性的形成更重要。"

然后他开始讲起了他颇感兴趣的话题,那就是,为什么有人拼死拼活地学习,也要把校长金质奖章拿到手,而这可能是你在印度理工所做过的最糟糕的事。"在斯坦福,我发现人们把创造性看得比智力更重要,起码要比印度理工更重视这一点。我们那一届的校长金质奖章获得者在生活中并没有什么特别之处,获得奖章是因为他一直以来只关注一件事。加倍的努力能够使你在考试中得到90分以上,而这却将生活中的其他方面统统拒之门外,尤其是最重要的那一部分,也就是,一个人个性的塑造。假使一个校长金质奖章获得者想成为一位伟大的教授,我怀疑他会在多大程度上取得成功,因为这不仅仅是你会回答几个问题就能做成的事,你必须要有创新精神,你必须要有解决那些未知问题的能力。

他有一段时间陷入了沉默。我想他也许正在回忆他在 8 号宿舍楼度过的时光吧。然后,他摇摇头,还是决定继续讲述他的观点:"我常常想规劝每个人,不要去争做第一,因为那样会体验不到课外生活。生活和事业中最重要的是你承受风险以及判断风险强度的能力,即使你身处学术界,也是一样的道理。我们那一届的校长金质奖章得主来到美国攻读他的博士学位。他发现自己来到了一个行将解散的研究小组,但是他选择留下来,甚至在书面通知被贴出来之后,他仍然在那里做着垂死的挣扎,一切只是因为他即将得到的奖学金。他那时候应该冒险走出来。甚至在科研领域也有很多元问题(即问题中的问题,它决定着某个问题是否能成为问题):这个问题是可解决的吗?这个问题值得着手去解决吗?如果不能弄清这些问题,你就不能成为一流的研究者。我认识几个做得很好的校长金质奖章获得者,但这些并不是来自于他们在课堂上的所学。通常的做法是,从友好的竞争中,以及课外活动中习得更多的知识和经验。"显然,卡纳基亚学到了很多。

在与卡纳基亚见面的 7 个月后,我走访了他的母校。当我从印度理工孟买校区的学生口中得知学校的管理机构已经取缔了课外活动时,我感到非常的难过。这是我从德里校区和克勒格布尔校区听到的故事的另一个版本。现在看起来有点像是所有印度理工校区的负责人曾坐在一起,讨论决定如何让学生们的生活变得了无生趣,而讨论的结果就是现在正在实施的方式!显然,在印度理工孟买校区,现在每学年只允许举办一场智力竞赛和最多 4 场的文艺演出。校园内所有的活动都必须在晚上 10 点半之前结束,好让那些教授和他们的家属能够美满地睡一个安稳觉。当然了,学生们最初也采取一些颇具创新的方式来规避这些规定,在一次"芳香之歌"音乐节期间,他们从晚上 10 点半开始陷入一片沉寂:放映卓别林的无声电影。但是我可以感受得到他们对于学校领导者禁止课外活动的做法的愤怒和反抗,以及想要解决这一问题的决心。我不知道卡纳基亚或尼勒卡尼是否了解了印度理工当前这样一种规训化的管理模式。但我觉得很奇怪的是,印度理工的管理人员竟然浪费时间来遏制这些完全无害的——事实上,是能够丰富学生生活的——课外活动。这些学生可都已经是完全有选举权的成年人了啊!难道那些管理部门的人找不到更好的事可做了吗?难道他们忘记了建校者建立印度理工最初的梦想了吗?

十八 课堂上的挣扎

初见赫曼特·卡纳基亚,勾起了我对马尼什·提尔的回忆。马尼什是印度网景公司的总经理,是真正的上层人士。在我的美国之行开始前的几个月,我曾和他在班加罗尔共度了一段时光。1986年,马尼什仅以微小的差距错失了印度理工学院德里校区的校长金质奖章,屈居第二。

马尼什的办公室是个很小的长方形房间,与一个小小的会议室相连。班加罗尔的一条安静的街边有一座不显眼的楼房,马尼什的办公室就在这幢楼里。我们坐在会议圆桌旁边。马尼什个子矮小、体态微胖,直立的硬硬的头发已开始变得有些稀疏。他举止优雅、口齿清晰、表达精准。

从印度理工德里校区毕业之后,马尼什接着去了加州大学洛杉矶校区(UCLA),之后进入了Sun公司。1996年,马尼什和他的朋友们创立了Kiva软件公司,专门生产企业应用服务器软件,使大小企业的网页可以简易地和公司分布在各处的资料库交换资料。1997年11月24日,网景通信公司在一次估值高达17500万的股市交易中收购了Kiva,在其原所经营的企业服务器基础上,又增加了一个高端的应用服务器。马尼什就此效力于网景公司。3年后,他决定回国,在印度成立一个网景软件开发中心。他也是在流金岁月的硅谷海报上为人所熟悉的一张面孔。

我向他提出了那个我曾问了很多人的同样的问题:您从印度理工学到的最有价值的东西是什么?"在课堂上所学到的东西当然

是非常重要的,"马尼什说,"但是比这更为重要的则是由学校走入社会的过程。当然了,这里的教室、教师,以及其他教学基础设施都比其他学校的要好很多。但是,远比这些重要的是,校园所提供的这一微缩的社会环境,也就是个人成长的整个过程所需的环境。任何被印度理工录取的人在进入印度理工之前都已经是学校的尖子了,他们是同龄人中最聪明的孩子。突然之间进入印度理工,开始了戏剧化的第一个月,你的人格面貌被破坏,然后得以重塑,最终找出那个真正的自我,找出自己在生活中和整个世界中所处的位置。毫无疑问,那个时候,这并不是一段多么愉快的经历。"

这多多少少与我从几十个印度理工人那里听到的情况相符合。马尼什继续说,"如果你去看一下印度理工各个校区的成功人士的话,你就会发现,那些尖子生在学术方面已经做得很出色了,但是在诸如企业领导等领域,那些大公司的创立者或领导者往往是那些平均分(GPA)为7到7.5分的学生,而不是那些满分10分的尖子生。这是一种趋势,你不能视之为偶然事件。"整整一年之后,我又听到曼诺哈·帕里卡在印度理工50周年庆典上发表的与此相似的言论,他是印度理工孟买校区的校友。他说,那些平均分在5.5—7.5分的印度理工人是目前最为成功的印度理工校友。"这其中的原因是显而易见的,"马尼什说,"企业领导需要具备一定的能力,而这些能力在印度理工的课堂上又得不到正式的强调和重视,比方说与人沟通的能力、处理人际关系的能力、社交能力等,如果你不是把所有的时间都用在学术研究和争取学分上面的话,那么这些能力都是可以在课堂之外获取的。尽管印度理工的课程里面不包括这些课外内容,但是印度理工也为此提供了一些机会,以便于能够比其他学院更好地去开发学生们在现实生活中所需的能力。而你要做的只是抓住这些机会而已。"

兰吉特·马库尼(Ranjit Makkuni)现为Sacredworld基金会的管理者。他说:"学术课程和课外课程就像是阴和阳,互相平衡互为补充,从而缔造出一个全面发展的人。"

而课外的课程,对于马库尼来说就是印度理工克勒格布尔校区的音乐,对于德里校区的拉贾·古普塔而言,则是体育和戏剧。在坎普尔校区,萨拉·斯瑞瓦和他的两个朋友创办了每月发行一次的校园报纸——《火花》(Spark)。到他毕业的时候,它已经发展成为一个拥有40个成员的团队,拥有自己的新闻编辑、专栏编辑、摄影师。"事实上,看起来我们真的像是在经营一份真正的报纸,就像在经营我们自己的事业,"他这样回忆道,"它也像其他报纸一样发售,还有人在上面做一些广告,到第3年的时候,《火花》事实上已经开始盈利了,资金的主要来源是版面上的广告业务。每年在校务评议会时,印度理工一直都希望能够在此期间发行一些纪念册,于是《火花》团队找到校方,说,我们有这方面的经验和专长,让我们来做吧。校方同意了,而且还付给我们一定的报酬。"

斯瑞瓦所在的1968届是印度理工坎普尔校区的第四批学生,那时候,与此校区的建立相关的美国大学各财团,不断为其注入资金,提供援助,这为学生们开发他们的兴趣提供了巨大的机会。那正是政府计划将电视引入印度的时期,而在当时的坎普尔校区,学生们早已有了配有有线电视的电视制作室,这台有线电视是美国某家电视台捐赠的。在1966—1967年间,坎普尔校区所做的广播要多于印度国营电视广播公司Doordarshan。

电机工程专业的学生们负责管理制作室的设备、硬件以及设备的维护。斯瑞瓦被分到负责管理节目单和软件的小组。他们播放电影、辩论赛、戏剧。不同的小组各自负责每周内一天的节目单,所以每个组每周应该制作出3到4个小时的节目单。"电视之所以如此具有吸引力,还有另外一个原因,"斯瑞瓦微笑着承认,"毕竟我们是年轻人,也有荷尔蒙在起作用,因此,我们可以借助于电视这一工具,光明正大地邀请所有的女同学参加到我们的辩论赛和专题讨论小组中。"

在所有校区中,克勒格布尔校区是距离外界现代文明生活最遥远的校园。它距离最近的城市——加尔各答市也有120公里。今天,除了可以乘坐快速火车之外,还可以走新拓宽的公路,只需两个半小时的舒适车程就能到达市区了。但是,在20世纪60年代中期,当戈帕拉克里希纳还是个学生的时候,是没有这样的便利条件的。他半开玩笑地将他在学校的生活比做"监禁"。回家要坐的火车常常在各种小站停驻,而且一停起来就没完没了。那时候,他通常都要在拥挤的火车车厢里熬4个小时,才能回到加尔各答的家。鉴于此,那些家在加尔各答的学生,在周末的时候,甚至宁愿选择留在学校也不愿回家。

"你可以把你在克勒格布尔度过的这几年的所有时间都用来抱怨你掉进了一个怎样的陷阱,或者你也可以决定好好把握、充分利用这些年的时间,"戈帕拉克里希纳说道,"你有一群和你一样被'监禁'着的伙伴,他们被迫去创新,为的是使自己的生活充实而快乐。"

作为副主席——克勒格布尔学生管理组织的最高职位,戈帕拉克里希纳甚至在35年后的个人履历中,仍将此作为他的众多成就之一。戈帕拉克里希纳在春季音乐节前夕面临着最严峻的考验。他仍然记得,在凌晨两点和其他几个组织者坐在广场上。距音乐节的开幕式还有18个小时,却得知所有的供应商和承包商不能按照约定将所需物品及时送达。但是,从其他学院赶来的学生,包括几个女子学院的学生都将在第二天到达,如果因为戈帕拉克里希纳和他的团队,而使音乐节未能按时开幕,他们将成为所有人的笑柄。

"如果我们当时在加尔各答,早就向三亲六戚或其他一些朋友求助了",他这样回忆道,"但这里是克勒格布尔。我们现在是孤军奋战,除了自己,没有人可以帮助我们摆脱困境。我们开始采取一些行动。这是关乎印度理工声望的事情,于是我们全力以赴举行了路演活动,而且我们成功了。在我以后的职业生涯中,总会面临许多类似的情况:一切似乎都在一瞬间消失了,整个局面陷入一塌糊涂的境地——产品的销售惨败、供应商食言,如此等等——然后团队的人齐心协力,直捣问题的核心,工作颇有成效。"

许多年之后,当戈帕拉克里希纳在非洲茶叶控股有限公司(布洛克邦德 Brook Bond)任总经理一职的时候,他到全国各地去旅行,走访各个分公司。他发现公司职员中有大量的海军工程师,这激起了他很大的好奇心,一个经营茶叶的公司究竟为什么会聘请船舶轮机工程师呢?他四处打听,发现公司的很多茶叶生产加工工厂都位于边远地区。而在市区工厂工作的机械工程师们早已经习惯了那里的机制,即,一旦有什么问题发生,他们就会向别人寻求一些建议和解决办法。轮机工程师则不同,当船离开港口,驶到海中,一旦有问题出现时,他们很难去求得谁的帮助,必须得独立地去解决一切问题,所以到边远地区的茶叶工厂工作,他们是最合适的人选。戈帕拉克里希纳说:"某种程度上而言,克勒格布尔校区其实也在朝着'轮机工程师'的方向培养我们。"

在这里我必须要提及一点,如果印度理工人说他在课外学到了很多,他也许不仅仅是指宿舍生活或运动场所举行的活动。比如说,拉吉·马什在印度理工期间所激发出来的对计算机的激情几乎与他在印度理工所修的机械工程没有多大的关系,"我想学习更多的知识,"马什回忆道,"我想做一些实际操作的工作,他们嘲笑我,甚至连专业的毕业生都没有太多的时间坐在电脑前,更何况我这个尚未毕业的机械工程系的学生呢。我说,无所谓,让我在电脑前工作吧,周末、夜间,都可以。所以周五晚上的9点一直到周六早上的6点半,我都有机会坐在电脑前了。我并没有什么系统的计划,只是坐在计算机控制台旁边,做一些试验、编程。我学到了很多吗?不。但是我从中了解到了什么叫做激情。"

普瑞迪·古普塔(Pradeep Gupta),德里数码媒体集团(Cyber Media)的总经理,也有一个类似的故事。他在印度理工的第二年,一位教授张贴通知说要招收计算机编程学员,有意者可提出申请,他将从所有的申请者中挑选,然后教授编程课程,但是这一课程不被计入学分。"这仅仅是提供一次学习新东西的机会,他最后挑选出了12个人,但是其中的6人在学习了三四个月之后就退出了。我很喜欢这门课,所以坚持了下来。我们过去常常操纵那些庞大的通过一叠一叠的打孔卡片来运行的机器。我们还时常去参加这位教授的研究生课程。这真是一次意义非凡的经历。"

另外很重要的一点,我想我应该在这里强调一下的是,印度理工人如果想在课外过一种充实的生活,并非一定要以牺牲学分为代价的。拉贾·古普塔、戈帕拉克里希纳、阿伦·萨林和斯瑞瓦都是在这方面做得比较成功的有力证明,他们在课堂课程和课外活动中都取得了非常优异的成绩。

"一方面,你在尽力争取最好的生活,另一方面,又有严峻的学分制度,最终你意识到这不是一个非此即彼的问题,而是我怎样才能两者兼顾?"戈帕拉克里希纳说,"这点使我在以后的事业中受益匪浅。"

为写这本书而做的研究,使我越来越坚信,印度理工人在生活中的成功与他们在校园中平衡学术研究和课外活动的能力密切相关。他们事业的成功和参与课外活动之间可能会有着更为密切的联系。而且,一个没有进修 MBA 课程,但却被提升为 CEO 或高层管理人员的印度理工人,很可能早在印度理工校园的时候就已经是学生管理办公室的人员了。你要依靠个人非凡的气质,站在众人面前,竞选一个职位,还要尽力去使台下那些头脑聪明的选民信服,在你的领导下,他们将会过上更为优裕的生活。校园这一喧嚣沸扬的选举是一堂集营销、动机、领导和管理于一体的教育课。如果你赢得了选举,那么你就是在为以后步入社会的复杂的集体生活作准备。

拉吉夫·库车(Rajiv Kuchhal),现任印度软件业巨头——印孚瑟斯技术公司的联合副董事,在从德里校区毕业时他做了告别演讲,几年之后他才突然意识到了当时那个演讲的价值。我和拉吉夫漫步在印孚瑟斯修剪得非常整齐的草地上。在过去的4个小时里,我已经采访了8位在此工作的印度理工人,我决定出来抽口烟。于是我们溜达到外面的吸烟区。"当时,我说了一些意义深刻、出人意料的话,事实上我当时并没有意识到那些话的深刻性,将这些话说出口的时候并没有考虑太多,"拉吉夫告诉我,"台下的观众大部分是大三的学生,我对他们说:'从印度理工毕业之后,如果值得你炫耀的只是在这里用几年时间换来的印度理工的学历证书的话,那么你已经错过了你在印度理工应有的经历。'对于这个问题,我后来想了很多,庆幸的是,我还有一些东西可以拿出来展示。在那里我学到了很多关于生活的道理,因为我用了很多的时间在各种各样的事物上,而不是一味地埋头学习。"

大概24个小时之后,我和他的朋友马尼什·提尔坐在了一起。

在我还没开始采访他之前,他就问我:"这个采访半个小时可以做完吗?"我说:"可以。"可从他开口谈起到现在已经有一个半小时了,这让我开始有一种罪恶感,因为我知道堆积如山的工作在等着他处理。我将这种感觉和事实告诉给他,他却耸耸肩,微微一笑,说:"在印度理工的生活是一段让我感触颇深的经历,你可以继续问你想问的。"

我说,我还有最后一个问题要问,其他的我们可以通过电子邮件来交流。"如果再给你一次进入印度理工学习的机会,你还会像以前一样地度过吗?"

马尼什啜了一小口茶,稍微想了一下,"无论如何我还是会选择学习工程专业的,当然了,不一定要在印度理工,在任何工程学院都可以,但是在印度理工那四年的所有生活经历,是我在那里的全部。我当时应该尽力使我生命中那段时光得到最优化利用,因为不管怎么说,在几年之后,我们之中几乎很少有人真正去做工程工作,大部分都成为管理者或技术专家,这就是印度理工课堂之外的全部经历给你设定的界限。我记忆中最多的不是印度理工的课堂,而是在宿舍走廊里的板球运动。"

然后,他身体微向前倾,手肘放在桌子上,神情有些顽皮,又带着些许对过去回忆的怅惘。"如果还有机会,"这位昔日的德里校区1986届的第二名告诉我说,"我将会把在课堂上度过的时间再减少一些。"

十九 RK 楼的昂扬斗志

当我进入梦乡的时候,整个世界还是一片宁静。不久之后,我却从一片极其嘈杂的暴乱声中醒来。尖叫声刚好就在我门外,透过天窗,我还看到了火光。难道是着火了?在我们所住的侧翼楼的第二层的过道里?在我们的周围似乎有几十个醉酒的人和面露凶相的人,在楼里横冲直撞。是一场噩梦吗?但是噩梦中是不会有人试图去踢倒房门的。我听到同一栋楼的其他门被踢的声音,还伴随着叫喊声:"快出来,快出来面向尼赫鲁楼!"还有那种象征着印度理工克勒格布尔校区胜利的有节奏的欢呼声:"尼赫鲁楼斗志昂扬,RK 楼筋疲力尽。"而且还用极其低俗的口号侮辱失利的一方。

事情逐渐变得清晰了。这是尼赫鲁楼的胜利大游行,庆祝他们在各宿舍楼之间的春季音乐节中所取得的胜利。在每年的 3 月,都会举行这种各宿舍楼之间的戏剧和音乐竞赛。在我们那个时候,尼赫鲁楼和 RK 楼似乎是夙敌,造成这种状况的根源不详。但是我所说的那一年,也就是我到学院的第二年,两队站在了激进/反激进两个极端的位置。尼赫鲁楼将激进视为增强其新人信念的最基本的步骤,而反对这种激进的阵营在 RK 楼日益壮大。我所在的宿舍中有支持激进的人,毫无疑问地被整个宿舍楼抛弃了。

RK 楼曾在前年赢得了这种宿舍楼之间的音乐节,随着大量天才学员的毕业,导致我们今年不得不减少演出的次数。我们似乎在突然之间丧失了所有的精英,如果单纯指望依靠东方音乐来获胜,那样的几率简直为零。因为即使我们有着极具天赋的西塔琴手和印度手鼓的鼓手,但是我们最好的主唱已经毕业了。这是一个再正常不过的交替时期。一个强队退场,必然会有另外一个上场,占领原来强队的位置。而尼赫鲁楼当时刚好在它的鼎盛时期。他们拥有我以前在业余或专业的表演中闻所未闻、见所未见的最好的戏剧天才。由此种种,RK 楼上演了有史以来最令人沮丧的一次表演,而尼赫鲁楼则轻而易举地赢得了胜利,这一点都不足为奇。

现在他们在这里,在 RK 楼 D 座的第二层上尼赫鲁楼的人横冲直撞。

我们当中没有一个人冒险冲出房间,过了些时候,这些"入侵者"似乎厌烦了这样踢来踢去,于是,口里大声骂着脏话,快快地离开了。其实就算我们开门,他们也不会对我们怎么样的,被他们痛打一顿以及被赶出房间的事情发生的几率是非常小的。有一个楼友,前天晚上睡觉前没有锁门,于是,门"砰"的一声,只一脚就被踹开了。我的朋友被惊醒,吓了一跳,不知所措。几个尼赫鲁楼的人手里拿着火把,一脚踏进了房间,另一只脚还在外面,他们似乎更加不知所措,面面相觑,这种困窘的局面只僵持了一会儿,然后,他们带着胜利的尖叫,扬长而去。

第二天早上,我们的墙和天花板都被尼赫鲁楼人手中的火把熏得乌七八糟的,他们的尖叫声仍然回响在耳边。尽管胜利大游行从其本质上而言是一件非常疯狂的事情,但是也必须要遵守几条不成文的规定。例如:他们可以进入宿舍楼但不允许闯入私人的房间。所以,胜利大游行可以在 RK 楼的公共场所进行,而在游行队伍中的成员个人也可以停下来去和这栋楼里的朋友见面、聊天,甚至会和朋友们一起分享游行用的酒品。换言之,这种游行是各宿舍楼之间的一种活动,无关于个人之间的关系。如果按照这些不成文的规定,尼赫鲁楼的游行队伍进入 RK 楼也不能被认为是一件坏事,但是,他们当时闯进私人的房间以及在墙上乱涂则被视作是对整个 RK 楼的一种侮辱。

20 年之后再回首过去,确实觉得有些不可思议,对于所有部落式的生活,我只能摇摇头。在众多的事件中,是尼赫鲁楼还是 RK 楼赢,又有什么关系?从长远来看,是输是赢又有什么特别的

十九 RK楼的昂扬斗志

意义?

但是,我们确实是生活在各个"部落"中的,而且我们要对它忠心耿耿,这点是每个印度理工人永远不会忘记的。

2002年5月,在圣弗兰西斯科的办公室,我见到了阿伦·萨林。萨林时任美国电信公司(Accel KKR Telecom)风险投资基金的首席执行官。在我们见面之后的6个月,他接管沃达丰集团,任首席执行官。27年前曾在印度理工克勒格布尔校区做的一些事至今仍萦绕在他心头,"我们的侧楼里住了10个人,其中的5个是印度理工曲棍球队队员,10个人中有9个是宿舍楼队的队员。我们都很喜欢曲棍球。而且更有趣的是,我们中的两个学电子,两个学电机,三个学化学,一个学机械,一个学土木,我学的是冶金学。这是个非常多元化的团队。除此之外,还有地理位置上的多样化,我们中的3个来自孟买,两个来自加尔各答,两个来自德里,两个来自班加罗尔。当时也没有人站出来号召说,让我们组成一帮吧。我们住在一起,只是被随机挑出来的,而且在一开始的时候,我们谁也不是曲棍球的高手。

"但是,有一件令人尴尬的事,这件事使我每每想起来便会深感后悔。我们侧翼楼中的一个人竞选阿萨德楼的秘书长一职,结果没有当选。我们怀疑选票的背后有黑幕,所以,我们和曲棍球联赛的队员联合起来反对这场选举,在整个校园内大肆宣扬,说这次选举简直是胡扯。宿舍的管理员过来跟我们理论,但我们仍然坚持对选举的质疑,说我们并不是代表阿萨德楼,我们只是站在讲原则的立场上。我们感到像是被人背叛了。最后我们的努力以失败而告终。结果,阿萨德楼——这一经常在各宿舍楼间曲棍球比赛中的常胜将军,弃权了。整个宿舍楼再也组织不起一个曲棍球队了。每当我想起这件事的时候,总感觉这是我做过的最愚蠢的一件事。

"当时的我们还为这种拉帮结派的做法沾沾自喜。但是我仍然感到一种罪恶感,因为我没有从大局出发。我只是希望我们能够从现实生活中吸取教训。这在当时是一件大事。各种与此相关的消息以野火燎原之势四处散播。印度理工的教练们开始担心:这帮家伙会不会在各个印度理工校区间形成一种联合?整个宿舍楼也产生了分歧,有人认为这样做是对的,而另外一些人却认为这是一件彻头彻尾的蠢事。那时候的我们已经进入了毕业班,被人冠以了精英的称号。人们都认为成功的概念在我们这些人的头脑中早已荡然无存。我们因此而失去了很多的朋友。"

很多年之后,萨林在洛杉矶偶然遇见了当年的宿舍管理员萨胡(Sahu)。他走上前对萨胡说:"先生,这25年来,我一直在想着向您道歉。"

"归根结底,我们的所作所为是对权力的一种滥用,"萨林说,"你必须要小心地运用你手中的权力。我对此颇有感触。我是说,当身为沃达丰无线通信公司 AirTouch 的首席执行官,面对三四万名员工时,你很容易就会滥用手中的权力。"他有一分钟陷入了沉思,之后摇摇头,轻轻地说:"我们给宿舍带来了耻辱。"萨林和他的朋友们所做的一切令人震惊——尤其是在印度理工的生活模式下,这简直令人难以想象。这件事老是萦绕在他心头,挥之不去。

对于宿舍楼的忠诚始终应该是放在首位的,而且应该是最深刻的。这之后才是对校区的忠心。作为金卡纳(Gymkhana,学生管理组织)的副主席,1967年,戈帕拉克里希纳带领着克勒格布尔代表队去参加在孟买举行的印度理工各校区之间的运动会。在那一年之前的每届运动会,克勒格布尔都会凯旋。但是在那一年,克勒格布尔却大败而归。最后一项接力赛事中,其中一个选手把接力棒掉了,克勒格布尔输掉了整场比赛,与冠军失之交臂。戈帕拉克里希纳告诉我:"还记得,我一个人站在偌大的体育场中,独自悄然落泪。但是几分钟之后,我不得不重新振作起来,出席颁奖典礼。由此,我学会了如何去坦然接受、大方承认失败,这也是生活中非常重要的一点。"

之后,我想起了一件非常有趣的事情。在我与戈帕拉克里希纳见面前的几个月,我见到了理查德·迪索萨,他也跟我谈起了那次比赛的失利。显然,这件事对克勒格布尔的学生造成的影响太深刻了,以至于在35年后,两名队员都主动向我重提了这段往事。

迪索萨在我入校的9年前就毕业了,但是他的名字还是时常被人提起,他被认为是印度理工有史以来最优秀的运动员。我在休斯敦见到了他,他在那里时任美国国际工程建筑承包公司的副总裁。"那是克勒格布尔的第一次失败,"迪萨索告诉我,"我们输给了孟买校区,仅拿到第二名。这总让人心有不甘。这给我很大的压力,并提醒我,必须要发挥出自己最好的水平。我在队里的那些年,从来都没有输过。除了赢,我们无法接受其他。"

印度理工人也把这种不服输的精神带到了工作中。"那种竞争的意识是印度理工生活中很重要的一个方面,"迪萨索说,"失败总让人觉得很糟糕。渴望展示自己最好的一面并且赢得最后的胜利是我在印度理工中所学到的。这点于我很重要。美国的竞争总是很激烈,而我倒很能适应这点。"

时光退回到1983年,在受尼赫鲁楼羞辱之后的一年,RK楼重整旗鼓。我那年刚好担任RK楼的秘书长(社会和文化方面的),所以,协调所有的活动是我分内的工作。

第一,负责协调各种赛事——英语戏剧、孟加拉语戏剧和印地语戏剧,以及东方和西方的音乐节目。东方音乐方面,我们没有任何问题,因为分别担任西塔琴手和塔布拉鼓手的乔伊·森(Joy Sen)和拉比·达斯古普塔(Rabi Dasgupta)现已在毕业班,由他们来领导这一队也是理所应当的。在西方音乐方面,我们没有足够的人才来组织一场令人震撼的演出。但是有四五个男孩已经苦练了一年,由他们的队长瓦·凯什亚普(Vasant Kashyap)负责管理。

戏剧的情形则完全不同。英语戏剧的名单上,除了提拉克之外,一片空白。提拉克现在是大三的学生,这就意味着宿舍里还有比他高两个年级的人。但他显然是最优秀和最热衷于此的人,所以,我们将以资历深浅任用人的观念抛到一边,将英语话剧交由他全权负责。

在孟加拉语话剧方面,我们也是没有任何资源。在尼赫鲁楼获胜的那一场春季音乐节中,我们的表演绝对是一场空前的灾难。但是这已经是前年的事情了,现在的我们必须清除头脑中与它有关的一切记忆,继续向前。我们将孟加拉语的演出交由阿瑞丹姆·穆克吉(Arindam Mukherjee)负责,他是大二的学生,但他比其他人有更多的天赋。让提拉克和阿瑞丹姆来管理这两个话剧是我们作出的一项重大决定，毕竟，在所有团体活动和关系中，资历都是很重要的因素。

印度话剧也给我们出了一个难题。许多有志者都垂涎于导演这一职位，而且各个竞争者之间似乎都很难与彼此相处。这里面似乎掺杂了太多的自我因素，如果 A 当选，B、C 和 D 看起来都会拒绝出演。而且，A、B、C 和 D 都已将心思扑在了为 RK 楼导演作品上，并且都在为达到此目的而积极地进行游说。我们在沙玛基（Sharmaji）身上找到了解决问题的办法，他 30 岁刚出头，在企业工作了大约 10 年，那一年来到印度理工攻读科技硕士学位（MTech）。按照 RK 楼的等级排列顺序的话，他应该只能算个一年级的学生。但是在年龄上，他要比 A、B、C 和 D 年长，而且赢得了一定程度的尊重。当他得知我们想请他来领导印地语话剧的制片工作的时候，很是吃惊。他已经有 10 年没有站在舞台上了，而且他曾经只导演过一部话剧——Aaj Ka Dronacharya（现代版的德罗纳查里亚）。于是，我们问他，对那部戏剧是否很了解。他说："是的，当然了解。""那么，我们就来排它吧。"我们还告诉他，我们将通知所有的人说他现在负责印度话剧的导演工作。

很显然，这个决定让人们怨声载道。导演这样一部戏剧是许多人从入学开始就怀有的梦想。但是，当沙玛基要求他们来试演时，他们又觉得，如果拒绝的话会显得很无礼，因为他毕竟要比他们年长很多，而且很显然，他将自己置身于 RK 楼印地语话剧的明争暗斗之外。

当然了，在最初两周的排练期间，他们常常跑来向我抱怨，说沙玛基对编剧如何如何地不了解，对人物作出了如何错误的阐释。我常常是很耐心地听他们发完牢骚，然后转换话题。我希望，对于团队的忠诚以及赢得这一届音乐节的渴望能够将这些琐碎的口角渐渐冲淡。这部戏剧最终获得了成功。

提拉克决定标新立异，创作出印度理工人前所未闻的作品。在位于加尔各答的美国中心图书馆以及印度理工图书馆话剧部度过的那些天并没有产生让人兴奋的结果，还有一点需要谨记的是，我们的工作还有一个非常不利的条件，那就是作为一个男生宿舍团体，我们不能选择剧中带有女性角色的剧本，或者至少不能选择那种在不改变剧本主题和演出效果的条件下，把女性角色换成男性角色的剧本。然后，一个深夜，在印度理工图书馆，提拉克发掘出了一本名不见经传的英国戏剧杂志，他从中找到了卡夫卡《变形记》的前卫派改编本的整个脚本。空旷的舞台上，所有的演员身着黑色保暖宽松式运动衣，除此之外，舞台上一无所有。就算我们让男生来扮演格里格·萨姆索的妈妈和姐妹，都没有人会皱一下眉头。

阿瑞丹姆选了安东尼·谢弗（Anthony Shaeffer）的两人经典《侦探》（*Sleuth*）作为孟加拉语的剧本。他和我分别饰演其中一角。找不到人手帮我们翻译，所以我们决定自己来做。每天晚上，我和阿瑞丹姆都要用一个小时的时间，试着改编出与谢弗的台词绝配的孟加拉语对白，并且将英国文化方面的背景全部转换成我们自己的。

春季音乐节日益临近，我们听到了一些令我们心神不宁的消息。这似乎巧合得有些诡异，尼赫鲁楼和帕特尔楼都选择了《侦探》作为剧本。只不过我们是孟加拉语版本，而他们则是用英语演出，对于这一"侦探节"现象的出现，我们似乎很难找出一些有逻辑的解释。在几番争论之后，我们决定继续排演我们自己的《侦探》。第一，为翻译这一剧本，我们已经投入了大量的时间和精力。第二，现在更换剧本会被人认为是胆小懦弱的表现。第三，孟加拉语的比赛会比英语比赛提前几天举行，所以我们的话剧演出将是第一个走上舞台的。

在演出中我们面临着激烈的竞争。他们有着让人羡慕不已的孟加拉语话剧团，由4个毕业班的学生组成，他们分别是：乔伊迪·穆克吉（Joydeep Mukherjee）、阿迪娅·查特吉（Aditya Chatterjee）、苏比尔·高什（Subir Ghosh）和阿比吉特·桑亚（Abhijit Sanyal）。在过去的4年中，他们一路坦途，逢演必胜。现在又有两名一年级学生加入，传闻说两个人也像他们的前辈一样优秀。前年，尼赫鲁楼表演了剧作家尤奥斯高（Ionesco）的一个剧本的改编本，那场演出是我看过的最好演出，迄今为止仍无人能及。今年他们正在排练的孟加拉语话剧是《一个无政府主义者的意外死亡》（*Acci-*

dental Death of an Anarchist），与我们的《侦探》是竞争对手。作为两个演员之一的我，也是这两年多以来，第一次踏上舞台。

尼赫鲁楼的 4 个人正在准备印地语的演出，事实上，他们准备的仍然是前一年的伊欧涅斯柯的剧本，只不过这次是用印地语演出。他们的 4 个演员中没有一个是因为演出印地语戏剧而出名的，我们这边唯一的希望就是，在台上，他们可能会忘记台词，当场冥思苦想。

尼赫鲁楼的英语话剧作品《侦探》，由德巴什·高什（Debashish Ghosh）和普瑞提·高什·达斯提达（Pratip Ghosh Dastidar）主演。他们分别是最佳辩手和演员，而且，更具讽刺意义的是，他们原来都是 RK 楼的成员，后来由于个人原因而转到了尼赫鲁楼。尼赫鲁楼的《侦探》是一场投资巨大的演出。而我们空旷的舞台、没有任何演出服、刚出道的导演以及大多数尚未过关的演员都是摆在我们面前的巨大困难；而拥有着众多过人天赋的毕业生的尼赫鲁楼只想着要在夺目的光环下表演，为每一场演出画下完美的句点。

《变形记》还面临着一个棘手的工程学问题。我们需要建一个结实的笼子，笼子要牢固到足以承受提拉克扮演的格里格爬上去，然后再从天花板上倒挂下来。如果笼子垮塌，就不仅仅是一场戏剧演出的灾难，这很可能意味着对提拉克更为严重的伤害。我们必须要严加小心，因为提拉克的近视度数很高，而且按照安排，他要在不戴眼镜的情况下完成整场演出，这样的话，提拉克眼前只是一些模糊的形状和影子。我们委托甘尼什（Ganesh），一位管理我们自行车库的人，来制作这个笼子。我们必须要确保笼子的牢固。

至于印地语话剧，沙玛基已经能够很精明地管理这些自我意识很强的人了，从而确保了话剧能够顺利演出。每当有一个先前有志于做导演而最终未能实现的人坚决拒演时，沙玛基就很聪明地让他负责制片的工作：灯光、音响、道具。这样也能创造奇迹。

但是，关于《侦探》，一周之前我们本应该继续排练的，但是对于我和阿瑞丹姆来说，似乎有一些不太顺利。总感觉有些事情不对劲，但又不知道问题具体出在哪里。阿瑞丹姆有低沉的嗓音和稍胖的体态，所以由他来扮演年长的角色，也就是电影版里劳伦斯·奥利弗（Laurence Olivier）扮演的角色。我比阿瑞丹姆高一点而且瘦一点，所以由我来扮演剧中勾引奥利弗妻子的年轻人迈克尔·凯恩（Michael Caine）的角色。但是我们两个都知道，我们都不会扮演好剧中的角色，而且始终无法进入角色。我们先是排练，然后去餐厅喝了很多茶，一直到深夜，忧心忡忡，暗自思忖。

然后，受了某种灵感的启示，在决战日的前四五天，阿瑞丹姆决定互换我们之间的角色。不按正常的逻辑和既定的体形演出，由我来扮演年长的角色，而阿瑞丹姆则出演朝气蓬勃的年轻人。因为这是只有两个角色的戏，我们对彼此的台词都了如指掌，所以才能够轻而易举地完成角色的互换。旋即，我们两个都知道，《侦探》已开始正式进入角色了。

人们为什么会仅仅为了一个周末，而不辞辛劳、昼夜不停地工作，从不上课，将全部的时间都用来组织、排练、彩排、制作道具和舞台背景设计，而所有这些也只不过是为了一场只持续一个多小时，而且在这一小时之后，可能将永不再上演的舞台剧？以上这些就是我正在做的事，并且对于由花费在这上面的时间所创造的成果，我丝毫没有怀疑过。南丹·尼勒卡尼和其他许多杰出的印度理工人也是如此。他们以分数和职业为筹码，冒险为团队换来这短暂的荣耀。

这是对时间和精力的极大浪费吗？对于那些整日宁可待在房间里、一心钻研学术的学生而言，答案似乎是肯定的。而像我们这些成天热衷于课外活动的人，学业成绩肯定会受到影响，这也是不争的事实。像我这样的学生，成绩排名在班级的最后三分之一，也是木已成舟的事情。我们的分数已经很差了，反正再多几个 C 也无所谓。事实上，像我这样的学生们呢，最多也只是希望，在我们申请工作的时候，在课外活动中所取得的成就以及在学生管理部门中所担任的职位——这些可以表明我们已拥有了非凡的领导能力，可以抵消我们在学分上的不足。但是我也认识几个印度理工人，如果当初他们没有把一部分时间用在课外活动中去的话，他们的分数也可以在班级上名列前茅的。他们中很多人都是下意识做出这个决定的，比起学术的光环，他们更倾向于选择一种更为完整的生活。

如果再给我一次进入印度理工的机会,我将会把更多的时间用在学习上,但是我也绝不会减少课外活动的时间。而且我想,关于管理和领导,我也确实学到了一点。

2002年2月,我见到了尼勒卡尼,他是印孚瑟斯公司的总裁,印度最为激励人心的成功商人故事中的主角之一。公司是1981年在纳拉亚南·穆尔蒂的领导下由7个工程师联合创立的,穆尔蒂是在坎普尔校区攻读硕士学位的。尽管他被印度理工录取,但是他却选择了当地的一个工程学校来完成他的本科学业,因为当时作为教师的父亲无法支付高额的印度理工学费。到2002年10月,按照美国存托凭证的时价(American Depository Receipt),印孚瑟斯已成为世界上除Accenture公司之外的第二大最具价值的软件服务公司。1993到2002年间,在9年的时间里,印孚瑟斯的成交额增长了173倍——从1亿5000万卢比增加到260亿卢比。

在公司取得引人注目成就的过程中,他们始终保持着一种诚实、正直、透明的职业道德。它是第一家向其员工提供认购股权的印度公司。在当时,公司的创办者与其员工一同分享财富的做法真是闻所未闻的新鲜事。过去几年中,在关于"最受尊重的印度公司"、"最受欣赏的印度公司"的调查中,印孚瑟斯总是位居榜首,而且注定还会这样继续发展下去。2003年3月,一项由英国《金融时报》(*Financial Times*)在20多个国家对于1000多名企业执行官所作的调查中,评选出了世界上最受尊重的50位企业领导人,尼勒卡尼也榜上有名。

说实话,我是带着一种愤世嫉俗的心态来到班加罗尔外占地50亩的印孚瑟斯城的。媒体这些年来对于这家公司英明的管理方式和以人为本的政策的大肆宣传足以令人产生怀疑。这些人不可能那么仁慈的,不是吗?我跟尼勒卡尼约好了见面的时间,但我比约定时间早到了一些,所以就坐在会议室里,一边看着窗外美丽的风景,一边等他。

一位服务员走到我面前,热心地问我是否想要一些饮料和点心。这些我都不想要,但我决定和他聊几句。"这是你们公司的餐厅吗?"我问。问完才发觉,这的确是个很愚蠢的问题,因为我可以清楚地看到有几十个人在我面前的这栋楼里用餐。"先生,这是我们3个餐厅中的一个,"那个服务员对我说,"我们针对北印度人、南印度人和中国人的不同口味,为他们提供不同的食物。还有冰淇淋店和比萨店。大约有5000人在这里就餐。"

我问他,我面前的那个连接到电话上,像老鼠似的工具是什么东西?"先生,那就像一个对讲机,"他向我解释道,"实际上,在会议室里,我们还有许多高科技的小玩意儿。"说着他按下遥控器上的一个键,一面墙上出现了一个屏幕,他又按下另外一个键,悬挂在我头顶上的投射器就对准了屏幕上的测试幻灯片。"这个非常适用于做报告,"服务员打断我的思绪,又提醒我说,"您真的不想来一杯茶或咖啡吗?或者饼干?"在他走出门的那一刻,我先前对于印孚瑟斯的种种怀疑都已消失得无影无踪了。

当我进入尼勒卡尼办公室的时候,他劈头就问了我一句:"你现在写的是本什么书?"他看起来处于完全放松的状态,穿着宽松长裤,拖着拖鞋。"我们是'芳香之歌'的发起人,"尼勒卡尼告诉我,"我个人成功地组织了两届音乐节,而你也会发现,一旦做了这样的事情,你会从中了解管理的全部。至少,我所了解的管理和领导都是我从'芳香之歌'中学到的。"

于是,我开始懂了。

二十 管理学院

我在印度理工最快乐的时光要算 1983 年的春季音乐节期间。那时候的我们情绪都很高涨,每个傍晚和晚上都是在观看各个参赛队的节目排练中度过的,包括东方音乐、西方音乐、合唱、印地语和英语的话剧,为他们欢呼鼓掌,释放着我们的激情,为《侦探》四处奔忙,设计粉刷舞台背景,检查作为道具的笼子是否足够结实,然后坐在餐厅里,计划着每一件事情,详尽到每一个细节。

因为这不仅仅只与舞台上的表演有关,还必须确保台下的工作也要顺利进行。比如在我们准备的 3 个话剧中,《侦探》使用的道具最多,必须有人负责把背景幕布送到内塔吉礼堂,然后把它挂起来。一些人必须负责管理其他的道具,确保它们能及时地被送到舞台上,然后按照要求摆放在正确的位置。在第一幕和第二幕之间间隔的几分钟内,要重新布置场景,还要加上第二幕所需要的几件道具。演出结束后,要迅速拆除所有的道具、清理舞台。我们必须在给定的时间内将舞台清理干净,否则就会被扣分。我们所演的《侦探》,演出用时需要 52 分钟,根据我们的经验,在舞台上,随着激情的逐渐褪去,所有的一切都会稍微加快前进的脚步,所以我们很可能在大概 49 分钟的时候就能完成演出了。但是,我们不能只依赖这种微乎其微的可能性。事实上除了中间的演出时间,从装扮舞台到将其复原到最初的状态,我们只有 8 分钟的时间。

但是应该将 RK 楼在 1983 年的命运只托付给我们在舞台上的表演吗?我们成立了几个小组,每组三四个人,轮流坐在评委的身后，当其他的节目上演时，一边要偶尔装作不在意地指出他们在舞台上犯的每一处错误，不管是真实的还是假想的，一边还要用大到足以让评委听到的声音讨论其他人的无礼。这些小组都是轮流的，为的是不引起评委的怀疑。当帕特尔楼的表演结束之后，这三个RK楼的"评论家"就离开评委后面的座位，取而代之的则是另外一组专门来"找茬"的人。接下来是LLR楼的演出，如此这般。一些男孩还为这种活动增添了一些新的花样，那就是假装自己就是住在正在表演的那个楼的人。也就是说，当LLR楼正在演出的时候，他们就假装成LLR楼的男生，并且为舞台上的人正在犯的错而不时地发出一声叹息，仿佛是在为他们感到惋惜。

换言之，这是一场毫不留情的战争。专人专责，而且希望他们能够将这种表演发挥到极致。在RK楼代表队上台前的几个小时，台下的嘘声小了很多。一些从未在公共休息室和比赛场地上露面的学生突然出现在志愿者身边，走来走去，还时不时地询问他们是否需要帮助。演员们自己跑上跑下，自顾自地抱怨着，通常最后都变得很浮躁。我一直在跟阿瑞丹姆说，当他讲一些比较特殊的台词的时候，如果能背对着我，效果可能会更好一些。阿瑞丹姆当时可能太紧张了，以至于都不曾留意我所说的话。他只是表情凝重地呆坐在那里，似乎在想什么心事。

演出结束，谢幕，欢呼喝彩声响起，一年级的学生们收拾起卷成圆筒的背景幕布，然后向着内塔吉出发。把其他道具装上手推车，然后艰难地推着车向前走。后面跟随着的一群人，喊着各种各样的鼓舞人心的关于RK楼精神的口号，毕竟，志气的高昂与消退之间也不过一分钟的时间。

我也很紧张，一方面，我希望思瓦能够来看我们的表演，另一方面，我又不希望她来。为了能够和她交谈，建立一种联系，我向她借了一双女鞋，这不是一种恋物癖。因为《侦探》需要一双女式鞋作为基本的道具，所以我绞尽脑汁，使我与她的相见看上去更像是一场偶遇。在学院的餐厅里，我问可不可以借她一双旧鞋子，她将信将疑地答应了。第二天晚上我去SN楼找她，按门铃，她递给我一双鞋。表演结束后，我就把它们挂在我的房间，将它们视作一次不寻常的大行动的纪念物。它们就一直悬挂在那里,直到一年半后,我们之间的关系日趋稳定,她告诉我那双鞋不是她的,而是一个朋友的。她把所有的旧鞋子都扔了,所以为我借了一双。

她对孟加拉语话剧不感兴趣,对我似乎也一样。她并没有来看我的《侦探》演出。

演出进行得很顺利,台下响起了经久不息的掌声,这些掌声不仅来自台下那些"负责表演"的 RK 楼人——这些人的工作就是鼓掌,退一步讲,即使我们上演了人类历史上最恶劣的表演,他们也会照样鼓下去。当我们卸完妆回到观众席时,我碰见了尼赫鲁楼的乔伊迪——他是印度理工最好的演员,他的演出排在一个小时以后。"你们表演得真好!"他对我说,"还有,桑迪潘,我从来都不知道你能表演得这么好,有表演机会的话还是应该多参与。"我的心开始因骄傲而膨胀,这可是出自于最好的演员之口的赞赏啊。

但是,我们真的已经很好了吗?两个小时后,答案明了了:不是的,乔伊迪的《一个无政府主义者的意外死亡》无论是其壮观的舞台艺术和紧密的团队合作,还是他们带有巨大的娱乐性的表演技艺,都令人盛赞不已。我们甘拜下风。

在东方音乐的比赛中,我们的表演近乎完美,我们很有信心能赢得这场胜利。西方音乐的表演也如预期的那样顺利,也就是说,我们有进入前三名的机会。我们的印地语话剧演出也比较成功,事实上,比当时已经上演的其他节目都要成功。但是尼赫鲁楼的印地语剧还没有上演。这是四人组乔伊迪、阿迪娅、苏比尔和阿比吉特第一次用印地语表演,同时也是他们最后一次同台演出,这将是他们在这个舞台上的演出绝作,而且他们要用自己不太熟悉的语言进行表演,这一点更增添了节目的刺激性。

他们前年的孟加拉语尤奥斯高演出至今仍令人赞叹不已。高潮的部分在最后,当舞台上只剩下乔伊迪的时候,他全身心地投入到一段又长而又逐渐陷入疯狂的独白,随着剧情的发展,这段对白逐渐衰弱,到最后只是发出一种毫无意义的声音。他怎么可以用印地语达到同样精彩的效果?万一他台词说得磕磕绊绊,或者一口气接不下来,或者忘了台词,都会破坏整体的表演。我们坐在前排,紧握着双手,为他捏了一把汗。

但是,我们的担心是多余的,以上种种"不测"都没有发生。除了演员略带孟加拉语口音的印地语之外,基本上还算一场没有缺憾的表演。乔伊迪还像在孟加拉语的演出中一样,负责最后一段的独白。我仍然可以看到他圆鼓鼓的眼睛、蓬松凌乱的头发,有好几分钟,嘴里嘟囔着十足的蠢话,然后语速逐渐加快,一直到幕布落下,他的语速还在加快,快到已超乎常理。他没有在一个单词上磕绊,用一种自己只具备了初步知识的语言来完成了这段独白。他和他的伙伴们所取得的成就确实是无与伦比的。观众席上的人全体起立,长时间为他们鼓掌喝彩,四人组最后的表演令人禁不住拍案称奇。

我们回到宿舍,用几个小时来猜测可能出现的各种结果。如果尼赫鲁楼赢了孟加拉语和印地语的演出,那么,这两场比赛中,我们都只能排在第二;如果我们赢了东方音乐的比赛,尼赫鲁楼就只能排第三;如果他们在西方音乐的比赛中获得了第二,那么我们就会成为第三;还有如果英语话剧的比赛……

我们很自信我们能够赢得合唱的比赛,所以现在就要看英语话剧了。我们的演出,零支出,只有一个笼子作为道具,完全不同于当下印度理工中为一场演出而大肆铺张的状况。比赛分两天进行,《变形记》被安排在第一天,《侦探》被安排在第二天。

在我们用手推车将笼子从宿舍运出的时候,四周弥漫的紧张情绪随处可感。在7个成员的演员班底中,其中5个是一年级的学生,他们中有一些人还是第一次上台表演。另外两个,一个是提拉克,他扮演格里格,另外一个是毕业班的 P. C. 牟丽克(P. C. Moulik),他扮演格里格的父亲。如果真有什么闪失的话,那必是《变形记》出问题了。

我至今仍为没有看到那场表演而深感遗憾,因为每个观看过的人都说那是他们所看过的最感人的一场演出——萦绕于心头、久久挥之不去,他们折服于它的轻描淡写,以及那苍白的美感。《变形记》上演的时候,我正在后台,音乐和音效出了点小状况,但当结果出来的时候,评委却认为演出中的音乐和音效处理是最具创新意识的。

我们尽最大努力表演英语话剧,现在除了等待尼赫鲁楼的《侦探》上演之外,基本上无所事事。那可是由印度理工两个最优秀的演员出演的戏剧啊。夜已深,我坐在 Chhedi's 小店一边庆祝《变形记》的演出成功,一边担忧着即将上演的《侦探》。一些人在发表着自己的看法。"如果尼赫鲁楼已经为《侦探》精心布置了舞台背景,"他问道,"那么,他们将怎样把所有的东西运进演出场地,进行演出,然后再将所有的东西搬运出来,所有这些能在一个小时内完成吗?"我们不相信他们能够在少于 50 分钟的时间内完成演出,而用剩下的 10 分钟来处理剩余的事情。规则很清楚,一个空白的舞台交由你布置,上台演出,到最后舞台再次腾空的时间是 60 分钟。否则就会被扣分。"我确定尼赫鲁楼肯定也想过这个问题,"另外一个人说道,"我们得多加留心,在舞台交由他们之前,别让他们把东西偷偷运进礼堂。"

第二天傍晚,我在《侦探》开演前 10 分钟到达内塔吉礼堂,却发现绿色房间前面一阵骚动。RK 楼毕业班的帕萨·德塔·古普塔和已经化好妆、戴着灰色假发和白色胡子的德巴什·高什就快要打起来了。帕萨认为,现在的舞台还没有交给尼赫鲁楼,所以他们还不能把道具带进这个绿色的房间——通过这里可以将道具和其他东西带上舞台。但在当时,房间里已经堆满了家具和其他一些背景道具。德巴什坚持认为,绿色房间不能算是舞台的一部分,所以尼赫鲁楼没有违反任何规则。帕萨还是坚持,在舞台交由某团体控制之前,所有的东西都必须放在礼堂外面。双方的其他人都加入这场争论,原本是关于严格按照规则行事的争论到最后演变成了一场对彼此的侮辱谩骂。我们把两个人拉开,两个人口中还骂着"你他妈的骗子"之类的粗话。我不知道在这件事上孰是孰非。但是按照以往的做法则是,在舞台交由你控制之前,一般都是带着道具在礼堂外面等候,而且,这个绿色的房间也确实是被视作舞台的一部分。毕竟那里是在舞台交由他们管理之前,演员们休息和化妆的地方。我不了解的还有,到底是出于什么原因,帕萨才导演了这样一场骚乱,是确定尼赫鲁楼真的在做一些违反规则的事,还是为了在表演前扰得德巴什心神不宁?

不管帕萨最初的动机是什么,总之,《侦探》的表演枯燥乏味,德巴什的脸色也不太好,这应该还是刚才的绿色房间事件留下的后遗症吧。至少,尼赫鲁楼的人会以为,我们是为了分散德巴什的注意力,才精明地导演了这场闹剧。

第二天的傍晚是合唱比赛,随之而来的是比赛结果的宣布。关于合唱,我们很自信,绝对不会排在低于第二名的名次上。那么,我们算是赢得了这次的春季音乐节吗?如果是,那么我们就要为举行一场RK楼前所未有的声势浩大的胜利大游行而做准备了。

星期天的下午,我和提拉克开始尽我们最大的努力,到各位评委的家中拜访,争取和尽可能多的评委见上一面。显然,他们的嘴巴很严,不会轻易向我们透露他们的选择,但最主要的是,他们能否对我们的表演指点一二。他们中没有一个愿意多说一句话,我们一直在黑暗中摸索前行,直到英语话剧其中的一位评委告诉我们说,她曾在伦敦看过一个《变形记》改编本的演出,但她认为RK楼的表演相对要好一些。这正是我们想听到的。当我们疯狂地骑车往回赶的时候,我们终于知道,那些不眠的夜晚、那个学期将得到的令人难堪的分数,都是值得的。除非合唱中发生了什么意外,不然这场比赛我们赢定了。

合唱比赛中,RK楼是最后一个出场的。一段接着一段都结束得很完美。当最后一段开始的时候,我们都离开自己的座位,坐在舞台的边上,但愿他们能够不出丝毫的差错来唱完这最后一段……舞台上的每个人各司其职,乔伊·森在以比平常都快的速度弹奏着西塔琴,你可以看到他甩头时汗如雨下。拉比为了跟上乔伊的节奏,快速活动的手指在塔布拉鼓上变成了一个模糊的小点。歌手们看上去都有些气喘吁吁了,随着歌曲渐趋高潮,观众席上死一般静寂。我们在舞台边上,大气都不敢喘一下,唯恐他们在哪里出现破音。如果出现破音了该怎么办?万一西塔琴上的某根琴弦断了该怎么办?如果拉比的双手过于潮湿了该怎么办?但是直到音乐停止,直到歌声收尾,都没有出现我所担心的画面,每个RK楼的人都站起来,疯狂地欢呼喝彩。

我们赢了。一举雪洗了前年的耻辱。RK 楼重又回到巅峰时刻。甚至在结果还未宣布时,礼堂外已是歌舞一片。

在我为写这本书而进行调研时,我去了克勒格布尔校区。我步行从 RK 楼出发,回到现在我所住的校园宾馆时,才发现已经是凌晨两点了。我情不自禁为我们曾在这里投入的狂热情感而感慨。RK 楼有着最原始的卫生间、用水困难、饭菜难以下咽。但是,这么多年后,仍使我激动不已的是,在写有 RK 历届秘书长的名单上,我还可以找到自己的名字。这么多年后,现在的 RK 学生们带着无限的敬意来接待我们,因为他们知道,我们是他们的前辈,我们付出的所有劳动、心血、汗水和泪水都是为了使我们宿舍的旗帜永远高高地飘扬在克勒格布尔上空,所有这一切,虽然从未为我们寻找工作或创立事业提供过什么直接的帮助。但它却为我们提供了一些可感受到的东西,激起我们的热情。印度理工的宿舍生活让我们明白了责任对于事业意味着什么,让我们体会到什么是真正的激情以及激情中所蕴含的力量,让我们学到了基本的领导能力,对政治的敏感,还有在城市生活中如何巧妙生存的能力。我们学会了在一些事情上要有竞争意识,而不单是在学术上。这些都是我所受到的最伟大的教育,尤其是在后来面对生活的重压以及适应多变的现实时,这种感觉尤为明显。

但是,那些也只是我个人的想法,不是吗?也许,我们只是在浪费时间呢。

但是,谁知道呢?没有一个印度理工人能够说清楚。在康涅狄格州的斯坦福大学,在全球印度理工人聚会的午餐休息间隙,孟买校区校友维克特·梅利兹说他还有其他的约会,要先行一步。孟买校区校友会的管理顾问埃·德赛(Iay Desai)和南丹·尼勒卡尼不肯放他走,让他稍留片刻,并对来参加聚会的校友说几句话。梅利兹一直拒绝,直到德赛轻轻碰了碰他的胳膊,说:"维克特,拜托,为了 8 号宿舍楼,就多留一会儿吧。"梅利兹,这位排名世界前 50 名的银行家,最终留了下来。

二十一 浪子式的人物

印度理工真的可以改变你。培养你对"部落"的忠诚,把你变成追求事业的狂热分子。有时候,还会以不好的方式影响着一些异常聪明的人。有些男孩,由于某种或真实或想象的原因,总感觉自己已完全脱离了学术体系,从而更倾向于去追求一种被学院视为禁忌的生活方式。

但是,有些时候,这些人也会设法获得高分。例如,穆克特什·潘特,他是印度理工坎普尔校区1976届学生,现就职于锐步公司,他还记得他所在的校区的校长金质奖章就是这样一个人。"那时的校园中到处弥漫着一种反体制的气氛,"潘特说,"学生们根本就不把学校的领导和老师放在眼里,而且处处想挑战他们的权威。""我们班的一个尖子说吸烟对他保持清醒起着至关重要的作用,"潘特说,"我还记得有一次他在实验室吸烟,老师警告他说,这里不允许吸烟,并请他出去。他向门口走去,然后站了门口,还在吸着烟。老师又重复了一遍,说,请你出去。尖子生指向地板——他站在实验室外,离实验室的门口大约两英寸的距离。他说:我已经出来了。"

阿南斯·拉曼是印度理工马德拉斯校区1986届的学生。他现在是哈佛大学的副教授,他给我讲了一个故事,主人公是他认为他所见过的人中最聪明的一个。苏瑞什(化名)在入学考试中名列前茅,但是当他进入马德拉斯的时候碰到了麻烦。他最初的兴趣主要是数学,他希望可以多修几门数学课程,而不是现在的机械工程学。他甚至向印度理工提出了这样的提议,他说,学院应该为他选修的几门数学课奖励他一些学分,印度理工拒绝了他的请求。苏瑞什在印度理工郁郁地度过了5年时光,成为班级中的落后生。

"他毕业后去了非洲,在海湾待了些时日,最终回到俄克拉何马州(Oklahoma)攻读他的理科硕士学位。"阿南斯告诉我,"这之后他开始了生命中稳定上升的阶段,因为美国大学的体制给予了他所想要的灵活性。他成了哈佛大学的教授,并且因为他对柔线生产系统的贡献而被授予了享有极高声誉的F.W泰勒奖(F. W. Taylor Medal)。他现在已经过世了。我还记得在追悼会上,他的一位朋友所讲的,这位曾是班里落后生的人如何赢得一个机械工程师所能得到的最高荣誉,我想他所谈论的也正好暴露出了印度理工体制中存在的弊端。"

20世纪80年代初,所有进入RK楼的新生都听说过一个传奇"校友"的故事。让我们暂且先叫他克里希纳(Krishna)吧。我是从高年级的学生那儿听到他的传奇故事的。其中某些细节可能被夸张了,但是根据我所掌握的信息来看,基本的事实还是真的。克里希纳在印度理工的入学考试中的成绩排在前100名,于1974年进入机械工程学院。早些时候,他表现出的惊人智商、辩论天赋、有创意的写作、智力竞赛中的表现和桥牌技巧,还有出色的领导才能,使他成为当时风靡全校的人物。他每次参加竞选都会获胜,其中包括竞选宿舍楼的秘书长。

那时,印度理工克勒格布尔校区的校规规定,如果第一学期的学科成绩不及格,将被赶回家中,在家中的6个月里进行自我反省,然后下一个学年再回到学校,与比你低一届的学生一起参加考试。克里希纳在第二学期的考试中不及格已成为家常便饭。他从不会在第一学期的时候不及格,大概是不喜欢那种在家里待6个月的感觉吧。所以第一学期的时候,他常常付出最小的努力,刚好通过考试,然后就可以继续留在他所喜欢的校园里。他在第二学期不及格已经有3次了。

机械工程学院除了开除他之外别无选择。他离开印度理工的校园,并没有得到印度理工的学位证书。(这也是我为什么将校友二字加引号的原因,尽管知道他的人都将他作为印度理工的校友,而他的名字也将永远列在宿舍楼秘书长的花名册上。)克里希纳设法取得了一个速成的文科学位证明,然后很快成为印度一家比较大的杂志社的记者,并很快被提升为主编。

我与克里希纳的关联在于——同为印度理工人、在同一个宿舍楼、相似的低学分、相同的专业——但似乎又不止这些。当我离开印度理工,来到位于加尔各答的印度管理学院,许多高年级学生得知我来自印度理工克勒格布尔时,都迫不及待地向我讲起了这位叫做克里希纳、刚刚从这所管理学院毕业的家伙。他是印度管理学院有史以来第一位在拥有一份全职工作的同时,还能读完 MBA 课程的人。他白天常常在杂志社工作,晚上出现在印度管理学院的校园里,带着一瓶朗姆酒,和朋友们一起分享,然后,他就睡在公共休息室的乒乓球桌上。他依然如此我行我素。

我唯一一次见到克里希纳是好几年前在一个普通朋友的家里,我见到他时,他已经戒酒了,整个晚上滴酒未沾,只是啜饮着芒果汁,而其他人都已烂醉如泥。

我 1980 年来到印度理工的时候,这些昔日的嬉皮士们都在华尔街工作,那些音乐现在也仅仅是为了娱乐才偶尔听到。纳萨尔运动(Naxalite)的梦想,除了在一小部分农村仍然存在,早已被其他人遗忘。但是,毒品依然存在,反体制的精神依然还在,存在于各个校园中,这似乎已成为年轻一代用来表现其反叛精神的普遍方式。而且,到处流传着关于那些一边体验着大麻带来的快感、一边去参加考试,但成绩仍能得 A 的真人真事。我不知道这里面的真实性有几分。但是我所看到的是,有一些人在控制着麻醉品对自己的影响,而又有许多其他的人被麻醉品所控制。

这些年以来,工程师或医生的工作越来越被看好。文职工作的魅力逐渐褪去,因为印度人对政府的管理体制越来越不满,所以,工程学和医学就成为有志中产阶层所关注的焦点职业。中产阶层一直相信,他们的后代,尤其是男性后代,一定要学一门理科学科,而不是文科。在印度,文科的教育只能给你一份文员或销售员工作。各个学院是文科生们毕业后的又一目的地,但是学院里的工资增长速度远远低于现实生活中消费水平的增长速度。而且近些年来，学校教师和学院教授在印度受尊重的程度直线下降。相比较而言，工程师可以找到一份较好的工作，做医生可以赚到很多钱，如此等等。

这种状况导致很多父母忽视了自己的孩子到底有什么天赋。常常想当然地认为，在学校表现好的孩子应当学一门理科学科。而这些选了理科的孩子，又常常被人想当然地认为毕业后不是成为工程师就是医生。纯理科学科被认为和文科一样，毕业后只能拿到少得可怜的工资。

与此相伴的还有选择在印度理工就读的专业。1980年6月的一个上午，我去核实印度理工入学考试的成绩，我排在第218名。这个成绩足以任我挑选任何印度理工校区的工程学院的任何专业。当我父亲得知这个消息之后，他当即决定让我选电子工程专业。人们谈起电子工程学这一令人梦寐以求的专业时，对它的魅力的仰慕之情溢于言表，认为这是一门带有些许艺术性的高端技术。人们都认为，JEE成绩高的人应该去学电子类学科。顺便提一句，如果我没有记错的话，我曾经理所当然地认为我应该去学建筑学，而且还想当然地以为我的绘画技巧还能在这一专业上助我一臂之力。但是从我宣布JEE成绩的那一刻起，建筑学就再也没有被提起过。我很高兴地接受了父亲的建议，报了克勒格布尔的电子与电信工程学专业。

在我们那个时候，如果你在前两个学年的成绩优秀的话，你可以选择调换到其他专业。但是从来没有见过有人从机械工程专业调换到矿业专业、从电子类专业调换到造船工程专业。我还记得我们学院中有一个人，他的JEE成绩排名105，他选择了土木工程，因为他的父亲拥有一家规模很大的建筑公司，而且迟早有一天会由他接管。他很遗憾，当初没有选电子或计算机科学类的专业。"每个人都在想，我JEE的排名是不是到了1000名还是因为其他什么原因。而事实上一切只是因为我选择了土木工程专业！"他常常这样痛苦地抱怨。

但是这种在中产阶层的父母的重压下选择成为工程师，并且单纯地凭JEE排名而盲目选择专业所带来的副作用就是,许多印度理工人毕业后所选择的职业往往与工程学没有丝毫关系。这点也是人们对印度理工体制从未间断过的批判之一,那就是,太多的印度理工校友站出来反对工程学专业的学生们,工程学专业本是一个花费纳税人的钱而又能教给学生一些东西的专业,而这一专业的学生们在毕业之后呢?他们或进入管理领域,或进入其他一些像经济、新闻业、电影制作或政府部门等与工程学毫不相干的领域。批评家认为这是对纳税人所纳税款的一种极大的浪费。我就此询问了一些印度理工成功人士对于这个问题的看法。

普瑞迪·古普塔在创立自己的数码媒体公司(Cyber Media)之前,曾在HCL计算机系统部门工作了几年的时间。我问他,那些毕业后并没有在其所学专业的领域工作的人,是不是对纳税人所交纳税款的一种浪费呢?"印度理工应该为这样一个事实而感到骄傲,那就是,印度理工人进入了如此多样化的领域并且都在其所在领域中取得了巨大的成就。"他说,"世界上很少有这样的专业院校敢自夸有如此众多的优秀校友,在如此宽广的领域内活动。对于那些花在这些工程学教育方面的纳税人的钱,我认为,我所回馈给社会的要远远多于纳税人花在我身上的钱。"

古普塔还提到了另外一个重要的因素:除了软件行业之外,工程师在印度的待遇并不高。"如果我们付给工程师的薪金不及管理人员,人们就会逐渐离开工程师这一行业。"他耸耸肩,"在计算机科学中,人们仍坚持在工程学岗位上,因为他们能够得到很好的报酬,而且这是一项很有挑战性的工作。""今天,如果在工程学方面有很好的就业机会的话,大部分的印度理工人都会乐于接受这份工作的。"萨拉赞同道,"但是,你不能只是培养了这样一个精英工程师团队,而在他们毕业后,却不能给他们提供一些具有挑战性和实现个人抱负的工作。"

"而且,人是在不断发展的,"他指出,"在印度理工度过几年之后,一旦他们对自己有了更好的了解,他们就会改变主意。"比如说,斯瑞瓦一直都在计算机行业,即他没有离开工程学的领域。他说他是在印度理工走向成熟的。事实上,在将要毕业的时候,他曾认真考虑过要放弃工程学,然后去选修新闻课程。"工程学不应该是你在印度理工所学到的唯一一门课程。"他告诉我,"印度理工在根本上教给你如何去获取知识,如何具有竞争力,磨炼出非凡的才智,以及培养出刻苦的品质。印度理工人在如此多的领域,而不仅仅限于工程学领域,都能有如此优秀的表现,这一事实刚好表明了印度理工教育上积极的一面,这也就意味着印度理工已经有能力做到教育本应该做到的事。它给你获取知识的能力,以及不论你将来选择做什么,都能成功的能力。如果你对世界作出了积极的贡献,那么你留给世人的将会是一片比过去更为美好的天空。如果做到了这些,谁又会去在意你是通过工程学还是绘画才实现的呢?"

当我们日趋成熟时,就会改变最初的主意,不想再学工程学。有一些人,像加拉姆·拉梅什,甚至在参加 JEE 考试之前就已经知道了他不想做工程师。加拉姆是 20 世纪 90 年代印度经济改革进程中关键的幕后人物,是两位财政部长最为信任的得力助手,他现在是印度国大党经济单元的管理人员,经常在印度各个电视台露面,他的面孔已为民众所熟悉。很少有人知道,他最初所做的一切并不是为他今天的经济学家身份而做准备的,他当初在印度理工孟买校区选学的是机械工程专业。"在我 14 岁的时候,我就知道我想要成为什么样的人,"他告诉我,"我想过要去德里的圣史蒂芬学院(St. Stephen's College)学经济学,获得罗氏奖学金(Rhodes Scholarship),然后去英格兰。但我的父亲当时是印度理工的教授,他命令我必须要去印度理工就读。当时的我并没有独立的经济能力,很显然,我的各种花费全部都要依赖于他,所以我被迫去了印度理工。"

在印度理工的第二年,加拉姆去图书馆借了一本诺贝尔奖获得者保罗·萨缪尔森(Paul Samuelson)的《经济学:基础分析》(Economics: An Introductory Analysis)。"我被它深深地吸引了。当我翻开书的那一瞬间,我知道,我 14 岁时的感觉是正确的,成为经济学家才是我必须要做的。"他尽可能多地修学了经济学和数学方面的课程,因为他知道,一个好的经济学家需要很多数学方面的知识。他一方面假装继续在为获得机械工程学的学位而努力,而一旦学位到手,他当即改变了方向,转而用全部的时间来追求经济学。

穆克特什·潘特曾经也很想去圣史蒂芬学院学习经济学,但是他的父亲没有同意。"他可能会认为我去德里之后,会和一帮不怎么样的人混在一起,很有可能是那些嬉皮士,怕我会迷失了方向。这样听起来,印度理工好像会是一个安全的校园。我做了一些无力的反抗,但无济于事。我就被打发到了印度理工坎普尔校区。"他在印度理工的最后一年,参加了印度管理学院(IIM)的入学考试。当印度利华公司到印度理工坎普尔校区招聘的时候,潘特已经把在印度管理学院第一学期的学费交了。来这里招聘的印度利华公司很喜欢潘特,但是潘特是不会去他们那里的,因为他要去 IIM 就读。印度利华公司的招聘人员问他为什么,潘特说他想从事管理方面的职业,而不是工程学方面的。印度利华给他提供了一个前所未有的机会:到我们这里来吧,作为实习生,从事管理方面的工作,而不是工程学方面的实习。有这么好的机会,为什么还要再浪费两年的时间去学习,然后再去争取你现在就能从事的工作呢?于是潘特就和印度利华签约了。

拉曼对此作出的阐释可能是最好的,他说:"如果你是怀着激情和责任去做一些事情的话,那么印度理工的生活将使你终身受益,而且,印度理工总会为你提供一些这样的机会去做这些事情。"

一些校友,也像加拉姆一样认为印度理工的体制存在一个很严重的问题。"印度理工必须有一套有效的'排出'机制,"加拉姆说,"在第三个学年结束的时候,如果你不想继续学现在的专业,那么学校也应该授予你一个基础的科学或工程学学位。然后你走出这个校园,去追求任何想学的东西。如果我们那个时候也有这样一种机制的话,我绝对会做这样的选择。花费 5 年的时间,心不在焉地去做一些不愿意做的事情,你会觉得这 5 年显得格外漫长。更何况我们当中的很多人并不想成为工程师,对于这样的人,学院必须尊重他们的选择,允许他们离开。要知道,当你进入印度理工的时候,还太年轻,一切的经济来源都要依赖于父母,一切都要听从父母的安排,以至于自己不能选择自己认为正确的职业。"

二十二 学院中的怪人

在我决定写这本书前,我曾写信给我印度理工各个校区的朋友,向他们征求一些意见,问他们觉得我在书中应该涉及哪些领域?大多数人的回复中都有相同的一点:你必须写一写那些有趣的家伙。

下面是我在芝加哥的朋友,派迪·帕德马纳潘(Paddy Padmanabhan)写来的信:

> 首先还是来告诉你我从印度理工学到了什么吧,或者,更确切地说,没有学到什么。我当然没有成为热电学或热学或质量转换或那其中任何一方面的天才。我确信,我从印度理工所得到的仅是和一些才智超群的人互动的机会,与他们建立起一些长久的私人关系,这会让我觉得有一种成就感——一种在当时我也不能确定这究竟为何的概念。在我看来,如果你想写一本关于印度理工的书,就应该写一写关于尼赫鲁为印度的未来建立了一所多么伟大的学校,写一写印度理工杰出的校友们,还有印度理工人对国际商务、科研以及学术方面的影响。毫无疑问,你将会找到一些奇特的人物去写。你也可能想借此机会考虑去写一本非正式的、讲述一些奇闻轶事类型的书籍,一本可以深入普通印度理工人心灵的书,一本不管他以后走到哪里,都将铭记于心的书。我不知道你的出版商对此将有何言论,但是,如果有人曾写过这样一本书的话,我想我会去读的。

每个印度理工校区的每一代人,脑海中都留着关于他们那些有趣的朋友以及他们偏离常规的行为的记忆,从孤寂的数学天才到不放过任何一个细节的妄想家。印度理工的各个校区都是让人兴奋的猎奇之地。印度理工学生的社区生活有很强的包容性,在他们看来,除了愚蠢难以宽恕之外,其他一切都是可以接受的。从在公众面前裸体到午夜时分坐在树上,所有的事情都可以不去计较。事实上,每个人都应该有一些怪癖,有一些奇思妙想。至少这是它能存在于我的记忆中,还有那些与我交谈过的印度理工人的记忆中的方式。在刚刚过去的几年中,随着印度理工进入门槛的不断提高,印度理工人变得越来越传统和平庸,如果真是那样的话,这确实令人为之扼腕叹息。

2002年5月,毕业7年之后,我见到了桑乔伊·保罗(Sanjoy Paul)。他是我所见过的适应能力最强的人之一。他驱车来尼瓦尔克(Newark)机场接我。桑乔伊现在在朗讯(Lucent Techologies)任研究总监。去往他家的路上,在他的宝马车里,我们谈起了过去的老同学和老朋友。那个家伙现在怎么样了?知不知道另一个家伙在哪里呢?

我们自己几乎都没有察觉到,我们正在谈论的是那些稀奇古怪的人和事(我所用的"稀奇古怪"一词不带有任何价值评判的意味,只是表明他们的行为逆社会的主流而行)。桑乔伊在想他的一位楼友现在怎么样了,我们称他为品克(Pink)吧。他在印度理工的日子里一直在追求高水平的物理学,而且下棋下得也很出色。他对除此之外的任何事都嗤之以鼻。在餐桌旁,我们大都在热烈地谈论着板球、电影,以及即将到来的竞赛,等等。而品克常常默不作声地坐在那里吃饭,向他周围那些弱智的人群投去轻蔑的目光,这些人总是在浪费时间去担心这些世俗之事。偶尔,他也会抬起头,用他那带有鼻音的独特声调说:"我有一个小问题。"有人问:"什么问题?""噢,没什么,"他常这样说,然后耸耸肩,"我想知道为什么空间是三维的。"他不是在开玩笑,这位19岁的少年,在一个偏僻的小镇上,坐在自己的房间里,试图解释为什么空间是三维的。他所知道的数学知识要比我们在座的多5倍。

桑乔伊曾经问他："品克,难道你没有想过女人吗?"品克说他已经把这个问题解决了。如果他决定要孩子了,那么他会保留自己的精液,然后做一次变性手术,再用它们来使自己受孕,然后生下孩子,最后再做手术,再恢复最初的男儿身。如果基因的繁殖最终是为了子嗣的产生,那么品克认为,完全没有必要为此去和另外一个人保持密切的关系。看样子他不像是在开玩笑。(许多年后,我才幡然醒悟到,一个男人可以通过变性手术成为女人,但这个新的"女人"是没有卵巢的!所以,品克的计划不可能实现。)

品克是个下棋高手。当他被硬拉到宿舍间或学院间举行的比赛中时,他总能轻而易举地打败对手。然后一边走回自己的房间,一边埋怨这简直是在浪费时间。当品克快要毕业的时候,学校决定授予他校队运动员的称号——运动员的最高荣誉。桑乔伊兴奋地将这个消息告诉他,并且通知他一定要出席告别典礼,在告别典礼上他会获此殊荣。但是品克对此一点都不感兴趣,荣誉对他来说没有任何意义。"但是,品克,"桑乔伊请求他说,"我知道你讨厌这些世俗的东西,但是像这样的事情,在你的一生中,可能只有这么一次!人们在台下喊着你的名字,你在欢呼声中上台领奖,这样的事不会再有第二次!""那么,他们在台下喊我的名字,然后我并没有出现在那里,当然也不会走到台上领奖。这样的事情,同样也不可能再有第二次。"他最终还是没有出席那场典礼。

"我很想知道他现在在哪儿,在做些什么呢?"当桑乔伊将车开出高速路时,若有所思地说。在离克勒格布尔这么遥远和离开这么多年之后,"他进了印度钢铁管理局,一个见过他的人对我说,品克买了一个冰箱,但是他把它当书架用了。"

我在印度理工的第五年,一个新生被分到了我们的楼里,让我们叫他朱(Jug)吧。我们早应该注意到他眼神中流露出的那种稍显狂热偏激的神情,可事实上当时我们谁都没有察觉到。当他在第一个周末回加尔各答的家时,我们几个人设法进入他的房间,做"天翻地覆"。我们没有从他房间带走任何东西,但是,他所有的行李箱都被转移到了阁楼上,桌子和椅子被杂乱地堆在床上,我们吃光了他留在房间里的所有食物。接下来的那个周五,当我们几个正在房间聊天的时候,朱敲了敲门,进来说:"如果你们想在我房间里做'天翻地覆'的话,没问题,因为你们和我住在一栋楼里。但是,有一点,千万不要吃留在房间里的任何东西。"那些东西怎么了?"我刚才在房间里留了很多糖果和曲奇,"他告诉我们,"涂了灭鼠剂的。"

对于我们来说那是相当紧张的一个周末,我们几个人48小时都守在他房间的周围,免得又有到他房间来找乐的人。

我还听说过这样一件事,A和B比邻而居。两人在家中度完周末,回到学校,却发现两个房间的位置被交换了,A的被换到了B的位置,而B的则到了A的位置。每个房间的布局和物件的摆设都与原来的一模一样,唯一不同的只是一个房间的东西原封不动地被挪到了另外一间。除了让A和B交换房间之外,别无他法。最令人吃惊的"天翻地覆"是我从一位印度理工孟买校区的朋友那里听到的。一个喜欢在人前显富的富家子弟回到学校,却发现他停在宿舍外的马鲁蒂800(Maruti800)轿车不见了,原来先是被人拆卸,然后又在他的房间内将车子重新组装了起来。他打开门,发现自己的车停在自己的房间里。我觉得这真是令人难以置信,但是,谁知道呢,这也是有可能会发生的。真正善于"天翻地覆"的艺术家们都是富有创意的幻想家,并且他们还有将种种幻想付诸于实践的决心,尽最大的努力去实现他们完美的梦想。

很快,我们对朱有了更近一步的了解。"从小,我唯一的野心就是成为世界上身价最高的一流职业杀手。"他实事求是地告诉我们,"我每年只做一次工作,价码100万美金。我会住在一个岛上,岛周围的海域里游的都是我的宠物——鲨鱼。在岛上,我将和我的美洲豹和被驯服的鹰一起生活。"当品克在房间里冥思苦想那些尚未解决的物理学问题的时候,朱正在绞尽脑汁地寻找着新鲜的和巧妙的折磨人的方法。相信我,他们都是聪明的人,惊世骇俗、富有战斗力的人。朱现在是硅谷的一名软件工程师。

还有汉得卡尔(Khandekar,也是化名),他也在RK楼,但是比我高一年级,他的工作理念是我所见过的最不可思议的。他的日程安排得相当简单,而且一成不变。他从不缺课,每天下午下课后,回到房间,复习笔记,写实验报告,做学术研究所需要做的任何事情。从早上醒来的那一刻起一直到晚饭时间,他就是一个严谨刻苦的学生,脸上洋溢的满是孩童般的天真和认真的决心,是一个令老师和家长都引以为荣的好学生。但是,随着晚餐的结束,他的生活方式就会来一次彻头彻尾的蜕变:他会吞下大量随手可得的麻醉药品,然后在恍恍惚惚中度过接下来的几个小时。深夜,他会和那些与他有相同嗜好的朋友们一起来到餐厅,步履蹒跚,一路摇晃,嘴里含混不清地点他们想要的东西。

曾经有一个令人紧张的夜晚,主管学生事务的教务长决定到我们宿舍进行突击检查,看我们是否都在宿舍里,是否都已按时就寝。汉得卡尔和我的一位好朋友帕萨坐在餐厅里,斜着身子,一副懒散做派,相互之间开着玩笑。他们在这种情况下被教务长发现,可能会受到惩罚的,甚至可能会被留校观察一个学期。那时候我们刚好也在餐厅,然后决定采取一些措施以拯救这些即将遭到惩戒的人。但是我们发现,仅仅依靠那种简单概念上的交流,比如,直接告诉他们"教务处长来了",简直是不可能的。当我们最终设法使他们明白,如果被教务处长发现他们酩酊大醉的状态,他们将面临大麻烦的时候,他们立刻站起来要去跟教务处长争论关于自由的原则和服用使大脑放松的物质的基本权利。我们提议护送他们回房间,这样就不会被教务长发现,但是被他们拒绝了。他们富有激情和正义感地喊着"让我们去收拾他!"、"打倒伪君子!"那时候,我们刚好看到教务长向餐厅方向走来。

我们想方设法来搭救他们,支撑住他们的后背,好让他们能够坐得直一点,在他们每次要开口抱怨和辩护的时候,我们就捂住他们的嘴,不让他们发出任何声音。谢天谢地,我们有几个人坐在餐厅前面花园里的一个黑暗的角落,其他几个人则走上前去和教务长搭讪,分散他的注意力,教务长最后离开了,没有注意到这两位神情恍惚的学生。目送教务长走远后,汉得卡尔和帕萨,还想追上他,和他进行一场"有意义"的辩论。我们费尽气力,终于打消了他们的这个念头。

第二天早上,汉得卡尔坐在早餐桌前,梳洗打扮一番,光鲜地出了门。像其他头脑清晰的学生一样,端坐在课堂上,表现出想要揭开更多工程学之谜的热切渴望,完全不记得昨天晚上发生了什么。而且自此之后,没有一个早上他会记得前一天晚上发生的事情。

期末考试的前一周,汉得卡尔完全戒掉了毒瘾,每天用18个小时的时间用功备考,最终取得了优异的成绩。走出最后一场考试的考场仅仅几分钟之后,他常常是把几粒药片塞进嘴里,到他回到宿舍的时候,药力开始发作,使他可以在以后的48小时里保持那种稳定上升的巨大的快感,一直到他的体力再也吃不消,然后整个人垮掉。印度理工的管理者们也听说过各种各样的关于汉得卡尔吸毒的令人毛骨悚然的传闻,但是他们仍然半信半疑,因为教过汉得卡尔的教授们都发誓说,他们几乎没有见过汉得卡尔逃过一次课,而且他是他们那一届中最为勤奋的学生。我听到的关于他最近的消息是,他现在在印度西部的一家工程公司任首席执行官。

但是,在我的所见所闻中,从来没有一个人具有像汉得卡尔那样惊人的意志力。在其他同样的案例中,吸毒者对学术关注度急转直下、分数急剧下降,许多冒险者至少要补一年的时间才会毕业。

这其中有一个叫桑多(Sandow)的人。过度地吸食毒品和由此而导致的与学业进程的脱节使他的毕业延迟了不止一年半载。我不太确定他到底用了多少年才从印度理工毕业。他比我高两届,当我离开校园的时候,他还没有毕业。桑多以他几乎每天晚上都上演的近乎玩命的高超技艺而闻名于校。在吸食完各种各样的毒品后,他常常睡在三楼的栏杆上。砖砌的栏杆大概6英寸宽,他用脊柱抵住栏杆,身体平躺,就这样睡一晚。任何一个轻微的举动都可能使他失去平衡,跌翻在二楼坚硬的水泥地板上,就算不会摔死,至少也会对身体造成严重的伤害。但他从未从上面跌落下来。这样一个人,一旦认定了是时间该去睡觉,整个身体和精神状态就立刻会垮下来。

另一个和桑多有关的故事是,他缺席某个教授的课将近一个月之久。后来他出现在这位教授的课堂上。为避免引起注意,他坐在了教室后面一排。而且,因为昨天晚上过量吸食毒品,大脑处于一片混沌状态。教授问他:"这些天你到哪儿去了?"他站起来,睡眼惺忪,他想最好是说因为家里有急事,所以回了加尔各答。所以,他开始解释:"我去了加……加……",然后,前一天晚上残余药物的后劲儿来了,最后话一出口,说出的是:"加利福尼亚。"

桑多从未从三楼上跌落下来,但我的朋友帕萨却有过这样的经历。半夜时分,他实在难以克制想在他的朋友——提普(Tipu)——脸上画上胡子的冲动。这么多年之后,我仍不太确定的是,他们两人之间过去是不是有什么积怨,是不是提普曾经趁帕萨熟睡之时,在他的脸上画过胡子?还是,这只是帕萨的一时冲动。但是,事实是,帕萨一边嘴里叼着一只蘸满黑色颜料的画笔,就像一个口咬短剑的海盗正在偷偷地登上一艘商船那样,一边扶着他和提普房间之间的护栏,摸索着向前走。当他试图通过阳台上的那扇门进入提普的房间,去完成他的美术作品时,他失足跌了下来。他从离水泥地面30英尺的地方跌落下来。显然,那种极度刺激的经历很难用语言去描述,也只有那些亲临现场的人才能体会得到(如果有人有幸亲临现场的话)。帕萨从地上爬起来,画笔仍叼在嘴里,他回到自己的房间,睡下了。第二天早上醒来时,残留下来的,只有关于昨天跌落地面时那丝微弱的记忆和脖子上已经凝固的血迹。他去校医院就医,医生立即就让他住院了。

负责管理我们宿舍的是一位和蔼可亲的老教授,他决定要去病房探望一下这个在他保护职责范围内的学生。这个主意可真是不怎么样,因为帕萨的朋友们,汉得卡尔还有其他几位,都在为他提供毒品。帕萨正在飘飘欲仙的状态中度过他住院的时光。负责我们宿舍的老教授确实是个不错的人,他问帕萨这里提供的饭菜怎么样,帕萨实话实说:简直是糟糕透了。教授于是提议要给他带些家里的饭菜,这使帕萨很兴奋。"太棒了,那你就带饭菜给我吧。但我不要吃素的,"他嘴里嘟囔着说,"最好有鸡肉,我喜欢鸡肉。"这位可怜的教授,当天晚上就把妻子做的饭菜送过来了。因为毒品的作用,帕萨仍然处于一种恍惚状态,丝毫没有感动的意思表示。"鸡肉呢?鸡肉在哪里?"他仍不依不饶,用筷子在碗里扒拉,"我特意告诉过你我晚饭想吃鸡肉的。""我,我,我明天给你带吧。"不幸的教授嗫嚅道。"最好如此,"帕萨不满地嘟囔着,一边大口吃着鱼肉,一边说:"还有,把鸡肉做得比今天这鱼再辣一些。"

最后一年,我搬进了V.辛夫(V. Singh)刚刚腾出来的一个双人房间。在极度享乐和懒散怠惰中度过了这么多年，辛夫最终决定从印度理工毕业了。在我们许多人的记忆中，正是在这个房间里，我们看了平生第一部色情片。这还是在盒式录像机（VCR）还没开始普及之前，辛夫大费周折地从加尔各答带来了一部小型放映机和几盒色情录像带。一条白色床单，挂在房间的墙上，就是银幕。放映开始前，他有一段演讲，那种感人的真诚，我至今仍记忆犹新。"朋友们，"他说道，"今年是 RK 楼成立 25 周年，庆典活动也正在筹划中。但是我仍然想为庆典尽一点自己的微薄之力，为这一盛事作出自己的贡献。因此我带来了一些录影带和放映机，我打算到印度理工的各个宿舍楼去放映，但这不是免费的。我筹集起来的钱都会捐献给 RK 楼 25 周年纪念庆典基金会，为的是使庆典办得更为隆重和圆满，因为 RK 楼是世界上最好的宿舍楼，所以这次的放映对所有的 RK 人都是免费的……"他后面的演讲几乎被欢呼声、口哨声和高呼着"V. 辛夫，你真伟大"的声音所淹没。灯光熄灭，放映开始了。

第二天早上，新闻迅速传播到校园的各个角落。一夜之间，辛夫成为印度理工最受欢迎和最得人心的人物。我知道辛夫在许多其他宿舍楼放映了录影带，但是我不知道他是否按他原来的计划收取费用。当然了，从来就没有钱进入什么 RK 楼 25 周年基金会。

另外一个关于辛夫的有名的故事是，有一天中午时分，像往常一样，辛夫醒来了，他一时兴起，决定要去上课。他已经有好几个星期没有去过那栋教学楼了。但是今天他感觉良好，非常诚挚地想要去看一下校园那边的风景。刷牙、刮脸、洗澡，然后穿上他最好的衣服，随手拿起一两本笔记本，迈步朝宿舍的大门走去。突然，C 座的二层上有人高声在喊："辛夫，听说了吗？""什么？"他问道。"姆克什（Mukesh），那个著名的歌手，死了。"他的朋友提醒他。"姆克什死了？我还想什么上课的事情?!"辛夫冲他们吼道，"从来没有像今天这样心情低落！"于是，他又转身回到了宿舍。

辛夫现在是一个成功且富有的商人。

另一个古怪的人——阿吉特，常常是周期性地被各种各样的古怪念头所困扰。一年度完暑假回来后，我们在一起讨论过去的两个月是怎么度过的。"我是在不断吃牛肉和刮脸中度过的。"阿吉特说。我们都目瞪口呆地看向他。"我想要皮肤变得更白皙。如果你吃很多牛肉，然后每天刮很多次脸，你的皮肤就会变得更白皙。"他告诉我们说，"我每天都去那家有牛肉的穆斯林餐厅用餐，大口大口地吃着牛肉。一天一般刮4次脸，现在还在这样坚持着呢。"当然了，他所有这些努力并没有见效，至少，我们没有察觉到。但不管怎么说，阿吉特却是我所见过的印度人中，皮肤最白皙的一位。

但是我们倒不会为此而担心，因为，我们知道，他很快就会有其他稀奇古怪的想法，这只是迟早的事。果不其然，有一天，他从加尔各答回来时带了两把电吉他。"阿吉特，这是什么？"每个人都这样问他。"我想学吉他，"他告诉我们说，"我想成为主吉他手。"这再清楚不过了，现实生活中，他从未碰过吉他，也从未做出任何让我们察觉到他有一丝音乐天赋的事情。但是为什么会是两把呢？"你看，像埃里克·克莱普顿这样的人肯定有几十把吉他，"他有些傲慢地说道，"所以，我想，我应该从两把吉他开始。"几天内，离阿吉特房间比较近的那些人都在考虑搬到离他远一点的地方。每年，他都要固执地去争取加入宿舍楼的摇滚乐队，但令他深感沮丧和愤怒的是，他的努力每次都以失败而告终。"我是这个宿舍楼里学吉他最快的，"他常常这样嚷道，"事实上，也是整个印度理工学得最快的。"这点倒是没错。但是他的弹奏根本就没有什么节奏，更没有什么韵律感可言。"韵律？什么是韵律？"他不满地抱怨道。"最重要的是速度，我是整个宿舍楼里学弹吉他最快的吉他手。"

第一学年的第二学期，我们都被期中的数学考试折磨得快要发疯了。除非我们在期末考试中好好发挥，不然的话，我们的数学会不及格，我们都很担心。从小学开始，阿吉特的数学一直很好，在60个人中排第12名。对他来说，数学不及格简直是无法忍受的屈辱。他决定把它当成一件为荣誉而战的事。他把下半个学期的时间都用来学习数学，当期末来临，他已准备得很充足了，信心百倍地迎接考试的到来。考场上当我们还在艰难地解答问题时，他却仅用了1个小时就完成了本来需要3个小时才能完成的测验。他离开考场时，用看低等生物似的轻蔑眼神，扫了我们一眼，得意地走出了教室。结果，数学这一科他得了最高分，但其他好几科，却没有及格。

二十三 玩具制造商

"去见见阿温德·古普塔吧。"我向达努·罗伊辞行的时候,他跟我这样说。

"他是谁?"我问,"做什么工作的?"

"噢,他可是个疯狂的家伙。"罗伊说,"他在制造玩具。"

"玩具?"一个从印度理工毕业的人竟然在制造玩具?我原以为所有的玩具都是在中国制造的呢!所以几天后的一个傍晚,在位于德里南部的一座政府所建的公寓里,我按响了门铃。我还不知道接下来会怎样,但是我能确定的是,在为写这本书而用去的几百个小时中,我将度过最为精彩的3个小时。

阿温德·古普塔在制作玩具。这些玩具全是这位个子高高的、留着胡须、天性愉快的绅士利用那些被我们认为没用而丢弃掉的东西制作出来的:空的盒子、废胶卷、旧自行车轮胎、旧报纸、没墨的圆珠笔笔芯、火柴。他做这些是为了使孩子们能够制作使自己开心的玩具,同时,还可以从中学到一些科学原理,如空气动力学、水力学、电磁学、声学。

"这里,看这个,这的确很有趣!"他对我说。我发现,在他的起居室里,我也变得和他一样,对此饶有兴致。那里铺了一张报纸,各种各样的零星物件杂乱地堆放在上边。他手里拿着的是一个刚制作出来的小玩意儿。仔细观察,你会发现那只是一块日常用的手电筒的电池。电池的两端连着两片细长的金属片,还有一块圆形磁石绑在电池上,磁石上方悬着一个铜线圈,线圈的两端从金属条的孔中向相反方向伸出来,"你知道这是什么吗?"他问我。我回答不上来。

"这是世界上最便宜的 DC 发动机,"他得意洋洋地说。他接通了线圈的电源,线圈开始快速旋转。金属条除了要支撑线圈之外,还为其提供电流。古普塔已经刮掉了铜导线引线三面上的磁漆,只留一点在底部,与金属条接触。磁漆是一种绝缘体。当他接通线圈的电源时,引线开始转动,于是铜导线与金属条之间有了接触,立即有电流通过,将线圈变成一个电磁体,通过与下面磁铁的相互吸引和排斥作用,这一电磁体附着到电池上,开始旋转,一直持续下去,直到它的南北极方向与下面的永久性磁体的南北极方向一致。此时,带有磁漆的导线又重新与金属条接触,然后线圈就会被消磁了。

"印度孩子在商店可以买到的最便宜的电力发动机价格在 150 卢比,而且还是那种过时的设计。"古普塔说,"但是,每个孩子都可以利用手边的工具,自己制作这样一个发动机,每个人都能找到一块还有一些余电的电池、一些铜导线,还有一小块磁铁。这些金属片来自于平时做菜用的炉灶。你一旦完成了这一制作,你就可以进行无数的试验:如果导线再长一点会怎么样?如果导线粗一点或者细一点会怎么样?如果再加上一块电池会怎么样?你就会试着去找出这些问题的答案,然后从中学到很多关于电子发动机的知识。

他给我看了一个手工制的水泵,是用一个空的胶卷塑胶容器、自行车的轮辐和一根软饮料吸管制成的。他还给我看了他制作的一个算盘,是用三支铅笔插在橡胶拖鞋底上面做成的。每根铅笔上套有 9 个环。他的热情似孩童般富有感染力,我发现我自己都在把玩他的玩具。把那些环从铅笔上拿下来,对橡胶鞋底稍微施加一点压力,鞋底就会凹进去,形成一个凹面,3 支铅笔就会像光线一样向一点聚集,这样刚好解释了凹镜的工作原理,把鞋底向相反的方向施压,3 支铅笔就会像光线一样向外发散,这解释的就是凸镜的工作原理。

"我们对于科学课程的教育总是墨守成规,总以为没有移液管和滴管以及其他一些类似的器具就不能做这些试验，"他一边寻找东西给我看，一边说，"许多学校在这方面都对孩子们设了防，在实验室里，器材永远都是被锁在柜子里的，实验桌上蒙着一层灰尘。我认为，一个孩子对玩具所做的最好的事情就是打破它，试着去了解它的工作原理。鼓励孩子打破他/她的玩具吧！"

据最近的一次统计，古普塔关于火柴棍模型的书，被翻译成十几种语言，现已销售了50多万本。他没有从中牟取一点版税。"我的要求很简单，"他说，"所以，总能过得去的。"

"几乎没有人再记得，"他告诉我说，"每一小片纸都曾是一株鲜活的枝叶或树干。我们都忘了，每支圆珠笔笔芯、坏了的钢笔，所有其他塑胶制品都源自于原油。对于地球，我们都负有一定的责任去理解这一点，对一切材料都应坚持回收和再利用。拿一份报纸为例，它在人手中的寿命长不过3分钟，就会被人们丢弃，但是，除此之外，它应该有更好一点的命运。你可以把报纸折叠成各式各样的帽子，拿来逗孩子们开心，也可以把它做成储物盒，还可以做礼品包装。只需用一把剪刀，你就可以将这些报纸碎片变成扑闪着翅膀欲飞向空中的小鸟，或是叽叽喳喳说话的乌鸦，还有飞翔的鱼、直升飞机、做特技表演的飞机，这其中真的是充满了无限的可能性。"

一切都源于1972年，古普塔作为印度理工坎普尔校区工程学专业的学生去聆听由教育学家阿尼尔·赛哥帕（Anil Sadgopal）所做的一次演讲。赛哥帕是一位分子生物学家，曾就读于加州理工学院，回到印度后进入教育领域。古普塔深受其所见所闻的影响，这一影响的深度在现在可能比他当时所能意识到的要深得多。

到1975年古普塔毕业的时候，霍申加巴德科学教学（Hoshangabad Science Teaching）计划在中央邦已经开始实施了。两家志愿者机构说服政府教育部允许他们负责科学课程的教育计划，以实验和实践活动为基础。由于政府所办的大部分学校中没有图书馆和实验室，没有相关教学设备和教师队伍，科学课程常常由那些没有受过相关培训的老师来教授，他们从来都不曾组织进行过任何实验。学生们为了应付考试，也只是死记硬背书本上的知识。学生们所有其他独立的探索，都被老师们以维护班级秩序的名义而扼杀了。

赛哥帕和他的团队想改变这一状况。这一以正确的方式,通过让孩子们在课堂上做试验的方法,将科学课程教授给学生们的霍申加巴德计划迅速扩展到15个地区,共计有1000多所学校和十万多名学生。"这一计划的目标就是,创造一种不同于以往的教授科学课程的方式,"古普塔说,"以往学校里教授科学课程的方式,甚至是在那些配有实验设备的学校,都是不健全的。平时的教学过程中所采用的都是西方的观念、西方的设备。这实际上是对科学教育的一种疏远。暂且不提设备如何昂贵,最重要的是,如果设备或仪器出了什么问题,我们根本没有什么可更换的零部件。但是利用手头现有的资源来学习科学的机会还是很多的。"

从印度理工毕业后,古普塔去了浦那市的塔塔工程机车有限公司(简称Telco)工作,制造塔塔卡车。1978年,他请了一年的假,在霍申加巴德进修,设计开发适合孩子们的科学玩具。然后去了喀拉拉邦州,与劳里·贝克(Laurie Baker)共事。劳里·贝克是建筑界的先驱者,提倡利用当地的原材料,以及他独特的传统住房空间概念,为穷人提供廉价的住房。古普塔回到Telco继续工作了两年,但那时他觉得他已经找到了自己热爱的职业。他辞掉了在Telco的工作,来到沙赫多尔(Shahdol),与达努·罗伊在一起共事两年。

古普塔于1984年回到德里,闲来无事,他就给耶谢巴尔(Yashpal)教授(Prof. Yashpal)写了一封信。耶谢巴尔当时是卫星电视学校教育项目(SITE)的负责人,他为古普塔提供了所需的机会。古普塔的第一本书得以出版,然后开始制作关于科学的电影,他制作的影片有70多部。他的工作还得到了志同道合的伙伴们的支持。自那时起,他已经完成了将近100本书的写作,包括英语的和印地语的。"印地语是我的母语,但是印地语版本的优秀儿童读物还是太缺乏了。所以,我每天都用5个小时来翻译,把很多其他语种的优秀儿童读物翻译成了印地语版本。"他将他翻译的希尔弗斯坦的《爱心树》(Shel Silverstein, *The Giving Tree*)拿给我看,这可能是迄今为止写得最好的童话书了。"在大众领域内,有许多这样的书籍,我们要做的只是把它们翻译成印地语。"他还给我看了迈克尔·法拉第的《蜡烛的化学历史》(Michael Faraday, *The Chemical History of a Candle*)等。

他已在世界和全国范围内的1000多所学校,为学生和老师组织了专题研讨会。

他一边向我讲述他的经历,一边给我看他的玩具。"这个很有趣!"他兴奋得叫起来,"看这个!试试!多神奇啊!"

"傻瓜往往把事情复杂化,"他说,"简单反倒才是难以实现的。"

霍申加巴德计划开始后的第29个年头,也就是2002年,霍申加巴德科学教学计划被中央邦政府强行停止。尽管政府下达命令时的遣词用句很巧妙,他们认为应该在全国范围内普及政府制定的课程和教材,而霍申加巴德计划的课本和试验只能当做辅助教材,这在实质上宣告了霍申加巴德计划的终结。给出的解释只有一个,那就是参与霍申加巴德计划的学生并没有像其他地区的学生一样在试验中取得好成绩。

和其他许多新生事物一样,霍申加巴德计划也引起了来自社会各方的敌意。许多家长担心自己的孩子会成为某些奇怪试验的牺牲品;那些政府指定的标准教材的出版商和销售人员从一开始就在极力反对这项计划;学校的老师因为学生们不用再交科学课程的学费而对其怀恨在心……

1992年,当印度人民党政府正要停止整个计划时,却垮台了。2002年,国大党政府千方百计要完成它以前所反对的政府未完成的事业。他们都将这一计划看成是左翼分子的某种密谋,他们认定参与此计划的肯定大部分都是左翼分子,但其实这一计划的内容仅仅是提出要用最好的方法将科学知识传授给社会底层的孩子们。他们还认为这一计划有损于国家的教育体制,因为它并没有给予学生坐在教室里就能得到的考试分数和名次,而这些考试对于学生以后的职业选择有着至关重要的作用。

"印度的学校教育是一块贫瘠的土地,即使有再好的种子,也会因为没有适合生长的土壤而注定要死亡,"古普塔说,"我的任务就是要找到一些合适的土壤,好让这些种子能够得以滋养成长。"

我问起关于霍申加巴德计划的梦想,他笑了笑,"我想,政府可能希望将国家整个教育体制置于自己的掌控之中吧。"他耸耸肩说道。

他把刚刚用一个吸管制作的笛子形状的东西拿给我看，他每向里面吹口气，再用剪刀将笛子的另一端剪短一截，笛子发出来的声音就会不断变化，"这样，孩子们就会对振动现象有一个质的理解，"他解释说，"我的工作就是与孩子们打交道，我所看到的任何孩子们能够做的事，以及任何能使他们眼里放射出光芒的事，都是我的工作。"

二十四 学院中的女性因素

提到女生,我们克勒格布尔校区里的女生数量简直是少得可怜。与大约400个男生的数量相比,12个女生只能算是极少数。但是近年来,这种情况已经有了很大的改观,而且学院中大部分的女生都很有吸引力。男生们蜂拥到女生宿舍前,热切地希望能够有机会更好地了解她们。

那些自负的年轻人,也就是比我们高一届的男生们,这些该死的家伙,每天晚上都会让我们感觉糟糕透顶。他们在女生面前总是极力扮演着小丑的角色,来讨好她们。他们总在学院的走廊里游荡,试图找寻到一个可以跟那些大一女生开始交谈的机会。萨罗吉尼·奈度楼的女生们常常在毫无防备的情况下就接到那些男生打来的电话,约她们去沃道夫(Waldorf)或者带有浓郁的印度北部烹调风味的餐厅——Anarkali(简称Anark's)——共进晚餐。如果被一个女生拒绝了,他们就会垂头丧气地呆呆地坐上一整天,第二天仍然衣着光鲜地再次出现在女生宿舍前,去邀请另外一个女孩。我们大一的学生通常要向他们详细汇报这些女生的情况,比方说她们最近的动态,她们有什么喜好,又有哪些弱点。(我们也并非对这些事了如指掌,我们中的大部分人因为太忙于结识这些女孩而搞得筋疲力尽。)如果我们不能把他们介绍给班上的女生的话,他们就会威胁说要揍我们一顿。

印度理工的校友中很大一部分是男生,这听上去令人有些沮丧,但却是一个不折不扣的事实。直到软件成为热门行业,印度人似乎考虑到了工程学对于女性来说是一项相当艰难的职业。我曾就此问题请教过印地立桑教授,我问他:在您看来,为什么印度理工的女学生这么少?他觉得:"这可能就是我们的文化吧,女性没有足够的竞争力,她们没有进入印度理工所必需的那种竞争精神。还有就是,很少有父母会支持女孩子报考印度理工的。男孩子就不一样了,当一个男孩子到了10岁、11岁的时候,父母就开始给他灌输一定要考入印度理工的信念,给这些男孩子们身上施加沉重的压力。女孩子在这方面则是截然不同的。但是也有一种世界范围内普遍存在的现象,那就是,每个国家,除了以前的苏联,从事科研工作的女性数量远远不及男性。"

1981年,印度历史上的第一位女性冶金学家从印度理工毕业了。同年,印度理工第一次招收了机械工程学历史上的第一位女性。报纸对此进行了报道,还登出了那位女性的照片,在一些印度理工校区中的一些院系中从来就没有招收过女学生。由此给学生群体带来的社会影响是非常有趣的。

印度理工的各个校区所处的位置离最近的市区也有一段相当长的距离。今天,不断增长的人口压力,使德里、孟买和钦奈等城市不断向四周扩张,一直到达印度理工各校园区,然后绕过它们,向着更远的方向继续延伸扩张。虽然被淹没在城市中,但印度理工的校园仍然是一个保持着原始的、自给自足状态的隔世岛屿。无论是赶一场偶然的电影还是买一些服装,都可以在校园里面做到,理论上来讲,一个学生在印度理工完全可以不用踏出校园半步,也不用特地进入市区来。在这样的情况下,一个19岁的男生,在校园里可能连续几天都碰不到一个和他同龄的单身女孩子。

在所有的印度理工校区中,克勒格布尔在这方面的命运是最悲惨的。在其他校园,至少可以乘坐公车,在半个小时内到达某些能够看到女学生的地方。对于生活在克勒格布尔校园的我们来讲,这就意味着要坐3个小时的火车去加尔各答。我们在加尔各答的印度管理学院学习时,我的朋友沙克哈·穆拉提(Shekhar Mullatti)曾告诉我说,"即使我背对着餐厅的门,每当有女同学进来的时候,我也能知道,因为所有克勒格布尔的男同学都会自动地将头齐刷刷地转向门口。"这其中的原因,显而易见。

这种性别比例的大大失衡对印度理工的男生和女生都产生了很大的影响。许多印度理工的男生都承认,在毕业的很多年后,与女性交往时仍感觉有些不太自然,主要是因为缺乏这方面的经验。不幸的是,这还使得许多男生有了一种"男人沙文主义"的情绪,将其作为脱离女性群体的一种自我防卫机制。许多印度理工的女生在其学生生涯中被众多男生追捧,导致她们的自我意识膨胀,可一旦出了校园,这种自我意识又往往很容易受挫。

阿莎·托马斯(Asha Thomas)是一个黑皮肤的高挑女性,眼睛熠熠生辉,嘴角漾着微笑,她现在是班加罗尔印孚瑟斯技术公司的行政人员。"印度理工马德拉斯校区有 300 名学生,我是学院里仅有的 9 个女生之一。"她回忆道,"在印度理工,一个女孩总会受到太多的关注,最初是因此而感到心满意足,到最后慢慢变成了愤怒不满。这些家伙希望跟你交谈,然后便想带你出去,这简直让人受不了。而且毕业班的学生比低年级的学生在约女生方面享有优先权,类似这样的事情,真是愚蠢至极。"

当看到少数男生在女生宿舍外排起长队试运气的时候,大多数人会因为没有勇气这样做,或者自认为他们没有机会成功,所以,为了使其这种行为合理化,而常常对那些女生嗤之以鼻。"印度理工的男生一点都不尊重印度理工的女生,"阿莎说,"我们听到一些专门针对印度理工女生所创造的名词,比如说,第三种性别,也就是说,在印度有三种性别:男性、女性和印度理工的女生。"

我问阿莎有没有因为自己是女生而从老师那里享受到一些特权,因为所有印度理工的男生都是这么想的,而且这也加深了他们对女生的敌意。"在木工课或者在车间的时候,老师可能会提供一些帮助,"她说,"因为毕竟我们在体力上处于弱势,我们几乎挥不动锤子,无法像那些男生一样用力捶打。这可能会使那些男生怨气难消,他们可能还会以为,这些女生来接受印度理工的教育,毕业之后就会结婚,永远也不会有机会在现实生活中实践她们在这里所学的工程学课程。所以她们现在的一切只是占据了那些本该在这里学习的男生的位置。有一些男生对女生怀有这种敌意,我还记得,在工程绘图课上,我走到某个位置,而已经坐在那个位置旁边的男生立刻站起来,收拾所有东西,换到其他的座位。"

身为印度理工的女生,另外一个不利条件就是没有太多与人合作的机会。男生们可以就一些科研项目问题互相讨论、互相合作。但是因为女生的活动受到限制,所以就得不到类似的帮助,而不得不独立完成工作。这些限制包括:女生不能进入男生宿舍区,男生也不能进入女生宿舍区,女生必须在晚上规定的时间之前回到宿舍。唯一一个例外是坎普尔校区,男生可以出入女生宿舍,而且对女生回宿舍没有时间的限制。

我在校的那个时候,每年的7月,观看新生的戏剧演出就成为了解新来女生的最热门的策略。在克勒格布尔校区新学期开始后的一个月,学生剧团将上演由新生主演的戏剧,有英语、孟加拉语和印地语3种语言的演出。这些戏剧都是由毕业班的学生导演和监制的。3种语言的剧团互相竞争,为的是能够第一个与最漂亮的女生们取得联系,然后邀请她们加入戏剧的演出。排练通常安排在共进晚餐后,结束于路边的Chhedi's小店。各种各样的男生开始发现他们对于戏剧的激情,他们开始积极参加排练活动,并试着建议那些女生该如何改进表演。金卡纳的秘书是这些天里炙手可热的人物,因为他是唯一一个可以参加3种语言的戏剧排练而不会受到什么惩罚的人。事实上,有时候拥护参选协会秘书的人,为的是,如果他们当选,就能够借机尽早去结识那些新来的大一女生了。

最鲁莽的行为就是直接走到女生宿舍前,按门铃、请宿舍的管理人把他想见的人叫出来。所有这些情景都被那些从这里经过的几十个男生尽收眼底,这对于很多男生来说是一件极损颜面的事情。就像一位印度理工的女生告诉我的:"校园里有很多有趣的男生,而且我也很希望结识他们,然后和他们在一起消磨时光,但是他们从来都没有在我们宿舍前出现,也从未试着联系我们,一切只是因为那种让人不自然的气氛。"

就这样,从入学第一天起,如果你的相貌尚可,那么你就会变得很抢手。高里·拉玛钱德拉(Gouri Ramachandran)是印度理工马德拉斯校区的校友,她与她的未婚夫是在印度理工的校园中相遇相识的。我曾问她,在20世纪70年代中期,一个女性生活在一个以男性为主导的群体中,是怎样的一种感觉?她听完后笑着说:"那种感觉很好啊,因为有这么多的男生追求。事实上是,你希望有多少就会有多少,即使你是最缺乏吸引力的女生。当然了,我认为我并不属于这一类。非常有意思,除了一些态度强硬者和学术型女生之外,大多数女生都还是比较受印度理工人欢迎的。"

"有很多娱乐的机会。"高里回忆说,印度理工马德拉斯校区提供豪华轿车服务,她和她的朋友们可以乘坐这辆车前往阿德亚尔(Adyar)的海滨。那里有几家餐馆,她们想去那里吃晚餐,当然了,她们所在的宿舍楼规定,女生在晚上10点之前必须要回到宿舍,但是这一规定是很难执行的。如果你没有在规定的时间内赶回来,就要在一个本子上登记上名字和回来的时间,但是没有人会为此而烦恼。一些博士生被派来务必保证这些女生及时回来,并保管好这些写有晚归人名字的名册。但是这些博士生还有更美好的事情去做。"不管怎么说,如果真的赶不回去了,那天晚上你就可以不用回去了,"高里耸耸肩说,"你可以第二天早上再回去啊,没有人会知道你在外面过夜的。"

莎米什·阿迪亚(Sharmishtha Adhya)来自于比哈尔的辛德利一个采矿小镇,她是印度理工克勒格布尔校区的校友。我在印孚瑟斯见到了她,她现在在那里工作。"印度理工塑造了我,"她告诉我,"印度理工给我留下的最深刻的印象就是我个人的成长过程。对于那些之前对印度理工的怀疑,我也已经能够以包容的态度去看待它们。印度理工使我成为了一个愿意接纳不同观点的人,使我变得更包容、更开放、更自立、更自信。"尽管有宵禁的规定以及其他一些约束,莎米什仍觉得她在印度理工校园中得到的自由要比她先前所希冀的其他地方多得多。"所以,你才能够真正地得到个人发展的机会。"

这一发展过程中的一部分无疑是要学会如何拒绝过分狂热的追求者以及如何应对各种各样的怪异人物。思瓦曾经给我讲过这样一位研究生的事情。他常常在晚上出现在女生宿舍门前,请求与一位女生见面,等这位女生出现后,他就直奔主题:"我有一位叔叔在加拿大经营一家获利颇丰的公司,"他说,"他很愿意资助我,所以我一拿到印度理工的学位证书,就会去加拿大,取得加拿大国籍。我的妻子当然也会和我一起享受这样的待遇。所以你若与我结婚的话,对你来说意义更为重大。"

如此日复一日,每天晚上他都会来到女生楼前,每次都约不同的女生出来,然后说着简短的同一段话。今天,斯米塔(Smita)回首过去那些古怪的人的时候,语气中流露出一丝怜悯之情,耸耸肩,说:"你知道,这些古怪的人过去常常到宿舍前给我们制造麻烦,有一个人甚至曾经偷偷溜进女生的宿舍里。我直到现在才意识到,他们真的是有一些问题的,只是无法帮助自己摆脱。但是在那个时候,这样的事情一再发生,令人提心吊胆,似乎有很多有这样明显表现的人在我们周围。""我想,作为一个女人",阿莎说,"我从印度理工学到得最多的是信心,我学会了如何在满是异性目光注视的走廊中轻松自信地走过。"

许多印度理工的女生觉得那些男生哗众取宠的滑稽动作既可悲又可笑。"音乐节的时候,"阿莎回忆道,"别的学院的女生追求我们班里那些男生的情形真是很有趣。我们私底下时常会问:谁去追求那个家伙?因为这么多年来好像一直都能在班上看到他的身影……可以说,我们对大多数的印度理工男生都没有太深的印象。"

印度理工德里校区每个学期都会举办一场盛大的联谊会。每个男生宿舍都会邀请女子学院的女生来跳舞或用餐,当然了,这是每个宿舍屏息以待的盛事。日益临近的联谊会常常会激起人们最美好的幻想。我曾向马尼什·提尔问起过这件事,他现在是印度网景公司的总经理,"不错,联谊会的到来是每个学期的高潮,"他也赞同这一点,"公共休息室被装饰一新,那些常年都不洗一次澡、不刮一次脸的人在那个时候都会用心打扮一番,干净整洁地出现在众人面前,完全像换了一个人似的。"

但是,那个夜晚过后,又有多少人会有进一步的发展呢?提尔承认说,那"只是一次幻影,而不是现实"。"至于在那之后,真的朝实质性关系方向发展的,我不记得有。"他说,"这件事并非只有一面,作为一场联谊会,它是有趣的,带有娱乐性质的。如果一个人的目的是要通过此项活动寻求建立一种长远的关系,是根本不可能成功的。尽管如此,它仍然是每个学期中令人期待的一场盛事。"

　　印度理工的男生与女生交往的成功率就像在每次印度理工举办的大学间的音乐节上获胜的几率一样低。在印度理工孟买校区的"芳香之歌",或者克勒格布尔的春季音乐节即将到来的几周内,男生们都在为此精心地策划安排,以吸引即将到来的其他学院的女生。在克勒格布尔,每个人都在热切地期待着加尔各答的莱罗特学院(Leroto College)代表团的到来。在德里,他们期待的是什瑞拉姆女子学院(Lady Shri Ram College)和米兰达学院(Miranda House),在孟买则是索菲娅学院(Sophia College)。但是,不知道为什么,很少有印度理工的男生与这些女生再有进一步的发展。大部分的情况下,他们本来是有机会再进一步的,但是他们却发现这似乎是很难实现的一步跨越,他们甚至不知道该怎么开始与这些女生交谈。他们煞费苦心地用三四天的时间,满心期待着这些女生的出现,最终却只换来了一场空。直到来年,这仍只能是一个未完成的美好幻想。

　　这些活动有益于学生的心理健康和自信心的增强,但也产生了一些有趣的副作用,比方说,已有女朋友的印度理工校友在竞选中鲜有获胜的机会,周围弥漫着一种嫉妒和排斥的情绪。至少,我在校期间的情形就是这样的。我真心希望这种状况现在已有所改变。

　　我在很早之前就认识到了生活中的这样一个事实,那就是影响选举获胜机会的女朋友效应。当我还是大一新生的时候,毕业班的前辈们就给我灌输了这样一种信念,就是让我相信我有成为学校管理部门领导的潜能。从第一学年开始,我就把全部的精力集中到要成为RK楼的秘书长这一理想。所以,被人看到与女生在一起是犯了绝对的禁忌。(除此原因之外,我还没有足够的勇气去接近女孩子,或者在朋友们无情审视的目光下直接走到女生楼前。)三年中我很本分地保持着这样一种单身状态,最后走到台前参加竞选,直到赢得竞选。现在回过头去看当时的情况,也会觉得这确实是种不可思议的行为,但在当时看来却是我能做的唯一正确的决定。

　　我还记得和朋友们的一些悲观的讨论,不知道我们为什么没有认识同龄的女孩子,不知道我们毕业走入社会后还会不会遇到这样的女孩子?到那时,那些令人向往的女孩子是不是早已订婚或结婚了?每次去加尔各答,看到一对对的青年男女依偎在一起,或者在街上兴高采烈地交谈,都会大大加深我们对于未来的悲观情绪。以往的加尔各答之行,关于未来我们会不会绝对,或是永远都找不到适合自己的女孩子的讨论往往都会持续几个小时,最后在绝望与欢喜中摇摆不定。

　　幸运的是,在我的秘书长梦想实现后,我在校园里找到了那位我一直向往的女孩子,而且她还尚未订婚。现在我与她结婚了。

　　关于印度理工校园中性别比例失调的情况,我们很难给它制定出一个标准,来规定事情发展的方向。女生的数量已有所增长,但是男女性别比例还是严重失衡。如果说以前我们的学院,克勒格布尔校区男女比例为40∶1的话,现在大概是24∶1。与以前相比,这已经是很大的进步了,但是对于现在的学生而言,这似乎还是有失公平的局面。

　　在我们的母校度过的50周年黄金庆典聚会上(之前已有相关叙述),几位RK楼的学生向我走来,向我请教如何去解决个人问题还有其他极其重要的问题。"先生,"他们问道,"我们该怎样才能找到适合自己的女孩?我们都听说您已与一个印度理工的校友步入婚姻的殿堂,那么能否请您就此指点一二?""他是这方面的大师。"我指着提拉克,对他们说道,"他在女生楼停留的时间要比我长得多,去问他吧。"于是,他们就去向提拉克请教了。

　　让他们去问提拉克真是一个错误的决定。"没问题,"我听到他告诉这些可怜的孩子们,"你只要够胆量,走到他们的宿舍前,按门铃,邀请那位你觉得最有魅力的女生,当她出来见你时,你就上前告诉她:'我爱上你了,从现在开始,我们也出双入对吧。'最糟糕的情况是什么呢?莫过于她会说:'滚,你这神经病!'那么,好吧,你应该知道你自己的位置了,而且你也没有必要为了约她出去共进晚餐和试图开始一段毫无意义的对话而浪费时间和金钱了。当她走回宿舍,你只需再按门铃,然后约另外一个你认为有魅力的女生,向她提出同样的请求。这样一直重复,一直到有个女生肯接受你的请求或者再也没有女生可约了。无论从哪方面看,你都是一个赢家。如果她们其中一个接受了,那么你就有了女朋友;如果她们都拒绝了你,你也就不用成天眼巴巴地指望着要找一个印度理工的女生做女友了,因为你已经知道,你没有机会了,还是把注意力转移到其他事情上吧,这样,你的生命中也不会再有什么疑惑了。"这些男生还在听他信口开河,"不要浪费时间,"提拉克在鼓动他们,"就从明天开始吧。这是一个竞争的时代,你得在其他人开始行动前获取主动权。"

那些男生有没有按照提拉克的建议去做,我不得而知。我们第二天就离开校园回家了。如果这十几个RK人真的很虔诚地、从语言到精神都执行了他们这位前辈的建议的话,我唯一能想象得到的,只有由此而引起的校园动乱。

二十五 政治环境保护论者

在我为写此书做调研的时候,达努·罗伊的大名真是如雷贯耳。这个名字曾被许多孟买校区的校友提起。加拉姆·拉梅什告诉我说,你非常有必要去跟罗伊谈谈;南丹·尼勒卡尼说,虽然他与罗伊素未谋面,但他却非常笃定地对我说,任何想写关于印度理工学院校友们的人都应该去了解罗伊这个人。

在 Google 上搜索关于罗伊的信息,印度理工孟买校区"杰出校友"的页面出现在我面前。该网页上写着:

阿纳瓦塔(达努)·K.罗伊先生
1967 年获学士学位,1969 年获硕士学位,社会活动家

阿纳瓦塔(达努)·K.罗伊先生通常被人称为达努·罗伊,是一位勇于突破陈规的化学工程师。他工作上取得的突破在于,他向人们展示了在基层工作的工程师如何将技术问题与对社会、文化和历史的认识结合起来。还在印度理工就读的时候,达努和几个志同道合的同学就开始致力于研究如何使自己的所学有助于解决人民的贫困问题。为此,他们开始到孟买附近的小村庄里工作。来自孟买校区和坎普尔校区的学生们组成了一个考察团,研究位于沙赫多尔附近的造纸厂对周边环境的影响。达努最初就是作为其中一员来到沙赫多尔的。他后来辗转去了一个名叫安努普(Annupur)的小镇,为了接触和了解当地人,他开了一家机动车维修店。越来越多的人开始加入罗伊的研究,渐渐形成了沙赫多尔团队。这

一团队开始进行社区居住试验。这一团队所实施的最具重大意义的试验就是区域环境规划研究,这一研究实际上涵盖了这一区域的历史文化、资源基础等领域,然后在此基础上形成发展规划。这一团体逐渐成为一个关于此类事件的"智囊团"。同时,它吸引了来自印度,以及世界各地的众多访问者,其中包括学生、学者、记者等。它也是一个勇于打破陈规、探索新途,应知识创新的要求而成立的中心。它已成为印度社会历史、环境历史,以及以人为本运动史上的里程碑。一直到今天这一团队依然在达努·罗伊的带领下活跃在今天的舞台上。

通过他的妻子——伊拉娜·克戴尔(Imrana Qadir)教授,我在印度尼赫鲁大学找到了罗伊。他身形偏瘦,一头飘逸的银发格外引人注目,眼角眉梢流露出淡淡的笑意。他选择了一个在常人看来简直不可思议的职业,他也从我眼中看到了我对这一问题明显的疑惑,他说:"我把它视作生命中一次不寻常的尝试,我不想让生活在那种平淡如水的朝九晚五中溜走。"罗伊现在将自己描述为一个"政治环境保护论者",管理一个名为风险中心(Hazards Centre)的组织,为社群和组织提供调查、咨询和支持服务。

在非政府组织部门的工作中,给罗伊留下最为深刻印象的就是他在沙赫多尔的试验。他们这一代人,希望为印度社会的发展付出自己的努力,罗伊和他的同伴们在7年的时间里一直停留在沙赫多尔。沙赫多尔就成了他们接受教育的大熔炉。

"我们从达努身上学到了很多,"其中一名和罗伊一起在沙赫多尔的伙伴对我说,"他是个自律能力很强的人,每天早上4点起床,把前一天的晚餐用具都清洗干净,准备好早餐,然后唱一首革命歌曲把我们叫醒。对于那些希望可以为印度的底层人民做些什么的一代人而言,在沙赫多尔的日子非常具有教育意义,并丰富了我们的阅历。"

在沙赫多尔的日子是罗伊开创的这一进程达到高峰的时期,那时候罗伊还未从印度理工毕业。20世纪60年代见证了第一代印度裔美国人在美国的辉煌,他们很想为印度作出一些贡献,于是成立了印度经济快速增长阵线(简称FREAI)。他们中的大部分人都是科学技术人员和行业内的专家,他们将注意力集中在如何利用科学和技术的力量进行社会变革。他们中有一些人回到印度,作为技术人员,去往各个技术学院,成立FREAI的分支。在印度理工孟买校区,罗伊负责监督朋友们每个周六见面讨论下一步的计划。"从某种程度上来讲,我像是陷入了一个圈套,"他笑着说,"我被它套住主要是因为我的积极态度。"

当他完成大学课程的时候,全班同学几乎都去了美国。罗伊和其他两个人反对去美国的提议,所以留了下来。罗伊在孟买校区攻读硕士学位。其他去往美国的印度理工校友,还有FREAI的成员去美国前纷纷来问罗伊他现在该做些什么。"以我非凡的才智,我告诉他们说,不能像以前那样只在周六做,"罗伊回忆道,"如果真的想做些什么的话,那么就要把它当做一份全职的工作来做。他们说,那你就坚持做下去吧。我说,好,我说我会用两年的时间,看这种方法是否可行。"结果他这一留就是4年。

罗伊和由印度理工学生组成的团队一起为小规模的单位作业时面临的问题寻求解决方案。"这很有教育意义。我们发现,印度理工在如何利用科技为人类服务这个问题上所持的观点是不完善的。你需要用一种完全不同的心态去帮助人。比如,有些工厂找到我们说,他们已将树脂涂在了地板上,但是树脂根本就没有黏性,而且因为土壤所含的碱性太强,地板被腐蚀了。团队里有一组技术专家,他们可谓是学识渊博、足智多谋。可问题是,他们所给出的解决方案,要么根本就不能奏效,要么实施成本太高,没有什么实用价值。最终有一位承包商说,用石灰清洗吧。此方法果然有用,显而易见,这也是最经济有效的解决方法。"

"我想,他们在学院受过的教育,更多的是偏向于从高端技术角度去考虑问题,但是他们对于如何将这些知识应用于农村工业中,以及这些知识所适用的社会经济学参数的范围却一无所知,"罗伊说,"因为技术并不是一种孤立的存在,就拿在古加拉特村子里安装一个手泵这样简单的事情来说吧,手泵安装好了,却常常出现故障。如何保养维护?所需零部件是否都能在店里买到?诸如此类的问题,以及种姓制度的问题,比如帕特尔姓氏的人有可能把手泵安在自己家的后院,任何外姓人或社会底层的人都不能使用。"

所以,罗伊的团队将注意力从让技术专家为人们提出解决方法转移到了学习上。"与其说是印度理工人帮助和教导了工人,不如说我们从他们那里学习到的东西更有意义。在一个小村庄,工人们在用手提钻钻井,我们印度理工的校友对于他们如何利用这一工具钻井一无所知。所以一队人用了两周的时间在那里学习,不停地向工人们提出问题:敲打那块坚硬的石头有什么用?敲打沙子地的时候又是在做什么?你如何知道在某一特定点需要停止钻孔?最后,他们发现自己所能做的最快速有效的事就是,将那些钻机的说明书翻译成印地语。这本身就是一项相当具有挑战性的任务了,因为,我们在学院的所有课程都是用英语编写的,而且我们根本不具备用印地语来解释这些术语的能力。"

此时,全印度的人都希望罗伊的团队能够为他们解决当地的问题。团队共有14家分支机构,由30个人全职负责,还有大批志愿者。罗伊开始扮演协调员的角色。根据各个地区的具体情况进行具体的分析,成立不同的专门小组解决不同的问题,并赶赴当地提出解决方案。

1974年,他们中有4个人觉得自己在这段时间里的收获颇丰,现在也是让他们出去一展自己所学的时候了。"这一过程就像是在攻读博士学位,"罗伊说,"首先要为你的选题查阅资料,然后要走出资料室,到实践中检验。我们'查阅资料'就已经用了4年的时间,现在该是我们采取行动来推动这些尚未开拓的新领域的研究了。所以,才进行了在沙赫多尔的实践。"

在那一时期,所有的发展规划都是由政府部门或机构、企业社团赞助的私营机构、民办机构制订的,但所有规划遵循的最基本的理念是:我们是最好的,我们知道该做什么,然后会告诉人们该如何去做。罗伊领导的团队中的其中一个小组去了奥里萨邦(Orissa)的卡拉汉迪(Kalahandi),负责一个由在当地占主导地位的银行赞助的项目。这家银行想了解,为什么当地人都不去银行存款,为什么银行的收支平衡无法实现。这个小组在卡拉汉迪用了4个星期的时间,筋疲力尽而返。调查的结果是,那里的村民们甚至一连好几天都没有食物吃,去银行存钱的问题又从何谈起?

当罗伊和他的朋友决定踏上旅程前,提出了以下疑问:如果某一特定区域内的居民可以自行制订当地发展规划的话,他们将会做出怎样的规划?4年的时间里,他们走遍了百余个地区。他们看到了各种生存状态下的人:部落的、非部落的,洪涝村庄的、旱灾地区的,他们现在想发展出一套统一的地区规划发展理论,即无论工业、农业、环保或其他领域都可以适用的理论。他们必须要在一个相当大的农业区域,收集数据资料,计算并分析它的发展趋势,从而得出适用于全国各地的结论,形成统一的地区规划发展理论。

他们选择沙赫多尔作为试验的对照地区。因为它由对比鲜明的两部分组成,一部分为部落统治,另一部分为非部落形式,而且它还是一个先前从未被民办机构涉足的区域。

首先,小组明确了项目操作必须遵循的原则,一共有三:

一、它并不作为一个注册机构或社团。"一旦成为这种性质的机构或社团,人们寄予你的期望就会增加,"罗伊解释说,"我们决定摆脱这种问题解决者的姿态,这就必须以一种相对独立的身份出现。最后大家一致同意,我们到那里,自力更生。"

二、尽力收集有关整个地区的数据资料。

三、利用以上的综合性数据资料,提出其他可供选择的发展规划。

小组里有两个人开始从事养殖,一个人开了一家照相馆,其他3个人开了一家修理店,维修水泵、发动机和其他设备。每个组员都用去大量的时间来谋生,而且一做就是10年。

罗伊和他的组员原本打算用两年的时间来收集数据资料,他们获取的基本上都是间接的数据资料,然后再用另外两年的时间研究解决方案。到第二年的时候,他们发现官方统计的许多数据都是不真实的。这些数据与他们每天亲眼所见的截然不同。所以他们改变了行事的步骤,开始搜集最原始的数据。他们派出了由学生组成的小组,做了上千份的调查,还有实例研究。做完这些之后,时间已经过去了7年。

"7年之后，"罗伊笑着说，"这也是一种典型的印度理工人的心态。我们收集了如此多的资料，到最后才发现，我们竟然不知道该从何处着手处理这些数据资料！所以我们又用去了一年的时间拜访各个学院，努力汲取关于规划与发展的理论知识，并且还写了一篇关于此理论的评论文章。"

1982年，《环境规划》(Planning the Environment)出版发行，此书是根据他们在沙赫多尔的经历所写的。

"事实上，这本书的主要内容是在讲，我们不应该为人类制订规划，我们只需提出规划的方法论即可。我们在印度理工学到了什么？如何解决问题。怎样才能解决？从多个角度来研究问题。研究压力、力矩和公差以及三者之间如何相互作用。同样的道理，社会中有着各种各样的冲突：社会内部的冲突、社会与自然之间的冲突。问题就是要将这些冲突结合起来，你唯一能做的就是去了解它们之间的相互联系，以及其中一对冲突的解决如何影响其他冲突的解决。这是一种动态的模式。"

要想将这种模式变成现实，规划发展的实施者、政府机构，或其他组织，就不能只是对农场主简单地说："这是你的问题，这个呢，是解决方案。"而是要跟他解释说："对问题进行定性分析更为重要，每个问题根据特性的不同，都有一整套针对性的解决方案，而每个方案又皆有推论，所以只有明确了问题的特性，才能够选择正确的解决方案。举例说明：一个农场正面临虫害，杀虫剂A能将害虫杀死，但是也会将蜜蜂杀死，如果是这样，你还将面临花粉授粉的问题。因此，发展规划组的工作人员需要传达的信息是：我们已经了解了具体的情报，也已据此作出可供选择的方案，我们可以帮助你了解解决问题的过程。"

"经济学家和其他专家都应将这一发展规划过程谨记于心，"罗伊说，"这个过程其实并不难理解，是在人类可以理解并执行的能力范围内的。"

这一组人利用各种各样的形式，如幻灯片展示、戏剧、歌舞等形式，在沙赫多尔宣传这些原则，又用去了7年的时间，并尽力了解哪种方法在哪个地区的效果最好。从根本上说,他们当时所做的工作在今日被称为"科学普及","只不过它更像是'科学启蒙'",罗伊说。最后,他们的工作内容慢慢超出了工程学领域,还涵盖了各种社会和政治问题。在沙赫多尔的这一组人尽力想传达的内容如下:

- 为问题定性的方法
- 解决问题所需的技术
- 如果你可以掌握这些技术,就无须依赖任何人了

"任何一种教育项目都必须有一些评估方法:如若不然,你怎么知道它是否可行?"罗伊解释说,"我们发展出了两个评估方法:第一,在没有对于特定问题,会不会出现一个组织机构来解决这一特定问题?第二,如果已经有一个组织来解决这一特定问题,那么他们是否会考虑转变他们需求的性质来扩展自身的需求?他们能否看到两种需求间的联系?比如说,如果有一个由失业的年轻人组织的机构,他们是否已经从'我想要工作机会'这一需求转变成'我们想让你们来做这些事情,如果你们做了,就会带给我们更多的工作机会吗?'"

不知不觉间,罗伊已谈了很长时间,暮色降临,客厅的光线也开始变得有些昏暗。我一直在笔记本上奋笔疾书。我椅子旁边矮脚桌上的那杯茶一直安安静静地躺在那里,没有动过。罗伊从他的杯中啜饮了一口茶,然后一边把茶杯放回桌子上,一边笑着说:"截止到 1990 年,说实话,我们已经无力支撑,走到尽头了。"

"毕竟那是一种艰难的经历,不断磨损你的意志。不断有一些人离开,另外一些人很快加入进来,然后这些人又离开……如此循环往复,一直到 1990 年,我们只得停止所有项目,宣告解散。我们从中学到了很多,但是我们还是无法理解社会中的惯性。在某些问题上,社会在前进和改变。而在其他的方面,他们却拒绝接受这种改变,正是这种巨大的惯性阻止了这种演变。"

"回首在沙赫多尔的那些年,我并不认为我们在当地留下了多深的印迹,我们并没有给当地带来多大的影响,但我们却从中学到了很多。如果我们能够在逆境中取得一些成就,那么我们可以从中领悟到很多,并将它们应用于工作或生活中的其他领域。我从中学到了很多,其他许多人也是一样。在那 15 年中,有大概 500 人去沙

赫多尔学习。我现在呢,就正在把那个时期的所学全部付诸更为广阔的领域。"

罗伊是最后一个离开沙赫多尔的。他的两位同事仍在那里,但是他们从事养殖,也只是个人的一种行为,没有什么组织。罗伊离开的时候,当地的一些男孩找到他,对他说:"你们走了,你们的项目怎么办?把它留给我们吧。""为什么?"罗伊问。然后,这些男孩,就像罗伊和他的朋友们曾经所做的那样,道出了一番中肯的、条理清晰的言论。他们说:"第一,你们的计划实施方案针对的都是一些年龄较大,而很难再去学习、接受新鲜事物的人,还有诸如此类的因素,若想成功执行这一规划,必须得从小时候就开始培养;第二,你们没有学习当地的风土人情。虽然你们也学习了当地的语言,但那是远远不够的。你们的计划必须得通过当地人来实现。但你们并没有做到这一点;第三,你们并没有将自己的所学有效地传达出来。"

"那就由你们来接手我们的工作吧。"罗伊说。"他们中的一些人现在仍守在那里,开办了一所学校,"罗伊说,"我们三四年前去看望过他们一次。"

之后,回到了家,我常常登录沙赫多尔的政府网站。根据1991年的数据显示,当地受教育水平为27.72%,女性受教育的水平为15.93%,总体受教育水平略高于1981年的19.5%。但是,令人费解的是,女性的受教育水平在最近10年中下降了将近3%。但也可能是打字排版的错误。每年出生在沙赫多尔的孩子有10%以上在5岁之前夭折(至少在1991年收集数据资料的时候是这种情况)。根据当地卫生部门的调查显示,10%的儿童死于疟疾,3%—4%的儿童死于结核病。

那么罗伊现在在忙些什么呢?他在关注安全生存权。环境保护论者越来越强烈地呼吁各工业企业尽快关闭,以减缓生态环境的恶化,生态恶化的最终受害者是那些可怜的工作者。生态的恶化将会导致工厂被关闭或重新安置,随之而来的则是大批工人的失业、生活窘困。罗伊为实现环境与工作者之间的协调发展而做着坚持不懈的努力。

罗伊说,必须从3个角度来理解安全生存权。首先,安全生存权应该包括生活保障。换言之,就是,工人对于工作职位必须有占有权,不能随意剥夺工人的这种权利;其次,生命安全权利,即工作的性质无论如何都不能对工作者的健康造成任何伤害,这些伤害包括,从工厂排出的所有对人体有害的物质、对人体有害的产品以及产品的生产过程,这些有害的物质流出工厂,从而给更大范围的生态环境以及那些与工厂本身无关的人或物造成更大的破坏;再次,它必须是可持续性的。它不能阻碍任何以上三项原则,即生命安全权、生活保障权和可持续性为基础的任何人的生存权。罗伊相信,这样一个对于生存权的定义,可以有效地保护工厂和生态环境,有助于消除二者之间的障碍。

他还是没有完全脱离沙赫多尔的原则。他相信,安全生存权的建立,不能只依赖政府机构、管理机构或司法机构的行为,而必须由劳动人民自己的行动来赢取。而且他很自信,工人们已经掌握了使环境为人类提供安全生存环境的必备技能。"在艰苦的工作条件下,为了使够糊口的工资而从地下深处采掘到少量的具有价值的矿石,为了给富人们的优越生活创造条件而无视自己的基本生存需求,为了维持社会的整体构架甚至无暇顾及全家未来的给养是否已有着落,所有这一切都要求具有一定的生存技能,一种在正常社会中,只有最具冒险精神的人才敢于梦想拥有的技能。"他写道,"从此,要想更进一步获得规划、管理的能力根本无需改变脑力和体力的过程,你所做的只需将现有的、且所有生产过程中固有的天资和才思磨炼得更加聪慧和敏捷。"

罗伊耸耸肩,面带微笑,"我度过了很愉快的一段时光,为这里做一点贡献,为那里做一点贡献,希望所有这些加起来能够在某个时间、某个地点成为某种成就。"

我们都沉默了一两分钟,现在屋子里的光线已非常昏暗。"我去年去了美国,"他告诉我说,"见到了七八十位印度理工的校友,看到他们对我这一生所做事业的关心和尊重,我的心里暖暖的。他们从未涉足类似的工作,他们都是企业界的精英,但是他们都很尊重我们所从事的这项事业,所以说,印度理工的校友们还未迷失方向,他们仍然充满朝气与活力。"

二十六 人才外流现象

不管达努·罗伊的所感所叹是否属实,不管走到哪里,印度理工的校友们仍然活跃在各自的领域,大部分人仍然沉迷于填字游戏,这是唯一没有改变的事实。一提到"印度理工",非印度理工人的脑海中马上就会浮现另外一个词:人才外流。确实,像格鲁·德什潘德、维诺德·科斯拉和维诺德·古普塔这些人,他们所取得的引人注目的成就,令印度人民引以为傲。围绕这一话题又展开了新一轮的争论。2003年,孟买校区组成了专题讨论小组,我非常有幸成为其中一员。另外,还有M. G. K麦农(M. G. K Menon)、帕达姆·维蒲山(Padam Vibhushan)——印度理工孟买校区管理董事会主席兼总理的前科学顾问,还有R. 赤达姆(R. Chidambaram)博士,帕达姆·蒲山(Padam Bhushan)——印度政府首要科学顾问,以及印度原子能计划的前总负责人也都参与其中。我们所讨论的话题涉及范围很广,也有几分沉重,最主要的就是"印度科技的未来,人才外流的影响"。

我们三个对于基本问题的看法是一致的。第一,印度是一个民主国家,所以如果有人打算从印度理工毕业后出国发展的话,我们不要试图去阻止他们。如果他们真的想离开这个国家,他们总会想方设法离开的。即使你费尽心机地制定各种法律来阻止他们,也无济于事。真的没有必要逆他们的愿望而行。第二,事实上,我们应该鼓励每个印度理工的毕业生走出国门(对于印度理工的校友们而言,美国就是"国外"的代名词),开阔视野,置身于发达国家最先进的技术、方式和更多先进的事物中。但如果他们能够在几年之后回国,将自己在国外的所学拿来为祖国效力的话,当然是再好不过了。第三,印度确实应当为他们提供更具挑战性和更为良好的就业和研究环境,以留住这些归国的优秀印度理工毕业生。

麦农教授还谈及了原子能和空间技术,他将二者作为两个不同的领域提及,这令印度的科学家极为震惊。赤达姆博士指出,在发展这两个领域的技术方面,第一世界拒绝向我们提供援助,所以我们别无选择,只能依靠自己。我们在推动科学前进方面已取得了骄人的成果。由此带来的必然结果就是,我们必须将研究的重心放在未来可能被拒绝进入的技术领域,因为被允许进入一个技术领域是地理政治策略的重要手段。印度相关部门还应该将注意力集中在西方研究无法帮助我们的领域。这些领域的问题是发展中国家或印度所独有的,我们不能指望西方的科学家花费大量时间来帮助我们解决。

观众把写有问题的纸条递给我们。其中一些是向整个讨论组提的,还有一些是希望由讨论组中特定的人来解答的。他们提出的问题五花八门,但我们从中也能隐隐感受到一种对于印度科研、对那些优秀工程师的前程,以及对印度民族本身的一种沉重的悲观情绪。对于他们提出的问题,我们一一解答。我们告诉台下的同学们胡恩教授在马德拉斯校区正在进行的工作,告诉他们印度汽车行业曾开发生产出的世界一流产品,还有我们在生物技术、基因等等方面取得的显著成就。一位同学问我怎样才能了解到更多关于胡恩教授正在研究的项目,于是,我把教授的个人网页给了他。

一个指定要我回答的问题惹恼了我。"除了'帮助印度发展'这一不太现实的梦想之外,我们留在这里还能得到什么好处?""为什么非要给什么好处你才会留下?"我向台下的众多男士女士们提出了这个问题,我想,他们当中想问这个问题的肯定大有人在。如果你决意要离开,你会千方百计地离开;如果你认为该留下来,无论如何都会留下的。其实问题的答案就在你们自己心中,只待由你们自己去发现,在这方面,他人也是爱莫能助。

我想,大概是"好处"这个词激怒了我。记忆中,这多多少少与印度政府官员制订的重要的综合经济规划,以及印度工业持续低迷而呼吁政府给予救助有关,时至今日,这种情况仍然存在。提出这个问题的人,接受的是世界一流的教育,每年都会从纳税人那里获得一定的经济补助。而且,在如此年少时,个人的聪明才智就已得到整个社会的认可和尊重。他们是国家倾尽全力培养出来的,可谓天之骄子,他们有什么权利来抱怨自己的祖国?我想起了胡恩教授的那番评论:印度理工的校友根本没有权利来抱怨这一体制。

这是我听完问题后的第一反应,赤达姆博士和麦农教授似乎也很赞同我的观点。

人才外流的问题太复杂。这是每次关于印度理工体制的辩论上都会出现的话题。前印度驻美国大使馆大使阿彼得·侯赛因(Abid Hussain)发表过这样一番著名的言论:"人才外流要比没有人才好很多。"20世纪80年代中期,拉吉夫·甘地更倾向于把流到国外的人才称为"人才银行",国家对人才的需求增加时,还可以从"银行"中提取。另一方面,科学与工业研究委员会负责人R.A.马什卡(R. A. Mashelkar)于20世纪80年代写道:"人才外流给印度的科研带来了多种多样的冲击和影响。无论我们相信与否,在这一人才外流的大潮中,我们确实已经失去了那一代人中一大部分最具聪明才智的年轻科学家。"

而我所遇见过的大部分印度理工人并不这么认为,他们觉得印度并没有因此而损失些什么。"换个角度来看,"萨拉·斯瑞瓦说,"如果说今天印度有什么全球性的品牌的话,唯有印度理工,而且,这一品牌的名声都是由那些身处国外,施展才能的印度理工校友闯出来的。"

南丹·尼勒卡尼一直都留在印度。"申请出国的繁琐程序(领取表格、填写表格、得到教授的推荐信,还要陈述出国理由)使我望而却步,"他这样告诉我,"我没有时间去做那些。"但是,他非常赞同斯瑞瓦关于人才外流的观点,"日益增多的印度理工毕业生走上世界范围内更多更为重要的岗位,我认为印度自身的价值也得到了提升,其国际性影响的范围也进一步扩大。印度理工品牌的创立,对慈善事业等方面也有一定的帮助,"他说,"所以印度理工的校友们正在以各种各样的方式回报着他们接受教育时政府给予的经费补贴。"

　　阿君·马赫特拉说:"我想如果列一张收支平衡表的话,你会发现印度的所得远远大于所失。"在印度理工毕业后,马赫特拉加入了 DCM 数据产品公司,几年后离开那里,与人合伙在印度建立了 HCL 集团公司,之后一直留在印度,只是最近去了趟美国,首先是为了照看在美国的生意,其次是在硅谷建立 TechSpan 公司。

　　马赫特拉的故事有一小段插曲。"从印度理工毕业后,我本来能够出国的,"他说,"我通过了 GRE 考试,有入学证明,以及经济补助。"但是他最终没有去。原因是他想结婚,而他未来的岳父则坚持认为在马赫特拉与他的女儿结婚前应当有一份稳定的工作,这也就意味着他必须先工作一年。所以他加入了 DCM 数据产品公司,所有的安排都很清晰:工作一年,然后结婚,之后去往美国。他知道他可以再次争取到一些经济补助。1971 年 9 月 14 日他终于得到岳父的认可,并于 10 月 8 日结了婚。那时候,他已经被分派到 DCM 电子计算机营销部,担任主管。事实上,他也在实事求是、尽心尽责地管理这一部门,而且很享受这一过程,所以对它难以舍弃。让他再次回到学校,甚至是在美国的学校,去攻读更高的学位,他都有些不舍。

　　但是,不管印度理工的校友们对于这样大规模的移民作何感想,也不管印度最终从中如何受益,我们都有足够有力的经济证据来证明这一问题并非想象中那么简单。两个在美国生活的美籍印度人——哈佛大学教授弥海尔·德赛(Mihir Desai)和德维什·卡普尔(Devesh Kapur),以及皇后大学的约翰·麦克海勒(John McHale)合作用讽刺的手法完成了一篇论文——《印度高科技人才移民美国对财政的冲击》(*The Fiscal Impact of High-skilled Emigration: Flows of Indians to the US*)。在这篇论文中,作者指出,生活在美国的 100 万印度人仅为印度总人口的 0.1%,但是他们的收入所得却高得离谱,基本相当于印度国民总收入的 10%!如果他们当初留在国内,他们的收入毫无疑问会明显减少。

　　在 2001 年的《人类发展报告》(*Nations Development Programme*)

中,联合国发展规划署计算出,由于印度软件专家的移民而给印度造成的损失高达20亿美元,这些人中大部分是印度理工人。早在1976年,著名经济学家贾迪什·拜瓦提(Jagdish Bhagwati)曾建议对这些在国外定居的专家们征收国际税,由其所在的国家征收,然后将所收集的税费转交给这些移民的祖国。这一建议虽然在理论上成立,但是在现实世界中很难找到实施者。非洲的厄立特里亚(Eritrea)是唯一一个采纳拜瓦提的建议,对移居其国的外国移民的年收入强制征收2%的税务的国家。

但是,难道移居国外的印度人不将钱寄回印度吗?一项研究显示,大部分受过教育的人,在这里专指印度理工人,携带家眷移居国外,并且很快融入那个社会中,他们似乎很少寄钱回去。在2002年9月28日关于移民的特殊报告中,《经济学人》(*The Economist*)提到,在预测这些汇款是否可以弥补其智力资本的流失所造成的损失时,得出的结论是,不能。

至于移居国外的企业家在印度投资的纪录,与中国这样的国家比,简直是少得可怜。中国吸引了比印度多十倍的境外直接投资,其中50%以上都来自于海外华侨。而移居国外的印度人对于在祖国投资明显没有如此热情,他们中甚至有一些常常被印度官僚政治的懒散怠惰和效率低下所吓倒。

《经济学人》报告中引用了1997年经济合作与发展组织所做的一项研究。研究发现,在美国学习的印度学生中,有80%的人打算继续留在美国。"如果这些独具聪明才智的人成批地离开,真的没有关系吗?"《经济学人》提出这一问题,接着给出分析,揭晓答案:"就整个世界而言,最具聪明才智的人去往能够获取最多个人利益的地方实践其技能是可以理解的。但是适用于世界这一整体的理论并不一定适合个别国家,这些国家的人才大部分流失到国外。"他们掌握了娴熟的技能,有着丰富的经验,可以为其他人创造新的就业机会。还有,发展中国家的纳税人所缴纳的税款很大一部分都用来培养这些学子们,而他们中的很大一部分在毕业后又纷纷离开祖国。这些移民的加入扩大了他们移民所在的国家的纳税人队伍,而相应的,却使祖国的纳税人数量大大减少。

毋庸置疑，移民美国的印度理工校友们对于美国的经济发展作出了重大的贡献。在之前所提到的哥伦比亚广播公司的《新闻60分》节目所做的关于印度理工的那期节目中，主播莱斯莉·斯塔尔问维诺德·科斯拉："在您看来，印度移民对美国的技术革命的影响力究竟有多大呢？"

"其影响力之深，远远超乎人们现在所能意识到的。"科斯拉说。他想不出哪个主要技术领域不是由印度理工的工程师们所主导的。美国的消费者和商业界也将最终受益于此。

在节目中，纳拉亚南·穆尔蒂还告诉斯塔尔："当然了，尼赫鲁希望所有这些年轻人都能为印度的成功而作出自己的贡献，而且，现在他们也确实在以这样那样的方式为印度的发展作出自己的贡献，今天的印度专家所受尊敬的程度要远远高于美国50年代的那些专家。"而且，在这些成功的专家中，已经有很多人说服自己所在的公司，开始在印度建立分公司。

"但是，美国仍然是这场交易中受益最大的赢家吗？"斯塔尔问科斯拉。

科斯拉没有直接回答她的问题。"在过去的15年到20年间，在硅谷的印度企业家创造了多少就业机会？"他问道，然后回答说，"我猜有成千上万。"

"为这个社会？"斯塔尔仍在坚持。

"为这个社会，为他们所在的这个国家——美国。"科斯拉赞同道。

二十七　住在美国

迄今为止，还没有精确的统计数据显示，自印度理工创立以来，到底有多少印度理工校友已移居海外，但是有人曾估计现在定居在美国的印度理工校友的数量为35000。据我所知，最近一次对于此现象的研究，是由印度理工孟买校区的S.P.苏克哈特姆（S.P. Sukhatme）教授进行的，他将他的研究发现整理成书，于1994年出版，书名为《真正的人才外流》（The Real Brain Drain）。苏克哈特姆教授在书中所得出的结论，时至今日，仍能像在20世纪90年代那般令人信服。

为了这项研究，教授给每个在1973年至1977年这5年间从印度理工孟买校区毕业的校友（共计1262人）发了一封邮件，根据他们的回信，估算出他们中有30.8%的人现在海外。而在海外的这些人中，有82.6%的人是在美国，这点是不足为奇的。这5年间从孟买校区毕业的电子工程师中，有42.8%的人都在国外，那时候的电子类专业是很多人梦寐以求的专业。在这些现已定居海外的人中，有10%是在进入印度理工之前就已决定要离开印度，移居海外的；35%的人是在印度理工就读期间决定的；还有50%的人是因为从印度理工毕业后实在无法忍受在印度的生活和工作而出国的。而这最后一部分人离开的原因正是印度政策的制定者真正应该忧虑的。

大部分的印度理工校友都曾抱怨，萨拉·斯瑞瓦说："你培养了这样一个工程师的精英团队，而他们成才之后，你又不能为他们提供富有挑战性的工作,他们只能选择出国,除此之外,你还能指望他们怎么做呢?"阿君·马赫特拉说:"你们提供了世界上最好的工程师教育,可当这些工程师毕业之时,你们又不能提供令他们满意的机会和挑战,那么,他们除了走出国门,还能有什么别的选择?"

事实上,在苏克哈特姆教授抽样调查的人群中,大约有 1/4 长期定居国外的人都分别回到家乡生活和工作过一段时间,但最终都是郁郁而返。许多人向苏克哈特姆抱怨"人们的冷淡漠然、目空一切的自大,以及含糊暧昧的态度,还有印度政府中腐败与任人唯亲的恶劣风气都让人难以接受"。还有一些人抱怨"一些私营企业中的枯燥贫乏的工作很难达到他们对工作满意度的要求,而公共机构和部门给予的物质奖励远远不够"。

留在印度的人中甚至也有大约 27% 的人有出国的念头。但是碍于他们没有奖学金,也没有任何经济上的援助,他们才迫不得已留下来。

阿什·高亚是印度理工校友中并不多见的从印度理工德里校区计算机科学专业毕业后一直留在印度的人。他更喜欢在印度工作。2002 年,在获得科技学士学位 7 年后,他进入沃顿商学院(Wharton Business School)攻读 MBA。阿什·高亚说:"我问那些很想为这种移民划下句号的人:除了提出疑问之外,你们会怎样对待这些才智过人的年轻人?彻底废除印度理工,任这一天才的摇篮荒废?还是强迫印度理工的校友们留下来,在只需要发挥他们卓越才能中很微小的一部分就能应付的当地行业工作?印度又有多少公司迫于消费者的压力去进行创新改革的?事实上一个也没有。印度经济的发展有没有为印度理工的校友们提供施展才能的环境,从而使他们的才能转化为经济上的收益回报?答案是,没有。"

苏克哈特姆教授在研究中还发现了一个很有趣的事实:定居于海外的印度理工孟买校区的毕业生中,有 76% 的人在离开印度到国外攻读更高学位的时候,原本并没有打算要长期留在国外。大部分人甚至是在尚未做出明确决定前就留了下来。苏克哈特姆引用了两个人的"典型的评论":"完成学业后,我决定先在这里锻炼几年。可是后来却发现,我已渐渐习惯了美国的工作环境,这里永远都有无限的工作机会。我想,这个时候再回到印度,无异于是拿我的职业去冒险,这是非常不明智的决定。因为,在印度,我没有有权有势的朋友,也得不到任何的财政支持。所以我觉得在美国的生活也还算比较优裕。""我认识许多留在美国的印度理工毕业生,他们中为了余生能够继续留在这里而提早做打算的并非只是一两个人,几乎每个人都在做着相同的打算。"但是,这也是循序渐进的。你勤奋刻苦,工作又富有挑战,而且可以拿到一份丰厚的薪酬,每隔几年还会升一次职,你逐渐被这个社会所接纳,似乎永远都走在生命的前方。于是留在国外就自然而然地发生了。

大多数人仍然愿意为印度做一些贡献。82%的人想开办咨询服务的公司;65%的人说他们并不介意在一些教育学院中教授一些精简的课程;还有45%的人甚至愿意回到这里,并长期定居于印度。

"我得承认,我回国时间的选择与另一事实有关,就是我越来越明显地感觉到,我与美国的牵连越来越深。如果现在我还不及时地离开,以后再想抽身会越来越难。"斯瑞瓦说。他在美国待了几年之后回到印度。"我正被卷入一场政治竞选活动,还有一些社会事件中,这是一个来美国的最佳时节,这里有伍斯托克音乐会,佩花嬉皮士(20世纪60年代在美国出现的一批佩戴鲜花,宣扬'爱情'与'和平'的反战嬉皮士),我发觉,年轻是会让人上瘾的。我觉得我的根正在深深扎入美国的土壤中。"

美国社会究竟有哪些积极的因素使得众多印度理工校友在这里定居呢?"舒适的生活"是回答苏克哈特姆教授的提问时通常被提起的最重要的原因,紧随其后的是"追求一流科学技术的使命"以及"强烈的正义感和公平竞争意识"。而在印度社会中,驱使印度理工的校友们移居海外的负面因素主要有"令人窒息的麻木的官僚政治"、"脏、乱、拥挤的城市环境",以及"印度国内一流工作的贫乏"。而在印度西部,导致印度人不归国的最主要的因素为:"文化的巨大差异"、"担心孩子可能误入歧途",以及"孩子的身份问题"。

"那你为什么回来了呢?"我问斯瑞瓦。"有几个原因,"他说,"有家庭的因素。当然了,我的家人从来都没有向我提出过这样的要求,让我离开美国,回到这里。但是我却能够感受得到他们话语间所流露出的那种渴望,他们需要我回来。第二个原因是我在美国的时候逐渐意识到的,如果当时我做了不同于常人的选择,那我会是非常非常特别、非常非常幸运的。在美国,我有一份不错的工作、收入不菲,但是除此之外呢?我想,在印度应该会有更多的机会。在美国,我的去或留于它而言都是无所谓的。但是在印度,情况会不同,它会在乎我的去留。我读的是最好的学校,先是印度理工,然后是哈佛。当今信息技术正在腾飞,我在这里看到了机会,我不想成为默默无闻的那个人,我想有所作为。"

这段对话后的几个月,我在美国旅行,想起了斯瑞瓦的那番话。我不由得在想,无论在哪座城市,大部分的印度理工人都是在一个无名的岗位上,做着一份对雇主的盈亏或整体财富都不是太重要的工作。某种意义上而言,他们都是可替代的。他们都是头脑聪明的人,他们的才能用来应付这些工作是绰绰有余的。但是,把他们放到一个大环境中来看时,他们与其他人相比也并没有什么特别之处。每当我们一想到印度理工,脑海中浮现的总是像拉贾·古普塔、维克特·梅利兹和德什·德什潘德(Desh Deshpande)这样的大名鼎鼎的人物的形象,他们都在其各自奋斗的领域中占领了一席之地。但是他们毕竟只是在美国落脚的众多印度理工人中的一小部分。我觉得,那些留在印度的印度理工校友们对于其所在的公司和行业的影响要远远超过在美国的印度理工校友的影响。当然了,这只是我个人的观点,它有可能是完全错误的。

从美国回来后,我见到了达努·罗伊。罗伊给我讲了他几个月前参加的印度理工孟买校区校友聚会。"所有到场的人,我都认识,"他说,"而且我还发现,我认识的每一个人都曾在或正在印度做着自己的事业,或建立工厂,或成立公司,或提供咨询服务。而他们心中始终有一种强烈的不满情绪,因为人们并没有意识到他们所做的这些贡献。每当人们谈论起印度理工人,他们谈论的往往都是那些身居美国取得了引人注目的成就的校友们。对这些在苏拉特(Surat)或普纳(Pune)创立了自己的事业,并且雇佣了几百名员工为企业服务的印度理工人,却只字不提。他们都是很能干的人,他们为印度创造了财富,并因自己所取得的成就而感到骄傲和自豪。人们谈起那些去往美国的印度理工人时,总会给他们身上增添一些传奇色彩。但是对于留在印度的人或许他们只是在一些政府部门的建设单位任职,或销售肥皂,或做着其他工作。他们只是默默无闻,毫无怨言地做着这些事情。没有人会注意到他们,也没有人给予他们应得的尊重。毕竟,这些人本该去美国的,既然他们选择留下来,就要承受他们现在所有的一切。"

"我觉得我们所有的学生毕业后都应该出国,去美国、德国,或者其他更远的国家。但是他们最终都应该回到自己的祖国,"印地立桑教授说,"除非你特别的聪明,在印度无处施展你特殊的才能,就像诺贝尔奖得主苏不拉曼扬·钱德拉塞卡(Subramanyam Chandrasekhar)那样。旅行可以增长见识,开阔眼界。这样的旅行有着悠久的历史。英国人在完成学业后都会进行一次欧洲大旅行。在印度,如果没有到过贝拿勒斯(Beneres)就不算一个真正的高雅人士。我常常问我的学生们:你们的生命中需要什么?他们常常回答说:挑战。那么,什么是挑战?他们回答:做一些艰难的事情。所以我常对他们说:那就留在印度吧,因为这里的生活很艰难。"

在美国定居的印度理工人拥有的家产至少要包括:位于郊区的一幢两层楼房、房前修剪得整齐的草坪,还有两辆汽车。这难免给那些从印度过来,并不十分了解美国生活标准的人留下一种财富和成功的印象。而事实则是,从与特定社会相关的购买能力、定量的资产和生活方式的水平基准的角度来看(比如说,雇用佣人的能力),在印度定居的普通印度理工人的生活水平要远远高于那些在美国生活的印度理工人。

"一位印度理工的教授的收入,从相对的角度评判的话,可能要比美国的教授高得多,"印地立桑教授说,"在美国,一位教授的年薪为13万至14万美元,这相当于美国人均收入的7倍;而在印度,一位印度理工教授的年收入相当于印度国民人均收入的15到20倍。"

"还有社交生活方面,我感觉到,在印度我可以与很多跟我交谈的人之间都有很好的互动,不论是在社交还是在智力层面上。"斯瑞瓦说,"但在美国,我大部分时间都是在印度人的社区中度过的,但那仅仅是因为他们是印度人,除此之外,我与他们之间真的没有什么共同点可言。一段时间之后,我觉得与他们见面,简直就是在浪费时间。社交方面,也不像在印度那样游刃有余。这给我的感觉是,我根本就没有融入美国的社会。在工作的地方我也没有交到真正的朋友,那种下班后可以一起消磨时光的朋友。我并没有感觉到我是活动于上层社会的人。"

我的朋友提拉克是我所认识的极少数印度理工人中去了美国,而在攻读完博士学位后又回到印度的人。他从印度理工毕业后被印度石油开发巨头——ONGC(石油天然气公司)录用。一年后他去了美国。1988年回到印度,成为电信业大王山姆·彼特达一流团队中的一员,通过一项名为"技术使命"的任务来完成对印度的改造。当我写这一章时,我写信给他:"我正在写关于印度理工人才外流的情况,不知您能否回答我一个简单的问题?我好在书中引用你的回答。这个问题就是:你为什么又回到印度?"

几个小时后,我收到了他的回复:

> 这也许是一个冗长啰唆的答复,我建议你还是摘录其中的几句好了。
>
> 我相信我是为数不多的辞去在印度不错的工作而前往美国的人之一。其他许多人一毕业就离开了,甚至在还不了解留在印度是得是失的时候就已经离开了。还有的人,是在做了各种各样的工作之后,带着贫乏的可怜的经验离开的,他们不想再在印度折腾下去了。
>
> 我有幸看到,在一家大规模的公司里,人在身居高位时是如何驾驭一切的。对我影响特别深的是,当我想到在美国的最初几年,见到的那些印度理工校友们,他们默默无闻的工作和生活与此形成的鲜明的对比。当然,在外人看来他们有着漂亮的房子和车子以及其他。但是,以我当时的世界观来看,在一

二十七 住在美国

个偌大的海外国家中,他们的生活太过平凡无奇了。我也不想成为他们那样。

还有,当我回来时,我是来度假的。一个可以产生影响、做一番大事的机会降临了。当彼特达先生邀请我与他携手共担技术改革,特别是在电信方面的使命时,我相信我可以创造出一种持久深远的影响力。不论是对是错,我都觉得,这可能是我在美国或其他任何一个不属于我的国家中永远都得不到的机会。而且,最终我将会留下这样那样的影响。在执行那项任务的过程中,我努力过,但是在几件事上却失败了。

但是我为山姆所想出来的,像快速扩散的病毒那样势不可挡的一个想法,就是我所设想、构架和使得STD-POD这一模式在电信行业实施的方式。山姆促成了这一想法的实施,为电话大开方便之门,用电话作为敲门砖,改变了这一领域的通例,主要促使政府官员伸出援手,使得这一想法付诸实践。最终的结果是有目共睹的。这一机会使得一种模式由想法变成现实,能与政府的高官携手合作,以及最终看到它的无所不在,甚至是在措塔那各普尔这样的小村庄都有它的存在,所有这些使我觉得我们所付出的一切都是值得的。

我只能在自己的家,印度,才可能做到这些。只有在这里我才可以与大到总理、小到街边小杂货店主人进行自由的谈话交流,才可以轻松自如地评判这一地区的人文和心态。正是这些事情,我才会认为官员的腐败和人们日常生活资源的匮乏是不足挂齿的,留下来的决定终究还是得到了回报。

当我做出决定要回来的时候,脑海中已经没有了钱的概念。只要尊严还在,生命就会继续,偶尔为吸引一些女性朋友的目光,为一些小小的奢侈买单。钱在我看来真的是无所谓的东西。选择在那个时候回来似乎是与主流的想法背道而驰的,而且也是一件很刺激的事情。正值年少轻狂时,你很少会去考虑后果。总是信心十足地要将自己内心的想法转化为现实中的行动。

我认为那个时候的我还太年轻,不想被贷款、汽车和信用卡消费所束缚。

但是那时,在一些人看来,提拉克是很幸运的,因为他可以在印度得到这样一份具有挑战性和令人满意的工作。有这种想法的人中可能也有几个曾回过印度,试图找到一份可以施展其才能的工作,但是,最后都灰心丧气而又返回美国。

事情在20世纪60年代出现了转机。无论是在硅谷,还是在纽约这个最全球化的城市,抑或是在大学校园里,印度人都能很好地融入当地人群中。但是在这些区域之外,大部分印度人的社交生活还是仅限于他们的印度朋友圈。以印度理工人为例,大部分人的朋友圈子几乎全部都是他们在印度理工的校友。不管在美国住了多少年,他们似乎都不会在那里交到太多的新朋友。

这一论点得到了一位女性朋友的支持,当她丈夫在硅谷工作时,她在那里住了一年。"我非常想回到印度,"她告诉我说,"每隔一个周六他们都会和一群朋友聚会,但每次都是相同的一群。而且男人和女人要分开坐,就像来自不同世界的人。男人们聚在一起谈论着工作的事情,而女人们则在另一边谈论着印地语电影、电视剧,以及在美国抚养孩子遇到的问题。为了这样的聚会,一些印度理工人的妻子们会精心打扮一番,穿上自己最精致的衣服,戴上纯金首饰。"

但是,换个角度来看,尽管他们过着类似群居的生活,做一些无足轻重的工作,但是在美国,供水和供电都是有保障的,而且还有一个相对清廉的政府环境,飞机能准时起飞,生活也舒适惬意。而在印度,所有的印度理工人可能都属于收入最高的2%的人群。但是,他们中又有多少人知道哪天会面临缺水断电的问题?

"在美国的生活中的麻烦事要比在印度少得多,"印地立桑教授说,"水、电、法律和社会秩序都被认为是你理所当然应该享有的。印度存在的问题就是管理的不健全。我们有着丰富的资源,而不健全的管理阻碍了我们的发展。而且我们的服务质量很差,无论是铁路售票处的职员还是供电局的职员,还是其他一些岗位的人。"

所以,你愿意生活在何处?每个印度理工人,不管愿不愿意,在其生命中的某些时候都得回答这一问题。

二十八 回到祖国

5月,一个温暖的午后,休斯敦。

我和约瑟夫·斯瑞萨(Joseph Sreshtha)坐在星巴克里聊天。他是印度理工克勒格布尔校区1972届造船工程专业毕业生。后来约瑟夫转而进修了个人理财顾问课程,今天已成为西北互助金融网络公司(Northwestern Mutual Financial Network)的财务代表,负责管理超过7500万美元的投资资金,以及价值7亿5000万美元的保险单。他体态稍胖、开朗而健谈。他已在休斯敦生活了将近30年了。他张开双臂,双手在空中划出一道弧线,将眼前的景色尽揽于胸前,说:"这就是我的城市。"

"我曾想过进入政界,"他告诉我说,"我想加入学校的董事会,因为我认为,我们能为这里做的事情真的很多。"之后,他就发表了一番长达一个小时的精彩言论,我不确定他的观点有多少是可以站得住脚的,也不确定他关于目前印度和美国局势的解读是否正确,但我唯一能确定的是,某种程度上而言,在这里引用他的这番言论是很有必要的。约瑟夫说:"来到休斯敦后,我越来越热衷于参加社会活动。在美国,很少有印度理工人参加到社会活动中来。在我看来,既然你觉得你是最好的(我想,几乎所有的印度理工人都是这样认为的吧),既然你觉得你已具备了领导者的才能,那么你就不能把自己封闭在一个与世隔绝的狭小世界里。我也参与了当地的慈善活动,一个专为帮助印度人而举办的慈善活动,是由一个名为布拉罕(Pratham)的非政府组织举办的,筹措资金的主要目的，就是为了能够使一项针对 20 万贫民窟儿童开展的学前教育规划得以实施。去年，我在休斯敦为他们筹集了 50 万美元的资金，这是在全世界筹集到最大一笔捐款的城市。

"但印度理工的校友们很少在慈善宴会和其他的社会活动中露面，如果你真如传说中的那般神圣伟大，你就应该对你所在的社会有所回馈，有所奉献。他们中有一些人，但也并非多数，倒是经常进出于庙堂。他们一贯的态度是：我们生活在一个属于自己的世界里，自成体系，那些纷繁的世事与我们无关，也用不着我们去操心。

"但是，我们必须要在制定和执行政府政策的委员会中占有一席之地——在地方政府、州政府以及联邦政府中都必须要占有一定的席位，这样，我们的心声最终才能被政府所了解。要做到这件事其实是很简单的，甚至可以说，不费吹灰之力也许就能达成了。我们都知道，雄厚的资金是政治进程的生命线，而印度理工人中又不乏家底殷实的阔绰人士。政治家们竞选国会议员都需要有足够的资金做后盾。如果你那么吝啬，不肯在他们身上花一分钱，那也就别指望这些政治家们会耐心听你说些什么了。参议员和国会议员倒是愿意听你讲，但前提是，你要让他们知道，你是支持他们的，并为此已在他们身上投入了一定的资金，为他们能够竞选成功也尽了一份微薄之力。

"如今，我们总是自以为自己这一代人已经做得尽善尽美，殊不知，我们的下一代也许并不会像今天的我们一样风光。就算在为诸如酒后驾车之类的小事而引起的争论中，你也需要得到他人的支援和帮助，所以，在美国的权力构架内占有一席之地是非常有必要的。美国大约有 600 万的犹太人居民，参议院中的犹太参议员就占了 12 个席位，所以，每次以色列有个什么风吹草动，美国朝野上下都为之惊动。而即便是 5 万人在印度被杀这样的大事件，在这里基本上也不会激起任何波澜。为什么会这样？

"令人失望的是，印度理工人甚至连为印度理工各校区所做的事也是少之又少。在美国，仅克勒格布尔的校友就有 1 万至 1.5 万人。就算每人每年只捐 100～200 美元，累计起来也是一个不容小觑的数目。如果不把校友捐款发展成为一种民间自发的活动，所起的

二十八 回到祖国

作用也只是杯水车薪。你从德克萨斯州农工大学（Texas A&M University）毕业，留在那里度过自己的后半生。在你死后，他们用德克萨斯农工大学的旗帜盖住你的身体，这就是你用一生为身后所换来的荣誉。我的儿子现在在大学，他打算去买一块砖，一块刻有自己名字的砖。这样它就会永远留在那里了——一块刻有尼古拉斯·斯瑞萨（Nicholas Sreshtha）的砖。印度理工各个校区也可以效仿此方法。为每个校友提供一次用他们的名字来命名房间的机会。例如在阿萨德楼 C206 房间：如果有位校友捐赠了 1000 美元，那么这个房间就可以用他的名字来命名。将他的照片悬挂在那里，旁边是他的个人简介以及所取得的成就。这就是美国人筹集资金的方式——去迎合人类最基本的本能和欲望。

"我们再退一步讲，先从每年 100 美元开始吧。校友们毕竟也不都是腰缠万贯，还要为那些囊中羞涩的人考虑，所以还是不要用 1000 美元这样的数字来难为他们吧。印度人从来都不是乐于'奉献'的人，我们必须勇于承认这一事实。在我们看来，接受每年 100 美元的优秀教育是我们与生俱来的权力。我在保险行业工作，其实我看到很多纳税人缴纳的税款都已得到了回报。一位美国的内科医生每年都会向慈善事业捐赠 1 万～2 万美元；而一位年收入为 30 万～40 万美元的印度内科医生，却只捐赠区区的 1000 美元，还为自己做出了这一与众不同的善举而沾沾自喜。硅谷中满是印度理工的校友，他们在那里都有一份薪酬丰厚的工作或收益颇丰的事业。除了阿君·马赫特拉和其他少数人之外，还没有人给印度理工捐过一分钱，那些人都拿钱去购买收益仅为 3% 的美国国债。

"尽量让这些学生在毕业的时候就参与进来，尽早培养他们这样一种意识，是一项艰巨的任务。他们有时候会在口头上应允，以为自己只是随口说说，没有人会当真，而我们要做的就是抓住他们这种心理，偏偏要把这种随口应承下来的许诺当真，促使他们拿出具体行动兑现自己的承诺。我们应该想出一些有创意的点子，比如说，让捐资的校友们为宿舍置办烧水装置、购买计算机或教科书，让捐赠人确切地了解到他们所捐的资金到底去了哪里。让他们觉得自己的付出有所回馈才是关键，要让他们觉得自己的钱花得值。

"许多印度理工的校友们来到美国后都变成了平凡无奇的人。每天只是上班、下班、回家、做祷告,一天的生活就此结束。印度理工各校区都没有开设品德修养这门课。我的女儿现就读于耶鲁大学,刚入学不久,她就开始向我炫耀他们开展的这个活动、那个活动,如何去给那些贫困的孩子们上课,以及如何筹集捐款,等等。学习上,他们也都是优秀的学生,但他们获得荣誉并不取决于分数的高低,而是取决于他们为人类做了什么。

"在这里,工程师并不是一项真正受人尊重的职业,相比之下,医生要受人尊敬得多。所以在印度人的聚会中,工程师并未被当做一种多有成就的职业。这也可能与那些工程师越来越趋于平庸有关吧。就好像是你本来生活在一个空间里,而你却总是想看看或尝试另外一个空间的生活,可每当你刚迈出一步就会遭到别人不断的打击,到最后,你还是宁可退回到自己的小世界中,过着一种自以为还满意的生活。在硅谷的校友们可能完全是另外一种情况。但是在休斯敦,人们通常只是把工程师作为社会中必然存在的一个群体来看待。在这里要想获得真正的尊重,你或者成为一名私营企业主,或者当一名医生,或者做自由职业者。

"我一直在盼望有更多的印度理工校友站出来领导印度人群体。在美国,让我们先来看一下印度人在政治方面的地位吧——我们投入了一定的资金,也支持了很多的候选人,但是我们从未向他们提出过任何让他们回报的要求,我们不是工程师董事委员会的成员,药品检验委员会中也没有印度人,但是在这个国家,每20个医生中就有一个是印度人。

"我们从比尔·克林顿(Bill Clinton)那里得到了些什么?当他支持印度的时候,我们本该趁热打铁地掀起一股让美国永久性地支持印度的浪潮,一种无法逆转的浪潮,我想,我们应该得到的远不止现在这些。古杰拉特(Gujarat)震灾期间,美国政府捐赠了500万美元作为救济金;萨尔瓦多共和国境内发生的地震中,有500人丧生,美国捐赠了1亿美元。以色列人从不会在意究竟是共和党还是民主党在执政,他们争取在政界中扮演一定的角色,只是在维护自己民族的利益。我们为什么就不能这样?作为印度人,我们凭借

二十八 回到祖国

自己的聪明才智,取得了如此巨大的成就,但我们所取得的这些也只是属于个人,并不能代表我们整个民族。

"当印度人在为政治家们募集资金的时候,他们甚至只是满足于能够与政治家们合影留念,然后第二天能在印度的某些报纸上登出与此相关的报道。他们给那些照片镶上镜框,装裱起来,挂在墙上,但是他们从不曾借此机会向这些政治家们挑明究竟是谁在为他们筹集资金,也从不曾建议他们在一些问题上要投印度一票。在移民问题,以及许多其他问题上,我们都需要帮助,只是我们忘记了要提醒这些参议员和国会议员应当在某些时刻站出来为我们说几句话。印度理工人从来都不缺乏接近这些政治家的机会,只是他们并没有发掘自己的领导潜力,最终也只是眼睁睁地看着这些机会白白溜走了。

"我将要进入休斯敦食品监管局,我的闲暇时间基本都用于此。但我还得去另谋工作,养家糊口。但是那帮有钱的家伙就不一样了,他们就可以雇用他人,对政治家施加影响。当瓦杰帕伊(Vajpayee)总理来访时,他们可以拿起电话告诉 NBS 或 CBS 必须要在节目中留 15 分钟的时间给这位世界上最大的民主党领袖!印度和巴基斯坦边境剑拔弩张,双方可能掀起一场战争,而且很有可能是核战争[①]。但是,人们在第二天美国的电视新闻和报纸上看到了什么呢?失踪女孩钱德拉·莱薇(Chandra Levy)的尸体被发现了。

"今天,每当印度人组织一次活动,希望邀请一位政治家出席时,他们总是说:先把邀请函发给我吧。而这也将是你从他们口中听到的最后一句答复。但是,他们可都是从我们这里得到过资金支持的人啊。而当犹太人有什么活动时,他们的态度顿时来了180度的大转变,政治家们往往是排着长龙,一一等着发言。

"在美国的印度人应该积极参政并始终保持这样一种积极态度,像现在这样一盘散沙的情况对于我们的争取根本无济于事。他们只是在利用我们,而我们从他们那里永远也得不到什么回报。

"应该有更多的印度理工人站出来领导这项事业。这看起来很

[①] 2002年5月,我见到约瑟夫时,印度和巴基斯坦正在边境对峙。

符合我们在印度理工中学到的逻辑发展规则。在休斯敦的印度人口有10万,我了解他们当中谁是谁、谁在做什么,但印度理工人从未在媒体前露面。一位政治家曾告诉我:要本着为后代子孙的利益着想的原则从政,若只是为了自己的个人利益,无需涉足政界。你们都是成功人士,但你们的子孙可能不是,他们可能成为罪犯、吸毒者,他们能得到的最好的工作也可能只是门卫而已。

"很快,印度人也会像你现在所看到的在星巴克工作的这些人一样,接受客人的订餐,提供咖啡和其他服务。他们不会打算去哈佛或耶鲁。在美国,如果一位黑人因吸毒而当场被抓,他有可能被施以暴力,而如果换作是白人,不过只是被训斥几句了事。很快,这样的事就会发生在印度人身上。我想你明白我在说什么,对吧?若只是为我们自己考虑,我们根本不需要这些,但至少我们得为我们那些即将成为美国人,而又不像我们这般聪明,以至于得不到在IBM供职机会的子孙们做些什么。最近有一场为民主党的狄克·盖帕特(Dick Gephardt)筹集资金的活动,每人1000美元。而休斯敦的10万名印度人中,只有3个人参与了这场活动。只有3个人!

"这个国家,美国,给予我的远远多于我在印度能够得到的。我在马札冈(Mazagaon)船坞公司工作9个月后,因与工人谈话而遭到管理部门的不公正待遇。这件事始终印在我的脑海里,我们可以将印度人的价值观铭记于心,但我们也不能因为美国人喝6瓶啤酒或在海边烧烤就认为他们愚蠢。那也是他们的文化。

"我们这些口口声声一直将印度人的价值观挂在嘴边的人,也并没有在这里创立任何一个有效的体制,将民族的语言和文化传授给我们的孩子。我们只是在不断地建立一座又一座的庙宇,但这种'庙宇文化'却无法得到孩子们的认同。我们为什么不能花些时间,将这些祷告翻译成英文呢?但是,我们没有,我们只是热衷于建立庙宇,建立起的庙宇反倒一座比一座更气派,但孩子们对于这些代表什么,却毫无头绪。他们不明白,为什么他们要去经受这些宗教仪式。

"我们这里有一座米纳克希(Meenakshi)神庙。那儿有结婚礼堂,但不允许人们在那里喝酒吃肉,照这样的话,这所教堂几乎派不上什么用场,因为孩子们还必须邀请一些美国朋友来参加他们的婚礼。结果,那些建立起这些教堂的人不得不花费 2 万到 4 万美元另觅地方为孩子们举办婚礼。我们的孩子们根本无法理解前辈们的这些'梦想'。看看这些坐在你身后的孩子们,看看那些女孩子,穿迷你裙、露背装、短裤、嘴里叼着烟:印度人的孩子们终有一天也会变成这样,他们会想为什么不呢?这难道不是他们的国家吗?美国的生活方式不就应该是他们的生活方式吗?

"印度理工人应该成为领导人,学校从一开始就是按照这样的标准来培养我们的。"

约瑟夫自顾自地讲了将近一个小时,我一直在疯狂地奋笔疾书。我发现我真的没有开口的机会,根本插不上嘴,更不容得我有半句评论。约瑟夫把我送到我的朋友帕萨·查特的家里,那是我在美国落脚的地方。约瑟夫的声音,他的话语仍在我耳边回响,仍在敲打着我心里的某个地方。

苏克哈特姆教授说:"决定在美国永久定居并不意味着我们对于在美国的生活感到百分之百的满意。每个人心里只是觉得走到今天这一步已实属不易。这种深感不易的感觉从根本上起源于社会文化的差异……这些差异导致我们在这个社会中缺乏一种认同感。种族差异也会引发很多问题……所以看到这些移民和他的家庭生活只是局限于几个让他们有安全感的朋友,也是不足为奇的……由于文化差异而造就的这种认同感的缺乏,稍后也会在孩子们在美国的成长中有所体现。他们该在哪一套价值观念下被抚养长大?父母们会不会按照印度社会所期望的行为准则来教育孩子?这些问题都不是轻而易举就能解决的。"

在对所收集的数据进行分析之后,教授得出的结论是:如果最初做出了努力,防止这些人与自己的祖国日益疏远,而且如果在他们完成在美国的学业的一两年内,印度能为他们提供一份合适的工作,那么他们很可能会回国的。

但是最好的解决方法就是,如果政府能够尽早地,甚至在他们进入工程学院或者医学院之前,就能发现这一代人中颇具科学头脑的最优秀最聪明的学生的话,那么,苏克哈特姆教授建议说,利用国家科技精英选拔测试的结果,以及国家等级统一考试,还有工程学院和医学院入学测试,每年都会有1万名优秀的科技人才脱颖而出。现在,如果政府对这些学生的成绩进行跟踪的话,到毕业的时候,名单上还将会剩下500个人。政府可以授予他们"优秀国家学者"的称号,并将他们作为一流的精英那般呵护培养,保证他们在追求更高学位教育的过程中无任何后顾之忧。

他们中90%的人可能会选择留学海外。不要千方百计地试图去阻止他们,政府或印度的科技企业要保证始终与他们保持联系,这样他们就不会对印度有一种疏离感。当学者们在美国完成学业后,在国内或是相应的公司、大学或科研实验室,给他们提供一个与其技能和兴趣相当的职位,并付给他们略高于同一职位上的其他人的薪金。这将会为这些精英中很多人回国提供一个合适的机会。苏克哈特姆预计,他们中能有50%的人会回到印度。

印度理工坎普尔校区成立的时候,的确做了类似的努力。学院向居住在美国的上百名教授发出邀请,请他们到学院执教。学院为其报销回国旅途中,以及举家搬迁过程中而花费的所有费用,并为他们提供良好的食宿条件。他们中的很大一部分人接受了邀请,坎普尔校区这一工程学院就在这样一群最具聪明才智的教师队伍的带领下开办起来了。

显而易见,从长远来看,当一个发展中国家日益强大,许多旅居海外的人就会纷纷回到国内。类似的事情在今天的中国、韩国等国家屡见不鲜。纵观历史,爱尔兰历史上曾出现过大规模的移民浪潮,爱尔兰人纷纷移民国外。但在今天,每年回国的人要多于出去的人。但是依照目前的情况来看,要使这样的事在印度发生,依然任重而道远。

但是,就像其他极其合情合理且绝对切实可行的构想一样,印度政府部门对于苏克哈特姆教授提出的策略仍然无动于衷。相反,我们的政治家们总在发表着长篇大论,吹嘘他们是如何甘愿付100万卢比给那些拒绝出国,而愿意留在国内潜心进行科研的印度理工毕业生。发表这番言论的政客,对于他们正在试图解决的问题的本质,根本就一无所知。

二十九 班加罗尔50年庆典

印度理工人在民族建设中的作用,是印度理工50周年庆典的一次会议上所提出的一个发人深省的话题。2月的一个早晨,我和我的朋友一起前往班加罗尔。我们两个一致认为,周日的早上,无论如何都不会有足够多的人到场,大会肯定不能按时举行。但我们到达的时候,大会主席加拉姆·拉梅什已经致完开幕词(他在开幕词中还提到了我,但我当时没有在场,这使我深感愧疚,他说:桑迪潘可以帮我想起这些的……桑迪潘!桑迪潘在哪儿?他肯定在这礼堂的某个地方,我们昨天晚上搭乘的还是同一个航班呢,所以,他一定在这儿……),我们到场时,R.戈帕拉克里希纳关于印度理工品牌的演讲刚好进行到一半。

会议日程是这样安排的:5位优秀印度理工毕业生将分别就有关印度理工的不同话题做一次演讲,两位印度理工的董事,还有两位来自于其他两个校区的教授也将在台上回答台下观众的提问,并参与讨论,还要就目前各自所在校区的情况做报告。

戈帕拉克里希纳之后,阿肖克·胡恩上台。他向礼堂内五六百位印度理工人讲述了TeNet的故事。这些观众从德高望重的退休老人到8个月前刚刚毕业的印度理工人。还有一些校友正不断地从曼谷、墨尔本等地飞来参加这一庆典。毫无疑问,这是印度有史以来印度理工校友们最大的一次盛事。现在正是抚慰人心、自我反省,以图长远发展的时刻。"我们必须明白一点,仅仅'做好'是远远不够的,我们的技术必须要达到世界领先水平。"胡恩教授说,

"为了达到这一领先水平,我们需要实现一次技术上的腾飞,而且这一腾飞必须由我们自己来实现。"

坎普尔校区校友 P. 巴拉兰(P. Balaram),他现在是印度科学学院教授。他提出了3个问题:"印度理工各校区对于印度科研成果的贡献是否符合50年前建校时人们赋予它的期望?对于品牌价值和本科生教育的过分强调是否与科研相冲突?这些精英们为庆祝印度理工的巨大成功而举行的盛会是否表达了对此事的关切?"

他给我们展示了他所绘制的印度理工在过去50年中"品牌资产"和"印度科研成果"曲线图。品牌资产曲线在过去的几十年中一直保持连续稳步的上升态势,而科研成果曲线的形状则像富士山,前几十年处于平稳上升的态势,到后面开始走下坡路。巴拉兰教授说,人们评价印度理工体制下所取得的学术成就,正面的赞扬不外乎三句话:印度理工是精英本科生的聚集地;它的校友们在全球取得了令人瞩目的成就;它引进的都是最优秀的学生。消极的评价主要是:大量人才移民国外,包括地理移民和学科移民;对研究生教育和科研的重视不够;科学教育与技术应用日益分离。"尼赫鲁建立印度理工的时候,"这位分子生物物理学家说,"并没有明确地划分科学和技术的界限,但是,随着时间的流逝,印度理工各校区已经将其最初被赋予的进行科学研究的使命抛到了九霄云外。"

巴拉兰还认为,地理移民所造成的损害远不及学科移民在这方面的威力。地理移民意味着,一个人,不管走到哪里,仍可将其在课堂上的所学应用于现实生活或工作中,仍然可以丰富人类知识的主体。但是,学科移民——人们离开在学校所修的工程学或其他专业转而去卖香皂,这就意味着学院之前对于他们在某些学科和领域的培养都白费了。

印度理工孟买校区负责人阿肖克·米斯拉教授(Ashok Misra)反驳说,他并没有把学科移民当做值得令人担忧的事情。阿卜杜勒(Abdul)成为印度总统,不也是一种学科移民吗?至于研究生教育,目前在印度理工孟买校区的学生中,研究生占了60%。来自其他印度理工校区的代表们也纷纷提及他们所在的校区所参与的各种各样尖端技术的研究。"印度理工已经开发了许多新技术,"米斯拉继续说道,"但是它们中有一些可能将永远无法面世,因为它们所在的是国防技术领域。对于印度轻型战斗机的开发,以及许多其他我们不可言说的国防和空间科研项目,印度理工都作出了不可磨灭的贡献。"不出所料,有人站起来问,那这些杰出的校友为什么不给予一些财政上的支持,为这些进行基础科研的精英们建立一个科研中心?

接下来出场的是果阿地区首席大臣曼诺哈·帕里卡,他是印度理工孟买校区的校友。他的演说立刻使观众的阵营出现了分化。"印度理工的校友们在政治上面临的主要问题就是在政治领域没人能明白蹩脚的笑话①,"他说。台下的观众因兴奋而狂呼。"我进入政界的时候,我常常讲这样的笑话,而且常常自以为它肯定能引人发笑,可结果却是,周围的人常常听得一脸茫然。"

继而,他变得严肃起来。"当人们抱怨政治的时候,他们实际上是在抱怨那些不称职的无能的政治家,这些政客的视野不够开阔,眼光不够长远,不能总揽全局,"他说,"以中国为例,事实上,中国的领导人有长远的眼光,他们不仅仅局限于眼前的两年、五年;而在印度,如果再没有卓越的领导人站出来认真考虑这些问题,人们对待政治的态度仍不及印度理工对生物技术领域那般热衷的话,印度的政治状况将永远不会有所改进。"

帕里卡接下来给我们讲了一个有趣的理论,虽然用在政治上可能有些不太准确。"独立之前,"他说,"中产阶级与政治紧紧相连。领导者都来自受过教育的中产阶级。贫苦人民被生活的重担压得喘不过气来,每天为了生计四处奔波,根本无暇顾及政治,更不用说积极参与了。但是,独立后,印度的中产阶级似乎更热衷于将更多的精力投入到建设硅谷中,而不是去参与政治。我相信,如果中产阶级再不投身于国家的政治进程的建设中,他们将永远无法掌握强大的领导权。而印度理工的校友们又都是中产阶级的最好代表。所以,印度理工的校友们必须从政,来领导印度政界。"

那么,印度理工的学位又能使你在政治上占有什么优势呢?"印度理工的教育培养了你必胜的信念,而这种信念又会感染与你

---

① 蹩脚的笑话是印度理工的传统。

共事的人,使他们也信心百倍。甚至在你不知所措的时刻,你仍能感受到这一信念的存在。"他说他能更好地识破周围的政治家所耍的伎俩,因为他曾是工程师。而且他认为,学分在 5.5—7.5 之间的印度理工人在以后的生活中会更加容易成功。

在帕瑞卡之后上台的是尼勒卡尼,他就大会的主题,即印度理工各校区以及它们在民族建设中所起的作用,做了一番慷慨激昂、滔滔不绝的演讲。印度理工的校友们已经受到印度政府所能提供的最好的教育和技能培训机会,因此毕业后他们需要对社会有所回报,分享他们在印度理工所掌握的知识和技能,以及财富和名望,这些都是印度理工人义不容辞的责任,并且将有助于将印度建设成为更加强大、更加平等、充满生机活力的国家。他称那些建立起印度理工各校区的人为"社会企业家",是他们为成千上万的毕业生创立了这一带来财富的体制,然后通过这些毕业生,又为其他的成千上万的人创造着财富。他认为,继续放眼展望未来是每个印度理工人不可推卸的责任。

关于企业家精神和印度理工各校区,尼勒卡尼谈到,各校区应该为培养企业家提供良好的"生态系统",就像斯坦福大学为硅谷的企业们所提供的系统那样。"硅谷任何一家公司,追根溯源都与斯坦福有着千丝万缕的联系。麻省理工学院也是如此,波士顿地区的几乎所有的技术公司,都或多或少地在某些方面与麻省理工学院有着一丝联系。为了培养更多的企业家,至关重要的一环就是需要有一个教育基地,具备完善的教学基础设施、教学设备,提供知识基础和咨询指导。要使这种企业家联盟的基础更加稳固的话,我们需要在印度理工周边开设大规模的公司群。"

印度理工的毕业生非常适合做企业家,尼勒卡尼说,"我们在课堂上学到了很多,"他说,"但是我们在课外学到的似乎更多,无论是在运动场玩,在各宿舍住,还是为竞选备战,都使我们具备了成为成功企业家必备的技能。"

麦克风在礼堂四处被递来递去,方便观众来提问或做评论。尼勒卡尼的演说结束后,我设法抓到了其中一支麦克风。

"南丹在刚才的演讲中提到,对于印度理工人而言,课外活动是何等的重要,"我说,"我在过去的 12 个月中走访了印度理工各个校区的校友,除了那些刚刚毕业不久的校友之外,我见到了聚集在这里的大部分校友。我已经有很长时间没有回母校了,也是最近才对那里目前正在实施的惩罚制度有所了解,比如说,在大部分的印度理工校园中,所有的文化活动都必须在晚上10点半之前结束;在一些印度理工校园中,如果学生吸烟被当场抓住,将会面临500卢比的罚款;还有一些学生因醉酒而被留校观察一个学期。大部分的印度理工校园中,这样的制度大大削减了学生们能够组织的文化活动。我想在场的诸位应该还没有察觉到这些变化吧。我也只是想让各位对于印度理工目前的课外生活情况有所了解。"

几秒钟的沉默之后,马德拉斯校区的校区负责人阿南斯教授笑着说:"不光在座诸位,甚至连我自己都没有察觉到这些变化。"

有那么一刹那我想反驳。我想对他说:"先生,您肯定是知道这些的,学校管理机构颁布的校规有明确规定,所有的文化活动都应在晚上10点半之前结束,因为教授们觉得这些噪音打搅了他们的美梦,影响了他们的睡眠。在今年的'芳香之歌'中,学生们与这些规定玩了一个'擦边球',他们在十点半的时候开始放映查理·卓别林的无声电影。孟买校区今年规定,学生在一年之中最多能开展4场文艺活动。为什么要限定辩论赛和朗诵竞赛的次数?这个问题还真难住了我。在克勒格布尔校区,多年以来,不允许将西方的乐队邀请到校园中进行演出,因为摇滚乐会腐蚀他们的道德。在德里校区,我见到了一些学生,校规里的相关规定似乎有些威胁的意味——如果他们被发现在宿舍的走廊上打板球,将会面临500卢比的罚款。先生,如果您说您对此还没有察觉的话,那么是时候该让自己意识到这一点了,因为您将不会从这咖喱味浓郁的制度中再培养出太多的企业家和有创意的思想家了。"

但是我什么都没说。坐了下来。这一漫长的时刻终于过去了。"那么,这就是关于印度理工中生活改进状况的报告。"大会主席加拉姆说道。下一个观众接着进行评论或提问。我觉得我自己像是个傻瓜,内心忍不住责怪自己。

但是,当我走出会场的10分钟后,对于世纪之交的印度理工体制所面临的各种各样的问题,我知道我已经有了一丝头绪。

三十 给印度理工各校区负责人的建议

我们为什么要为印度理工学生能否在晚上10点半以后表演节目而烦恼呢?为这样的事焦虑,听起来确实有些愚蠢,不是吗?一连几个小时,我都觉得自己像个傻瓜一样,竟然在这种致力于讨论崇高话题的场合提出这样一个不合时宜的问题。所谓崇高的话题不外乎是印度理工在民族建设中所起的作用。

但是,印度理工的校友肯定知道我为什么会提出这样一个问题。而且,任何读到这里的读者肯定也会欣赏校园生活在一个人个性的形成和能力的培养过程中所起的巨大作用。另外,我认为与此相关的还有一条更为重要的原则——个体自由的原则。

既然在场的印度理工各校区负责人对于他们所在校区的1984年的规章制度不甚了解的话,那么,出于为他们着想的目的,我在这里列出一些在我走访各个校园时给我留下深刻印象的事。

2002年1月,我和提拉克参加完印度理工50周年华诞的庆典后,我给几个克勒格布尔校区的朋友发了几封邮件。第一封邮件中洋溢的满是重游校园时的欢乐与怀旧之词。但是,第二封邮件的内容,似乎就没有那么温馨了:

在RK楼,大概只有25名学生热衷于除了埋头苦学之外的任何事。体育队、西方乐队、东方乐团、戏剧团、辩论赛、学生管理处等地都能看到这25名学生活跃的身影。为了进行比对,我去LLR楼,试图找出这种"不幸"的特性是不是RK楼在过去几年中日益形成并为其所独有的,但事实并非如此,LLR 的情况与 RK 如出一辙。除这 25 名学生之外,其余的 275 名学生之间鲜有沟通联络,他们缺乏人际交往的技巧,甚至不知道自己的隔壁住的是哪位,他们除了拼命苦读之外,对其他事物丝毫不感兴趣。

以下是我从同学们那里听说的一些简直令人难以置信的事实:

1. 对于醉酒最轻的惩罚是留校观察一个学期。吸烟的话将被处以 500 卢比的罚款。

2. 不允许男生用自行车搭载女生。

3. 学校管理人员对于化装游行的担心竟然到了要禁止毕业班的学生与大一新生交谈的地步。大一的新生先是被分配到一个单独的宿舍楼暂住,等到第二年的时候再被分配到最终确定的宿舍楼。搬进新宿舍的时候,对于由谁住在自己的隔壁,他们是没有自由选择权的。因为这会助长其拉帮结派的风气。而且他们所住的房间也不是固定的,而是轮流交换的。

4. 2002 年的春季音乐节将于今天开幕,但是晚上 10 点半之后不准再表演任何节目。

5. 在春季音乐节期间不允许邀请专业的摇滚乐团到校园里进行表演,因为他们会带来不良的影响。

6. 很显然的,每年都有六七个学生因醉酒和口头恶作剧而被留校观察一个学期。

7. 每个宿舍都有两名保安人员 24 小时负责向学校领导汇报学生的情况,也有的学生不时地向学校领导汇报他所在宿舍楼的其他同学的情况,而学校领导们对于这种打小报告的行为倒是持积极鼓励的态度。

这些享有选举权的年轻男女们通常被当做少年犯一样监管。各学院的院长们热衷于在半夜时分对宿舍进行突然搜查,当场抓住那些正在吸烟或喝酒的学生。

闻听此事的我们逐渐意识到,那天晚上来参加聚会的 25 个人是冒着多大的风险到场的。当然,他们也不会为了那次聚会而受到怎样的惩罚，毕竟在场的还有印度理工的校友们，而校友在某种程度上就等于捐赠人，但是……

但是，危险仍然还在，而且使我印象最深的是，这25个孩子对克勒格布尔校区那种强烈不满的情绪。

即使他们的兄弟姐妹通过了JEE的考试，他们也并不打算推荐他们中的任何一人来克勒格布尔就读。这25个人很有可能是在这个学院中最后一届将来可能家财万贯、声名显赫的人，而且，当他们再次想起在印度理工的那段不堪回首的时光时，除了满怀的愤懑之外，恐怕再无其他。

朋友们，坏人们占了上风。

接下来的几天里回信如雪片般飞来，下面是一位印度理工的校友读完此信后的感受：

这是真的吗？！他们把克勒格布尔校区变成了一所斯巴达式的学校？于我而言，印度理工是一个释放和发展自我的自由空间，但是，现在看起来，它已不再是这样。我一直把那里当做我曾经培养信心的所在，但是，现在的感觉更像是看新加坡，不往深处，看到的永远是整洁和美好的画面，这真的很伤人心。

还有一些人写道：

这里所发生的一切都源于那些本是好意，到最后却不解决根本问题的过多的条条框框。其本来的好意是：杜绝吸烟、酗酒、化装游行等。我很同情那些因化装游行而遭到惩罚的学生，但是他们又不敢直言说这是校园生活中必不可少的一部分。这里的中心事件就是"25名学生事件"，这25名学生希望通过冒险行为使自己的个性趋于成熟，而其余的大多数人，即使在自由的环境中，似乎还仍像是在慢慢适应这种刚离开家庭的生活。学会独立地生活，尤其是在异国他乡，也是难得的一次教育机会，我希望每个人都能掌握这一点。但是，桑迪潘所注意到的大多数行为完全排除了这种教育实施的可能性。这就有点像那些永远都不曾尝试去飞翔的鸟儿们，因为它们害怕飞翔会折断自己的翅膀。

讽刺的是正是他们的父母将这种恐惧灌输给他们的。过分的保护与过分的自由一样，有害而无益。我觉得如果没有家庭的庇护，我将会是一个更为完整的人。印度理工的生活在这方面挽救了我——晚来总比不来好。甚至是现在，有些父母仍费尽心思照料自己的孩子，不让他们受到哪怕一点的挫折。在我看来，这大大延缓了孩子们成熟的进程。就像人们希望创造一个纯英国国教徒的社会那样，在这样一个希望年轻人成为思想成熟的成年人的校园中，这种做法不仅是违背常理的，而且常常是无法奏效的。校园之外的那个世界中的规则也不能保证在任何情况下都能保护我们。我们在校园里所面临的威胁要远远少于即将在外面的世界所遇到的，既然如此，那么又有什么必要在校园这样一个相对安全的环境中煞有介事地建立一个如此强有力的保护机制？

我当然不是希望看到 25/275 的比例转化为 300/0，甚至这 25 个少数人也不会希望看到这种局面。但是，在当前这种新环境下潜在的将 25/275 的比例逐渐变成 10/290 的可能性，却是一出巨大悲剧上演的前兆。

我的另一个朋友，从美国给我发来的回信中写道：

我相信印度理工完全有权利在法律允许的范围内制定一些限制性的规定，他们也有权为其所实施的禁令和以任何形式严厉惩罚参与化装游行的人而欢呼雀跃。但是，禁止男士做出骑士风范的行为，比如说禁止用自行车搭载女同学，则是全然没有逻辑的做法。我想女同学搭乘男生的自行车应该是完全出于自愿才接受邀请，这其中丝毫没有强迫的意思。我怀疑学校到底在担心什么？难道是担心她会在自行车上遭到凌辱？而我现在所担心的是另外一件事，那就是目前印度理工学生口中所传的一些对印度理工品牌有着潜在负面影响的宣传。我个人的名望、形象和职业价值都是以印度理工为基础建立起来的，这是一种无形的资产，我不希望看到它的价值渐渐被侵蚀、腐化。当今，甚至是世界上最好的大学都得积极地去推销自己的品牌，以期成为世界上最杰出最辉煌的大学，而印度理工似乎是反其道而行之，它现在所做的一切可谓愚蠢无知。

一位女性校友在信中俏皮地问道：

  那好吧，既然男生的车不准搭载女生，那女生的车是否可以搭载男生？

几个月后，在美国，我遇到了印度理工基金会的一个年轻的志愿者，在与他的交谈中得知，这一基金会正是克勒格布尔的校友们联系的枢纽。这位志愿者说："如果我们提出这些问题，我们将得不到来自教职员工的任何帮助。"我不明白这二者之间有什么必然的逻辑关系。难道他是在说为了让学院接受他们的捐赠，他们必须要先博取这些教职员工的欢心吗？

自那之后，克勒格布尔校区聘请了新一任校区负责人，这种情况已有了些许变化。

但是德里校区的情况却丝毫没有改进，2002年3月，我和阿什·高亚重温了过去的宿舍时光。那里的学生告诉我们说他们不被允许在走廊中打板球，如果他们不遵守这项规定，就会被处以500卢比的罚款。如果只是消遣，那么只要不打扰到任何人或者不踢破玻璃就没有关系。走廊板球是印度宿舍中最普遍的消遣方式之一，而且它很可能是大多数印度理工人在印度理工生活中最愉快的回忆。这些人现在都已经是功成名就的工程师、管理者，以及领导者。

更多的信件纷至沓来。一次非常偶然的机会，我进入了阿什·拉斯特（Ashish Rastogi）的网页。他是印度理工德里校区毕业的计算机科学学士。我在上面看到了一篇描述这种令人窒息的自由的论文，言辞慷慨激昂且富有逻辑。我很感谢他允许我大篇幅地在此引用其中的段落，这些文字有力地指出了这一制度到底错在哪里，而我的文字却从来不曾达到如此富有表现力的境界。这可能是因为他曾亲身经历过这一怪异的体制，而我却没有。

三十 给印度理工各校区负责人的建议

这是一篇关于自由的文章，更确切一点来讲，是试图去了解"自由"的限度的文章。"自由"一直被认为是人权中最核心和最理想的部分。几个世纪以来，每个社会和民族都在以不同的形式追求不同程度上的自由。韦伯斯特将自由定义为"挣脱农奴制、牢狱的监禁或其他力量的束缚而获得的解放"。但是，这一解释从其本身而言，还不是对自由这一概念真正全面的理解。

或许，引导我们走上通往真正的精神自由之途正是像印度理工学院这样的一流院校们积极奋斗的目标。但是令人诧异和极具讽刺性的是，正是因为我曾在印度理工就读才使我想问这些问题，并且好奇地想探究它们产生的根源。

全程跟踪一个普通印度理工学生在印度理工期间的情况是这样的：第一年，他带着一种轻信盲从的热情，被超负荷的学术研究和严厉的课堂出席规定所压垮。这个天真的、初来乍到的人在摸索中度过了最初的几个学期。他不必亲自出席每堂课，因为他完全可以找人代替他出席；也无需为了通过课程的考试而刻苦学习，因为他完全可以依赖在考场上的"团队合作"——作弊——而通过考试；他也无需为了取得好成绩而认真地做作业，他完全可以通过抄袭来实现这一点。进入第二年，这个新生已经适应了这里的环境，开始开发出一种属于自己的与此体制进行互动的独特方式。到第三年的时候，他已成为能够利用这一体制的弱点的完美魔术师。此时选择登记课程的重要原则已经变为：教授此课的教授很棒吗？他每堂课都出席吗？这一科中至少能拿到的分数是B，不是吗？以及他所敬仰的前辈们传授给他的其他与此类似的方法，当然了，这个学生也会把他们习得的这些经验传授给自己的后辈校友们。

在当前的局面中，印度理工有以下几个主体组成：体制——包括学院管理层人员——院长、宿舍管理员、注册主任、各系主任；教授——任何教育制度中不可或缺的组成部分，他们肩负的主要责任本来是传播知识和学问，但是现在他们中大部分人却退步到只是为了应付14周后的教学大纲能否完整

（虽然他们中也有少数人希望进行探讨、学习和试验）；以及学生——这些沿着这一体制规划好的轨迹居于其中的人。那些制定出这些规章制度的人当初绝对没有征询这些居于其间的人的意见，而且，这点对于任何一种新制度的建立而言，势必隐含着不安定的因素。

这一体制下的道德观念极其僵化且已严重过时。他们都有这样一种信念，那就是在这一体制下，明确划分允许与不允许之间的界限，将自己认为是正义的典范强加到学生头上，将学生培养成为世界上学识更为丰富的人。

苦于缺乏长远眼光，这种修道士般的体制仅仅是对学生们身体上的约束限制，这似乎是没有任何意义的。考虑考虑以下几点吧：

1. 教授们在每次印度理工的文化节和集会结束之后都必须举行小测验或随堂测试，以尽快让他们的注意力转移到学术研究上来，不允许偏离和完全忽视教学方面的追求；

2. 女生在与男生交流时应该严格遵守行为准则，任何与男生的"长时间肢体接触"（其实也不过只是握握手而已）都会遭到严厉的惩罚；女生宿舍与男生宿舍之间保持着尽可能远的距离。

3. 学院规定早上9点之后停止对宿舍的供水（之后1个小时再继续供应），学生们害怕就这么邋遢地度过这一天，所以这一规定可以促使他们按时起床，然后准时去上课。

那么制定这一体制的目的到底为何？难道它认为单单通过这些行为规范就可以阻止男生与女生进行"长时间的肢体接触"吗？它真的相信早上9点停止对宿舍供水就可以唤起学生们对知识的渴求而心甘情愿地来上课吗？如此狭隘的眼光造就了这样的印度理工校友：他们巧妙地利用这一体制，游离在各个规章制度的"灰色地带"，做着自己想做的事。这一体制坚信它能迫使学生找到属于自己的宗教信仰，这真是一种不可思议的想法。如果这一体制的不足之处只是体现在学生的社会生活层面上，这是可以理解的，毕竟我们的国家现正徘徊于多种现代性与宗教之间，合理性和正统之间。

不幸的是，这一体制的不完善远远不止这些。有多少以研究为导向的学生愿意留在这里继续攻读博士学位和做博士后？有多少人离开学校时是带着将研究工作放在首位的热忱？为什么对于这些问题的答案中有那么多否定回答？经历了4年之后，这些印度理工人最终都成了什么样的人？

这种无视此种强加和干预而产生潜在的严重后果的体制注定了这一体制下培养出来的学子与学院间的互动只是矫饰做作和无关紧要的表演。这一体制下，最终的产物也只不过是那些只对学院的学位和盖在学位证件上的印章感兴趣的印度理工人。如果不是为了学位而必须要待在这里，他甚至一刻都不愿意多留；他不想从体制中得到什么，同时也不想为它留下些什么。如果不是为了获取学位的要求，他甚至连1个学分的课程都不想登记。这还是教育吗？

这将会吓到每个印度理工人。目光偏狭的印度理工管理层竟然将一种难以实现的想象变成了现实，即，印度理工人对印度理工没有一丝热爱，他们只是在忍耐这里的一切，每天都在倒数着要离开这地狱般的校园生活的时日。

我所走访的3个校区，克勒格布尔、德里和孟买校区，都有着相同的压制体制，这不可能是某一个印度理工学院校区负责人一时兴起的念头，认为学生们自顾自享受的快乐太多了，所以才想要建立这样一种镇压体制，让他们有所收敛。这看起来像是几个校区联合起来，共同努力所造就的一种局面。这些都是最近几年才发生的。1995年从德里校区毕业的阿什·高亚听说他的后辈们竟在忍受这样的生活，感到很震惊。

究竟是我在理解这一现象时加入了太多的其他因素，还是新的专制制度与印度理工人在国际舞台上的崛起之间有着某种联系？在20世纪90年代中期，全球技术迅速蓬勃发展的时期，印度理工人在这一时期几乎掌控着整个发展形势。20世纪80年代中期从印度理工毕业的一帮年轻人带头创立了Junglee.com（互联网浏览器)和 whowhere.com(专用检索工具),那时他们是世界各大商业报刊的头条新闻,而且人们对印度理工的追捧也一路升温。新的体制大概就是在这一时期出炉并开始实施的。难道是印度理工这些校友的成功使学校的管理层感受到了一种莫名其妙的威胁,所以才下定决心要整治当前的在校生,给他们传达出一种信息,那就是,终有一天他们也会走出校园,也会像他们的前辈那样统治整个世界,成为叱咤风云的人物,但是,问题是,他们现在仍只是在校生,而且只要他们在印度理工的校园内待一天,他们就得完全服从于学校领导的权威?

也许是我太过偏执了。但是我相信,每一个印度理工人都毫无疑问地想知道,为什么一个充满自由和希望的王国突然之间会变成一个警察国家?如果说印度理工的教授们在教学质量方面有什么退步的话,那么,再没有比以这种残酷的方式来遏制学生的自由更为有力的证据了。尼赫鲁、阿德什·达拉(Ardeshir Dalal)、纳里尼·蓝金、萨卡尔、吉南·高什(Jnan Ghosh)、B.C罗伊——这些具有远见卓识的人,如果他们看到自己梦想中要建立的这一名为印度理工学院的民族瑰宝变成今天这个模样,他们会是怎样的失望与沮丧?

我想起了关于 R. 斯瑞·库马尔的一些事情,他是卡纳塔卡邦警署署长。他对我说起 1995 年他们那一届的学生在马德拉斯庆祝建校 25 周年时候的情况。R. 斯瑞·库马尔认为攻读学士学位的本科生的住宿状况实在太差了,他向校区负责人反映了这一情况。校区负责人摆出一副漠不关心的姿态,说他现在的关注不在这些本科生身上,因为他们最终都会投身海外,所以他并不打算改进他们的住宿条件。他所关心的只是那些硕士生和博士,因为他们都会留在国内,不会前往美国。库马尔惊呆了。"这些本科生将在这所校园内度过 4 年到 5 年的时间,他们对学院的感情要比这些研究生深厚得多,毕竟这几年是他们塑造自我的重要时期。"他对校区负责人说,"现在是学院 25 周年庆典,我们这些毕业于此的本科生都从世界各地赶来参加这场盛会。对此您又作何理解呢?"

"我们争论了半小时之久,最后不欢而散。"他对我说。

一方面，你以令人难以置信的力量吸引着众多天资聪慧的青少年趋之若鹜地投入大量的时间和精力来参加每年举行的JEE；而另一方面你却在校园中实施如此专制的体制。现在该是时候担心一下这将会给未来的印度理工人造成什么样的影响，考虑一下校友们筹集的资金和其他援助，还有那些在全球各地代表印度理工品牌的校友，考虑一下印度理工在世界范围内的形象，如果连那些最优秀的校友，还有那些即将走出校门、满怀信心地去改造自己的生存环境和周围世界的人，对于他们在印度理工的生活没有一丝愉快的回忆，这对整个体制造成的冲击将是很严重的。

我不知道该如何去解决这个问题，因为它并不是孤立存在的，似乎与印度理工各校区暴露出的其他问题错综复杂地纠缠在一起。

三十一 印度理工学院存在的问题

2000 年,麦肯锡向时任总理的阿塔尔·比哈里·瓦杰帕伊(Atal Bihari Vajpayee)递交了一份报告:《在印度形成知识经济:以技术教育为民族使命的必要性》(Shaping the Knowledge Economy in India: The need to set up national mission for technology education)。

作为研究的一部分,麦肯锡拜访了几个印度理工校区的负责人和教务处主任、多位教授、人力资源发展部的官员、享有声望的技术专家、许多校友,并且对 200 名研究生做了一项调查。

最初一段时期,印度培养的技术专家供不应求,数量远远低于国家所需。单单一个信息技术部门对专业人士的需求就有望从 2000 年的 30 万增加到 2005 年的 80 万!为了满足对人力的需求,印度的技术教育规模应该在现有基础上扩大 3 倍。按照麦肯锡计算出的结果,如果印度培养出的工程师人数想达到社会所需的数量,那么印度理工各校区和地方各个工程学院所需教授的人数大约有 4500 到 5000 的空缺(或只相当于总体需求的 50%)。

报告最后总结出,引进和留住优秀的教授是印度理工目前面临的最大的问题。在德里校区,30% 的老教授(371 人中的 115 人)将于 2007 年退休。相比之下,在 1995 年到 2000 年之间,只有 40 名新的教师加入印度理工德里校区。

科研成果是衡量教职工质量的关键指标,印度理工在这一方面的成就远远低于国际标准,这令人深感遗憾。1993 年至 1998 年间,麻省理工学院人均引用数(这一指标能够证明其所写论文的质量)为45,斯坦福工程学院为42,而最具代表性的印度理工教授引用数也只有2～3。1996—1997年间,麻省理工师生共获102项专利。而印度理工只获得了3到6项。

正如麦肯锡所理解的那样,印度理工滞后于世界其他国家大学的原因之一就是,"令人窒息的管理体制和管理权力"。截止到麦肯锡公司进行这项研究时,国家印度理工理事会已经有两年时间没有开过会了。负责印度理工各个校区的政府官员把大部分的时间和精力都集中在日常管理事务上。一位老教工对麦肯锡的团队说:"我把30%的时间都用于准备审计报告,还有其他一些行政事务上,比如说换换灯管或者将松了的螺丝拧紧。"一个印度理工董事会的主席说:"上次董事会上,我们用了45分钟来讨论是否应该将茶叶的补贴增加2个卢比。"董事会并没有尽职尽责,因为董事会没有执行的责任,这使董事会成员对印度理工,这个本该由他们管理和领导的学校缺乏"拥有感"。

麦肯锡得出结论是:各校区负责人的选举过程并不总是以功绩论英雄。通常,负责人没有充分利用他所享有的自治权,而另一方面他们在金融或人事政策等重要领域又往往没有自主权。一位印度理工的负责人说:去年因为我的任命书没有得到及时的批准,我被迫在一次会议的中途离场。另一个负责人抱怨说:"理论上,我是可以解雇一个毫无作为的教授,但在现实中,这又是绝对不可能完成的事情。"比起外界的世界,大部分教职工更关心的是自己,而他们对于是否能够取得真正具有世界水平的研究成果的渴望则是极其有限的。

当我们把印度当前所面临的问题放到另一个环境中,即中国所制订的这一极具野心的,跨世纪科学与工程学教育规划中时,这又使印度所面临的这一问题显得尤为严重。如果说,印度在某个领域还领先于中国的话,那就是它先进的科学和工程学教育,这大部分应该归功于印度理工各校区和其他一些诸如印度科学学院这样的组织机构。中国所制订的这一跨世纪的宏伟规划,其目的就在于要缩小其与印度在这一领域的差距,在世界上逐渐确立起一种他国无法超越的领先地位。中国的大学正在与世界著名国际公司建立同盟关系,由这些公司为学校提供资金和科研设备支持,还与美国名列榜首的大学签署了学术合作协议。

比方说,上海交通大学与密歇根大学建立了合作伙伴关系,共建上海交大机械工程学院。密歇根大学的教授将在上海交通大学任教,上海交大的毕业班学生会被送到密歇根完成最后一年的学业。密歇根和上海交大的教授会在先进的科研领域进行合作,所以中国的教授就有机会接触并参与到尖端技术的开发中。

中国教授工资的大幅度上涨是与其教学表现挂钩的。他们希望得到杰出的海外华侨对祖国的大力支持,他们能够提供高达25万美元的科研启动资金。作为一个印度人,看到这样跨世纪的宏伟规划不可能不感到敬畏。中国就意味着无限的商机,政府制定出正确的策略,并且正在以惊人的速度和气魄执行。

印度若要与中国竞争,唯一的出路就是要对技术教育进行大刀阔斧的改革,并将它提升到一个更为重要的高度。麦肯锡据此给出了以下建议:

● 印度政府必须要针对印度理工制定一个长远规划,印度理工各校区必须要在原有规模的基础上扩大3倍,扩招博士生,提高科研水平。

● 印度理工各校区负责人应当得到更多的信任和自主权,只有通过精简程序,摒弃那些繁文缛节才能进一步地燃起他们进取的决心。

● 国家一定要增加对印度理工的财政预算支持。但是增加的这部分预算中的最大份额不应该来自政府,而是要依靠外界的资源,来自校友们的捐助,通过企业和政府赞助的科研,提高学费①(借助强大的助学贷款系统来实现收支平衡),增加企业招聘印度理工毕业生时向企业所收取的费用。

---

① 1991年,大学每年的学费为250卢比,按照当时的汇率折合为10美元,大抵相当于今天的5美元,而今天的学费与那个时候相比,已经增长了88倍,每年为22000卢比,折合440美元。

● 印度理工教授的工资必须与政府脱钩,将它提高到一个比较有竞争力的水平,而这些薪酬必须要与他们的个人表现挂钩。允许教授们接受企业直接向他们提供的不限定数额的补助。应当改进学校的基础设施,为教职员工的个人生活提供更为优越的条件。学院必须解雇那些一事无成的教授。

● 政府必须建立强有力的技术教育体系,为整个进程制定策略,在策略实施过程中发挥管理引导的作用。

印度当前急需采取什么措施,一目了然。但是,这些都会实现吗?政府会同意将教授的工资与政府脱钩吗?今天,印度理工的教授们每年的薪水只有其在企业工作所能得到的薪水的1/6。结果就是:目前的印度理工各校区所引进的高水平的教授主要是依赖于那些来自"陌生人的仁慈",只能寄希望于这些教授们胸怀大志,且不计金钱利益得失。这显然不是长久之计,社会的进步不能只依赖于这些极少数的例外。在美国,教授的收入低于企业职员的收入,但是,与那些和他们具有相同技术含量的人相比,无论如何,也不至于低到只有他们收入的1/6或1/7。

麦肯锡所递交的报告绝不是第一份关于印度理工各校区情况的研究报告,但是,之前的委员会或咨询顾问公司所提出的建议极少有被政府采纳并付诸实践的。

1995年,政府成立了以实业家委内·库马尔·莫迪(Vinay Kumar Modi)为主席的委员会,负责调查印度理工各个校区与印度企业之间的协作关系,并提出了有利于改进双方状况的方式方法。以下引用来自委员会所作报告的第一段:

> 对于印度理工各校区发挥作用的过分遏制消磨了他们的灵活性。结果,他们不能对于"顾客"的需求做出快速的回应。为改变这种状况,经营的自主权是必不可少的。资源的利用已不再是最理想的解决办法,因为这些体制只是在各自发挥着作用,相互之间毫不相干。学生、教授和企业都已经意识到政府已大大削减了对印度理工的财政预算支持。应用各种资源生成方法可以解决学校的生存问题,并保证学校的能力不断增强

以适应或满足不断出现的需求。学生们应当意识到高等技术教育是受到政府补贴的教育，并且这一教育挪用了国家最基础的教育所亟需的资源；教授们必须通过开发体制内能够带来持续增长的收益的各个关联点来实现自己的价值，完成自己的使命；企业必须不断增加对优秀学院的投资，确保它们能够继续维持此良好现状，发挥自己的优势。

委员会建议企业应该对印度理工的经营承担一定的风险，分担一定的费用，并且应该投入一定的人力资源，作为印度理工的客座教授。让企业积极地参与进来，可以减少印度理工各个校区对政府财政预算的依赖，并最终实现完全的自立。比如，大学生可以有一个学期的时间到企业中为特定的项目工作，企业将支付给学生的津贴的50%支付给他所在的印度理工各校区。印度理工各个学院可以建立高科技工业园区，公司可以与印度理工相关各校区进行科研方面的合作。

建立科技工业园区已不是什么新鲜事。所有印度理工校区都已有了自己的科技创业园区（STEP），园区内有：检测和校准设备、精密仪器室、原型开发工作室、图书馆，以及办公和通信设施。但是科技创业园区至今仍没有取得多么显著的成就。加拉姆·拉梅什说：“印度理工人往往有着很好的前途，但其回报意识较为薄弱。学生毕业，之后出国，或在最好的企业就业，或进入世界上最好的大学继续攻读更高的学位，但有所回报的纪录却少得可怜。印度理工孟买校区为它所在的城市的化学工业作了什么贡献吗？坎普尔学院为坎普尔及其周边城区的工程工业作了什么贡献吗？没有，它们已成为一座徒有大批杰出人才的孤岛，甚至于连这些地理上与它最接近的地方似乎都与它毫无关系。"

曾有一家跨国公司与一个印度理工校区合作过科研项目。这家公司的高级行政执行官提出了另外一个问题，那就是，印度理工所做的工作似乎与工业一点关联都没有。"当我在现实中与印度理工的教授们接触时，他们对于外界所发生的一切都毫不关心，无论是对于这些与工业有关的，还是整个外界世界正在发生的，他们都没有一丝兴趣。"他说,"在美国,教授们申请科研基金的前提是他们要对工业的需求有所了解,所以才想到要做一些能够促进工业发展的基本的事情。美国的大学希望他们的教授和学生成立公司,成为企业家;学校为他们提供科技孵化中心,帮助他们制订商业计划。所有这些都是印度理工所没有的便利条件。"

其实公平一点来讲,展望未来的画面也不是完全的空白和渺茫。位于印度理工德里校区的 IBM 科研实验室就正在研究最先进的技术,并且已经获得了几项专利。在印度理工克勒格布尔校区的 VLSI(超大规模集成电路)实验室,是由美国国家半导体公司(National Semiconductor Corporation)倡导成立的,由 4 个克勒格布尔校友为它提供资金赞助,由学生们设计、组装和检测集成电路片。摩托罗拉和德州仪器(Texas Instruments 简称 TI),也都在克勒格布尔建立了自己的实验室。在印度理工马德拉斯校区,阿肖克·胡恩教授始终坚持不懈,已经说服世界上最著名的技术公司来为他们提供实验室和科研所需的资金。

但是仅有这些还是远远不够的。这些项目的负责人还必须要克服员工的惰性和工作文化韧性的缺乏。2002 年的某天,在从德里飞往班加罗尔的飞机上,纯属偶然地,发现身边坐着的竟是一位在印度理工某个校区经营科研实验室的企业家。我们开始交谈起来,他将他在项目实施过程中面临的问题告诉给我。这一项目中涉及了 3 个不同的校区,可问题是,任何一个校区的教授都不愿意来到其他两个校区。所以他最终将实验室建立在了第 4 个与此项目毫不相关的校区,这里成为了"中立领地"。

他带着自己的提议与校区负责人第一次见面时,他只有半个小时的时间来阐释他的提议,从早上 9 点到 9 点半。(为了这次会面,他特地从美国赶来,因为他很想为印度理工做些事情。)他准时地到达了校区负责人的办公室。"那间办公室很大,里面供职的人员无数,"他回忆道,"令我完全不能理解的是,一个人用得着雇用这么多的职员吗?"校区负责人迟到了 15 分钟,而且仅用了 10 分钟就结束了这次会面。"因为无论我向他提什么样的建议,他都会说,我们已经在进行了,尽管我满怀真诚地来见他,但是,在他看来,我真的没有什么可以帮得上他们的,因为,我所提及的事情,他们都已经在进行了,而且对于他们目前所取得成就非常满意。"我的旅伴注意到我脸上吃惊的表情,笑了,接着说:"而今天呢,那位校区负责人却总在不停地提醒我,难道每年只能来一次吗?为什么不能多来两次呢?因为,我每次的到来都会给他们'带来新的冲击'。"

他设法说服那位校区负责人采纳了他关于建立实验室的建议。所有参与此项研究的教授都可以得到与他们的工资同等数额的津贴。也就是说,他们的收入所得将会是同事所得工资的两倍。这又引发了一系列的新问题。在美国,教授收入的增加与他们筹集资金的能力是密不可分的。如果你能够为你的工作筹集到资金,也就意味着不管你正在做什么科研项目,你都有能力向世人证明它的价值。"但是,在印度理工,那里的教授们对于市场体制根本就一无所知,"我的旅伴告诉我,"事实上,他们好像也没有兴趣要去了解这些,甚至对它还有些轻视的意味。一位高级教授找到我,对我说,他想无偿地为这一项目工作,因为同事们一直在嘲笑他,指责他对金钱的欲望太过强烈。所以他不想要这一津贴。问题就在于,一些教授的收入是其他同事的两倍,这并没有使他变得更有竞争力。相反地,他们认为这是一种不公平的待遇,而且他们不愿接受这种不公。"

"令人担忧的是,与企业员工的工资相比,教师的工资每年都有所降低。大部分人都心安理得地接受着这一切,并没有试图去改变这一现状。"他继续说道,"刚毕业的印度理工学生在班加罗尔的年收入为50万卢比,这就意味着,在他们的职业刚刚起步的时候所得的收入就已经比印度理工教授的高出了2/3。可教授们似乎对此无动于衷,甚至在有机会改变的时候,他们也不想去做出什么改变。他们把大部分的兴趣似乎都放在了他们在自己的小王国内所拥有的权力。他们很粗暴无礼地对待学生,让他们做各种各样完全不必要的事情,而且掌握着他们的'生死权'。他们可以不分时间场合地滥用这些权力。"

这也许是因为,一些教授对于他们的学生所取得的成就怀有一种怨恨的情绪吧。

三十二 解决问题的锦囊妙计

　　解决所有问题的办法,当然了,就是要使印度理工作为教育性学院拥有自主经营的权利,给予他们更多的信任,并建立职工表现评估体系和奖惩分明的制度。为此,使印度理工各个校区从政府资助的束缚中解脱出来是关键。就像1995年成立的委员会所指出的那样:"只有学院在各方面都有自主权才能最有效地利用资源。这只有在印度理工成为完全自力更生或者至少在对政府财政支持的依赖有所减少的时候,才有可能实现。财政上的自给自足不仅使其能够独立地做出各项决定,而且还会大大缩短他们对其他具有创意的建议的反应时间。"

　　委员会强烈要求印度理工各个校区在未来的3年内,将对政府财政支持的依赖从75%降到30%以下,并且在10年内,实现财政上完全自给自足。现在,尽管印度理工对政府资金的依赖程度已经大大减轻,但仍然有65%的资金要依赖于政府财政拨款。

　　在印度,政府对印度理工的教育经费补贴一直都是备受争议的热门话题。但是,在现实中,世界各地对于高等教育的经费都有一定数量的补贴,其中包括美国的大部分大学,也是如此。正如印地立桑教授指出的那样,在美国,每个工程学学生每年所支付的费用几乎相当于美国国民的人均收入。而在印度,每个印度理工学生每年的花费却相当于印度人均收入的10倍。显而易见,如果政府补贴完全退场,几乎没人能够支付起如此高昂的费用。

　　"每个人都很高兴地看到政府职能正在逐渐退出很多领域,但是在3个领域中,政府部门却起着至关重要的作用,负有不可推卸的职责:即,基础设施的建设、教育和医疗,"萨拉·斯瑞瓦说,"政府职能不应该从这些领域中退出。在教育领域,政府应当发挥职能,帮助它改善资金不足的现状。我见过很多印度理工的学生,他们或家境贫寒,或出生于农村,或有着非常普通的背景。他们中的许多人现已走出校园并获得了很大的成功,他们已具备改写家庭和社会的命运,并创造未来的能力。"

但是,如果印度理工自身能够筹集到足够的资金,那么它可以告诉政府他们不再需要这些补贴了,让政府用那些补贴去建立更多的理工学院吧。这样,印度理工各个校区就完全实现了自主。

跟那些我曾与之交谈过的许多印度理工人,以及每个曾研究印度理工体制的专家委员会委员一样,斯瑞瓦觉得,印度理工各个校区必须各尽所能,实现真正的自主。"如果印度理工能够实现完全的自主,那么政府还能做些什么呢?"他问,"印度理工就此就得不到政府的认可了吗?谁会在意呢?如果印度技术教育理事会(AICTE)不再认可印度理工,各大公司就会停止到印度理工各校区招聘吗?他们甚至都没有听说过印度技术教育理事会,但他们都知道印度理工。"

毫无疑问的,资金主要来源是印度理工的校友们。大部分的印度理工校区都在沿着这条路往前走,尽管最初都有些犹豫。斯瑞瓦回忆道:"很多年前,在印度理工召开的一次会议上,我们说:'去找那些校友们筹集资金吧。'他们却说:'我们不能去向他们行乞。'但,你找他们并不是一种行乞。没有足够的资金并不是什么错,完全没有必要对此过分在意。全世界都没有人会有这样的想法。哈佛大学并不认为他们是在行乞,而且它的校友们也不会有人认为他们的母校是在向他们乞讨些什么。我每年都会收到哈佛大学的邮件,问我是否愿意为学校做些什么。我至今都没有给过他们一分钱,但他们一直将我的名字保留在邮件收件人的名单上。他们只是希望我在做捐赠决定的时候,能够将哈佛铭记于心。"

在所有印度理工的校区中,孟买校区与校友们的关系处理得最好。根据在斯坦福大学举行的印度理工峰会上的资料显示,截至

2002年5月，在美国的孟买校区校友们已经为他们的母校筹集了将近1500万美元的资金。紧随其后的是克勒格布尔校区的1000万美元，然后是钦奈（Chennai）（原马德拉斯校区）和坎普尔校区的500万美元，德里校区以不足100万美元稍稍居后（2003年来自维诺德·科斯拉的500万美元的捐款大大弥补了这一差距）。这些资金主要用于成立管理学院、校园网络建设、科研实验室建设，以及专业的技术中心的建立、礼堂的建设、运动设施的改进。

孟买校区筹集资金的成功应该感谢它杰出的1975届毕业生。

6月的一个下午，我与阿尼尔·克什坐在位于帕洛阿尔托的Tibco软件公司大楼的一个会议室里，他现在是印度理工孟买校区遗产基金的主席，也是印度理工1975届的毕业生，他告诉了我这一切是如何开始的。

"我们几个人很想尽我们最大的努力为印度理工做些什么，我记得在20世纪80年代早期，我曾给学校的教授们写信，问他们是否需要一些设备，也许我们可以把一些现在闲置的设备送给他们。教授回复说这当然好，但是他们已经有足够的这种设备了。后来，1992年，我在这里招待了一位校区副负责人，他告诉我说政府对印度理工的资助已停留在当前的水平上，没有任何增加。1993年到1994年间，我和拉吉·马什曾试图建立一个非营利机构，但根本无法运作，美国国税局视我们成立的机构为社会俱乐部，也就是说，即使你处于非营利状态，但是在计算所得税时还是不能免税。"

1995年7月，1975届的校友曾在科德角举行过一次毕业20周年聚会。宴会过后，他们打发自己的家属们去看电影，然后这一届的35名校友围坐在一起讨论他们可以为印度理工做些什么。他们重又起草了一份申请，解释他们建立的组织的目的不单单是建立起校友间的关系网络，他们只是希望能够做些什么来帮助印度理工。他们得到了IRS（薪资顾问机构）的支持，这次一切都很圆满，他们梦寐以求的愿望也最终得以实现。

现在他们已开始在世界各地设立分支机构。当克什旅行到某一个城市时，他就会给那座城市已取得联络的人打电话，由他在这一地区建立一个分支机构。而第一次的飞跃发展要归功于坎瓦尔·瑞基。1998年的时候,印度仍然位于信息技术的前沿,而且在当时,印度理工人正在硅谷大展拳脚。瑞基很想为他的母校做些贡献,而且正在找寻有价值的项目。当印度理工孟买校区提出要成立一所信息技术学院的时候,他就许诺要捐资100万美元,并承诺说对其他的捐赠承诺也会一一兑现。在当时大概有两千多人的校友联合会公布了瑞基的捐赠。发出去的邮件收到10%到12%的回复,大概筹集到了15万美元。每周,创始人都会在Tibco召开一次会议,呼吁全国各地的分支机构带领它继续向前发展,比如,与印度理工合作,继续成立分支机构,收集校友资料,等等。

最初,克什和朋友们决定不给这些工作人员一分钱。你选择为遗产基金工作是因为你对它的热爱,每一分的捐资都应该为印度理工所用,要花得其所。一分钱都不应该流入诸如后勤部门这样的机构——谁知道后勤部门是做什么的?克什将这点视作遗产基金为什么会成功的原因之一,他们始终遵循着公正、透明的原则。但是,随着时间的流逝,他们也逐渐意识到,如果要做得更为合理、彻底,必须要聘请专业人士,进行专业的管理。2002年,他们聘用了业内资深的筹资人作为机构的执行董事。

"1999年,我们在芝加哥举行了第一次杰出校友聚会,校友们许诺会捐出2500万美元,"克什说,"当然了,那是一段令人疯狂兴奋的日子。虽然有些诺言还没有兑现,但筹集到的资金也已经有1300~1400万美元了。今天,印度理工孟买校区已经建立了IT学院、管理学院、生物科学学院。如果只是由这些教授们来做的话,所有这一切都不会出现。在这一体制里,教授们找不到一个可以激励自己的原因,去做这些事情。他们想的是,我都50岁了,有着一份稳定的工作,为什么要考虑到那些身后事?"

"美国大学里的校友联合会每年都会给你发一些时事通讯、校园杂志、校友们的消息,还有即将毕业的学生们的简历,这真的是有些让人心烦,"克什说,"我们从来都没有做过那样的事,我们只是开了个头。斯坦福大学商学院的面积相当于一个印度理工校区那么大。但是有20名全职人员负责校友们的事务。他们保存着相当详细的校友资料:姓甚名谁、来自哪里、配偶姓名、儿女情况、兴趣爱好,了解他们的行程安排,筹集资金的委员会才好随时追寻他们的踪迹,与他们取得联系。我们只是开了个头而已。"今天,克什每周都会用10到20个小时的时间,处理一些与印度理工相关的事务。

印度理工孟买校区的成功案例激发了其他各个校区的校友们,他们以筹集资金为动力,更加紧密地团结在一起。事实上,各个校区的校友联合会都在彼此竞争,看谁能够为母校筹集到更多的资金。2003年2月3日,印度理工基金会——克勒格布尔校区的校友联合会——宣布了他们2020年远景规划,希望到2020年可以筹集到2亿美元的捐资,"以保持和加强克勒格布尔在全球技术教育、科研和创新方面的杰出领导地位"。

"印度理工克勒格布尔校区的校友们援助支持母校的优良传统由来已久。"帕瓦提·德夫(Parvati Dev)说,他是基金会的主席兼斯坦福大学医学院副院长。"一些比较引人注目的捐资,包括在印度理工中建立第一所管理学院,一所具备世界先进水平的VLSI实验室以及建设学生房间里的高速宽带网络。2020远景规划将克勒格布尔校区的使命升华到了一个更高的境界。"

阿君·马赫特拉是2020远景规划的主管,这点不足为奇。他说:"印度理工克勒格布尔校区于我以及世界各地的校友们而言都具有非凡的意义。展望未来,我们认识到了创立捐赠基金的重要性。这一基金不仅要发挥保险金的作用,而且还要加快克勒格布尔繁荣发展的进程。"

事实上,在印度理工成立52年这一重大转折的时候,正是这些校友们使印度理工的体制发现了真实的自我,并带领它走上了正轨。毕竟,印度理工的这些本科生是每个学院最优秀最出色的。他们从印度理工的体制中获益最大,是这一特殊体制最成功的产物,他们对此心存感激,所以他们想要回报这一塑造其心智并赋予了他们征服世界的信念的地方。通过慈善活动,许多人在母校的管理中发挥着不可忽视的作用。还有许多人投身政界,官居要职,对政府的政策施加影响。

2003年2月,在班加罗尔举行的印度理工50周年庆典中,戈帕拉克里希纳描绘了一幅培养和加强印度理工这一品牌的战略蓝图。他选出了5条规则作为印度理工品牌管理的成功典范，在这5条中，有3条我觉得印度理工已经做得很好了：领导能力、领域划分、关注焦点。戈帕拉克里希纳是这样做进一步的解释的：先说领导能力，"印度理工是最领先和最优秀的"；印度理工已经建立了全新的领域划分体系，成为印度最早的工业领导发展体制；至于"关注焦点"，"印度理工吸引了世人的关注，在这一聚焦点上，足以燃起他们心中对印度理工的向往"。但在其他两个方面，即感知能力和资源支持上，还有待进一步提高。

"印度理工现在需要统一的标识、徽章甚至是校歌，"他说。

戈帕拉克里希纳所强烈建议的是"现存的这种校友间的关系网"应当得到进一步的加强，他们是品牌的传播者。他提议说，就像哈佛大学和普林斯顿大学那样，每个印度理工校区都应该任命一位外事主任，主要负责与校友的联系沟通。他应当建立起优秀校友们的详细资料库。"攻读本科学位的大学生似乎对学校有着最强烈的情结，因为他们是在最敏感脆弱的时期，第一次离家，在校园中生活，通过校园里各种各样的活动才与其他人走到一起，结成特殊的团体和社区，"戈帕拉克里希纳说，"外事主任应该时刻将这一点铭记在心。"

戈帕拉克里希纳认为，过去的每一项制度几乎都在各自的生涯中逐渐衰退或已停滞不前。"印度理工却仍然高居榜首，并且仍在吸引着比以往更多的人来此就读。唯一与此需求相匹配的其他事物是金钱和欲望。独立后，印度并没有创立太多全球公认的标志和体制，但是，I、IT以及IIT是这为数不多的标志中的几个，其中'I'代表Indiculture（印度文化）。据我所知，所有这一切都离不开企业的支持、政府的不干涉还有精英教育制度。"

印度理工各个校区不应该只盯着校友们口袋里的钱。应当让他们在学校管理董事会中占有一席之地，让他们在印度理工的经营上享有发言权。这些校友们毕竟已经在竞争激烈的大潮中经营过大型企业，领导并激励着大量的员工，曾经周游世界，亲眼见识过世界上最成功的企业和学术实践。他们固然家财万贯，但他们的头脑才智才是他们最好的资源,印度理工各个校区都可以对此加以利用,但在这之前,要结合当前的实际状况。

想象一下这些校区可以接近和使用的智囊团,这些最聪颖和最成功的印度人的头脑资源,他们都应该乐于向印度理工免费奉献自己的聪明才智的。既是如此,那还有什么问题是日益壮大的印度理工家族不能解决的呢?

这些年来,印度理工的校友们肯定一直在考虑这些问题,到2002年,问题逐渐变得清晰明了。之前,校友们都把注意力集中在各自的校区上,但是,只有把各个校区的校友会联合起来,协调运作,才能够使整个印度理工体制受益。校友之间的这种合作可以大大降低通过中央后勤部运作的成本,形成一种规模经济,以更好的方式充分利用所习得的经验和知识,对决定体制命运的人产生更为深远的影响。

换言之,现在是各个印度理工校区之间的校友进入合作竞争的时候了。一切就像印度理工校园的生活曾经教给我们的那样。

三十三 午夜绅士派

时间过去了很久,我都没有提笔来写这最后一章,不知从何下笔。我为一家新闻周刊工作,对于天底下任何话题我都得品头论足一番,迫于新闻周刊的发行需要,我必须要去描述并发表自己对这些事件的看法。但是,我甚至在约定交稿的最后期限的前一天都无法提笔写出一句话。印度理工人通常都有这样的习惯,不等到最后一刻,就不能全身心地投入工作。

印度理工的教育教给你什么?这个问题我曾经问了几十个人,包括声名显赫的,还有那些名不见经传的。课堂上的教学,为你打下了良好的工程学基础,使你总能跟上不断发展的技术的步伐;从广义的角度而言,它教给你如何去学习;校园生活赐予你驾驭环境和生活的能力。我逐渐开始相信,印度理工培养了印度理工人一种大无畏的精神,真正的印度理工人坚信没有什么挑战是不能战胜的,只要努力,没有什么是不可能的。

这些都得益于印度理工的教育,它使这些学生们慢慢成长,慢慢成熟。它毫不吝啬地为学生提供资金上的补助,它所要求的回报也只是让他们永远不要忘记,你是从哪里来的:那个村庄式的校园,那种平等的同志间的忠诚友爱之情,那些难以下咽的食物,还有对智慧和公平竞争的尊重。

"公平竞争",这个在印度并不常见的概念可能是整个体制中最重要的基础。印度理工是印度为数不多的,能够博得人们完全信任的院校。而且,五十几年来,印度理工都在以实际行动回敬着这种信任，它改变了成千上万的家庭的命运，包括中产阶级，还有贫困大众。一个非印度人很难去理解被印度理工录取对于一个普通家庭传达的是怎样的一种信息和希望。

在这里我想举个例子。我认识一个人，他的经历很好地说明了人的潜力是如何被环境消磨挫败的。我们暂且称他为锡尔赫特（Sylhet）的 D. 波恩（D. Born），锡尔赫特现在是孟加拉国的一部分。波恩两岁的时候就失去了母亲，父亲是一名英国统治下的印度林务署官员，出于工作需要，一年中大部分的时间都在外度过。他在叔叔家中长大，全家所有的费用都仰仗父亲一人支撑。他在学校的统考中排名第四，送他去加尔各答的总统学院或者其他培养精英的学院是再清楚不过的事了。但是他的父亲却认为，既然他的堂兄弟们都在锡尔赫特上学，将波恩送到加尔各答或其他地方读书的费用要比他的堂兄弟们高出很多，父亲觉得这有点不大合适。结果，波恩也跟他的堂兄弟们一样，在小镇上一个中等水平的学院就读，教他的那些教授的水平要远远低于他本该在加尔各答所遇到的那些教授。他的潜质渐渐消失了。

孟加拉国要被分割的事实渐渐变得清晰，他去加尔各答寻找工作。他本想成为一名历史或文学教授，这两科是他最感兴趣的，但是暴乱开始了，国家分裂迫在眉睫，眼看生活的压力一天天在加重，迫使他不得不赶快挣钱谋生，所以他接受了第一份工作的邀请，职位是印度储备银行的办事员。这是一份枯燥乏味的工作，与他真正的兴趣和能力毫不相干。但是大规模的军队很快将要把他的祖国变成另外一个国家的事实迫使他打消了重新选择的奢侈念头。

锡尔赫特成为了东巴基斯坦（East Pakistan）的一部分，父亲所建造的大房子，以及银行内所有的存款统统都消失不见了。

波恩在储备银行的提升也是毫无例外的按部就班，业余时间，他也为杂志写一些文章，但是过去那些年的经历，对工作的渴求以及内在的悲观情绪，大大降低了作品的质量，稿件最终被退回。他度过的最快乐的时光仍然是阅读或讨论优秀的文学作品或历史作品，在这些方面他也算得上是业余的权威，但在本质上，他只不过是成了一台巨大的幻想粉碎机器里面的另一颗齿轮而已。

1976年,波恩所在的部门与中央银行分离,并与一个新成立的发展银行合并。仅仅由于技术性的操作失误,他便成了新的组织中的一名职位最低的职员。这种技术性的失误本来可以通过一个他认为是朋友的人用笔轻轻一划就可以改正的,他自以为是他的朋友的这个人在新的机构中担任职位最高的行政人员。但是,这位朋友的那支笔却从未碰过那张纸。波恩在剩下的工作生活中,眼睁睁地看着那些比他年轻,能力又逊他一筹的人一步一步地得到提升。

当然了,他本可以选择退休或重新寻找一份工作的,但是,他没有勇气这样做,毕竟,在他生命中的每一个紧要关头,生活都向他伸出了不公平的手,也许在人到中年的时候他已不再有这样的信心了吧。

退休后,在生命中剩下的17年中,大部分时间他都是在阅读和写作中度过,但是,我并不认为他就甘心于这样的命运,一种深深的悲伤像条毒蛇一样缠绕在他的心头。

波恩的故事在当时很有普遍性。有千百万这样的无名的普通的印度人,因为各种各样他们无法控制的原因,过着一种毫无意义的生活。无论从哪个角度来讲,他们都是失败者。他们的愿望未曾得到实现,百年之后也只是存在于少数几个亲密的朋友的记忆中。波恩的故事无论从哪个方面来讲都非常具有普遍性,而我在这里讲他的故事,只是因为,他是我的父亲。

关于父亲最初的记忆是在我一两岁的时候,他一边摇我入睡,一边朗诵着泰戈尔的儿童诗歌作为催眠曲。从我小时候开始,他就不断充实着我的头脑,让我接触到世界上最好的文学、艺术和电影,他给我大声朗诵文学中的经典,带我去看吉恩·凯利(Gene Kelly)的《三剑客》(*Three Musketeers*),由詹姆斯·梅森(James Mason)扮演尼摩(Nemo)船长的《海底两万里》(*20000 Leagues Under The Sea*),等等。卡罗尔·里德(Carol Reed)导演的舞台剧《雾都孤儿》(*Oliver!*),这一作品是作者亲身经历的写照。我是父亲唯一的寄托,命运跟他开了一个天大的玩笑,让他知道自己的能力所在,然后却将通往成功的那扇门永远地关上。他不希望我的命运和他一样,于是他用一生的心血来培养我。印度理工就是最好的赌注。他了解很多,坚持不懈地督促我。我想,肯定有很多像我父亲这样的人,他们不断遭受到命运无情的打击,对现存的体制抱有不切实际的幻想,他们都将印度理工的教育视为孩子们与命运抗争,并能够发挥自己潜能的唯一出路。

而且印度理工也兑现了它的诺言,它给你自由选择和决定自己命运的权力。

不止有一个印度理工的成功人士对我说过这样的话:"如果你能够在印度理工获得成功,那么,不管以后走到哪里,你都会成功。"

这样一种信念,这样一种无所畏惧的精神,是这些印度理工学院为它的学生们作出的最具价值的贡献。

这也是我为什么对于当前这种镇压体制不满的原因。我认为,如果不创立一种可以给予学生们发现自己能力以及追求梦想的自由的体制,学院永远不可能在众多领域培养出众多成功人士。如此强制执行的戒备森严的体制,只能清楚地说明了两点:要么,印度理工的学生们颓废堕落、难以驾驭,对他们每天24小时都要处于戒备状态,来防止校园文化的崩溃;要么,目前管理印度理工各个学院的人与当前印度理工人备受印度社会尊重这一事实之间的处理有些问题,管理者认为他们才应该是享受这些尊重的人,而且只要这些学生们在校园生活一天,他们就应当被放在那个备受尊重的位置。这两种可能性,哪种更大?

为写这本书所作的研究,以及动手写这本书,对于我来说是一次奢侈的旅行。尽管我一直以身为印度理工人而骄傲,但是我从来没有认真去考虑过那究竟意味着什么。毕业后我几乎没有再回过校园,也没有参加过任何的校友聚会,也没有在印度理工克勒格布尔校区的网站上注册。

这种远离不是什么不正常的行为,大多数的印度理工人都是因为这种那种的原因而没有与学校保持联系。当然了,这种情况现在已经得到了很大的改善,因为一些来自各个校区的忠诚的校友们正在建立起全球印度理工人的联系网络。随着网络技术的发展,建立起这种联系网已并非难事,今天,每个印度理工人都可以登录网站,查看自己母校的最新信息。你也许在毕业后就再也没有回去过,或者从未参加过任何旨在帮助印度理工的倡议活动。但是,如果你愿意,至少还可以获取到最直接的信息,了解正在发生的事情。16年了,我一直没有兴趣去查看这些信息。

事实上,当出版社找到我,让我写这本书的时候,我并不是很感兴趣。我知道写完了这本书,读者就会借此解读到自己内心很大的一部分,现在回头来看的话,我觉得当时犹豫的很重要的原因很可能就是这一点。因为在印度理工的学习和生活,毕竟都是我很私人的事情。我最终同意了出版社的提议,原因很简单,如果要写一本关于印度理工的书的话,也只能由印度理工人来写,而我刚好又是靠写作谋生的,所以还是由我来写吧。

在写这本书的14个月中,来回穿梭于美国和印度之间,这在很多方面改变了我的生活。重又回到母校,重又找到了根基,使我逐渐认识到了那种应该尽己所能去帮助母校的责任感,唤起了我生命中那段最快乐的记忆,与失去联系很久的好朋友重又取得了联系。一个冬日的上午,当我发现自己正坐在克勒格布尔校园一棵树下的水泥地板上时,我用手机给思瓦打了一个电话。17年前,正是在这里,一个夏日的夜晚,她接受了我的求婚,那种令人难以置信的感觉令我终身难忘。在那一刻,冬日的阳光,透过周围的树叶,照在我身上,树影斑驳,给我一种平和安宁的感觉,我的生命似乎在那一刻画出了一个完美的圆圈。

现在,书已经写完了,我知道,从明天开始我的生活就会陷入另一种状态。我需要寻找另外一个让我为之着迷的事而沉醉其中。我想我的头脑中始终保留着一些由印度理工造成的永久性的变化,当我再次沉迷的时候,我才会觉得那是我最快乐的时光。不单单是我自己这样。许多的印度理工人都是如此,印度理工教给我们的众多东西中就包括这种激情,一种令人不可思议的激情。对校园的、对朋友的、对印度理工的,以及对你所从事的工作的激情。

除此之外我们还学到了什么?是的,我从印度理工中学到了些什么?我想这是有关印度理工人的:一届学术上的精英,包括400

名男生还有12名女生，他们同在一个校园中。还有来自农村的男生，他们在智慧和学识方面都要优于那些来自大都市的学生。还有那些不分昼夜拼命用功的人，或是在第一排椅子上嘲笑教授的人，也有那种在苦钻学术之外，过着充满活力的忙碌生活的人。我认识的朋友中就有那种从来都不需要学习的人，他们似乎从一出生开始就带着工程学智慧的基因。还有那种每学期都在毒品中恍惚度日的家伙，但在考试前几天他们会暂时戒掉毒瘾，保持一种清醒状态应付考试，考试完毕，马上重又回到那种恍惚的状态。其他人恐怕是没有这样的控制力的。我也看到过跟我同一代的人中被疯狂所毁掉的智力超群的人。还有一些人辍学，一些人自杀。但是，我们中的大部分人都幸存下来了。我想我们会变得更坚强，更成熟，更有学识，更好地认识到自己性格中阴暗的一面。

我们在一起生活，一起分享生命中的快乐，共同分担彼此的苦痛，一起走过所有愉快和不愉快的时光，无论是在激烈的竞争中还是日常生活中，都能和平相处。

我们在一起比较各自的人生哲学，一步一步地发展出我们的价值观体系。年轻人之间从来没有建立起如此强大的联合。如果我在路上遇到一位印度理工的校友，一位自从毕业后就再也没有见过面的校友，我们还会像什么都没有发生一样，继续交谈，而事实上，我们认为没有改变的东西确实已经改变。几年前，我所供职的新闻周刊有一期封面上做了一次视觉特技，这是我的主意。一个很久没有联系的印度理工的好朋友从新加坡打来电话，对我说："杂志上写的封面设计写的是另外一个人的名字，但是我知道那是你的主意，对吗？桑迪潘，我知道你的思维方式。"没有人比这些校友更加了解我。

印度理工本身也是一个与世隔绝的世界，复杂而完整，它将我们吸引进来。就像《抉择》(The Chosen)里面的情节那样，我们在岛上过着无需与外界联络，却也算完整的生活。尽管与政治和"更大事件"的联系完全被中断，我们仍然对与其他宿舍和其他学院运动场或舞台上的激烈竞争保持着浓厚的兴趣。但这些很少是来自物质上的乐趣。斯巴达式的生活，糟糕透顶的食物。大部分的男生与女生完全隔离。女生们过着一种奇怪的生活，一方面她们被众多男生追求；而另一方面，她们还要面对大多数人无礼的敌视，认为她们不值得享受如此多的追捧奉承，还有这么多的免费午餐。

当我们毕业走出校园的时候，我们满怀自信和忠诚步入了外面的世界。在许多年后，当年的自信被消磨了一点，当我们发现那些和我们一样聪明，甚至是更聪明的非印度理工人时，我们学会了谦逊。我们来到了一个与我们所钟爱的校园相比更为贫乏的世界，我们中的一些人甚至继续向前并最终征服了它。

当然了，我们中大部分人都没有征服我们所在的世界。

这就向我们提出了两个关键性的问题：

第一，印度理工人到底对他们的国家和世界作出了什么贡献？

第二，我们到底有多少人发掘并充分利用了自己的潜能？

在去往班加罗尔举办的印度理工50周年庆典的旅途中，我在德里机场碰见了加拉姆·拉梅什；我们刚好在赶同一班飞机，我给他讲我的正在写的这本书的进展情况，他说："你何不把最后一章称作午夜绅士派？这才是是真正的印度理工人的写照，不是吗？印度理工是印度在1947年8月15日午夜确定自己的命运时建立的第一所教育性学院。本着培养精英的目的，把学生培养成新一代的绅士派，唯一不同的是他们并不是要朗诵什么经典诗文，他们将会成为技术专家。"

"午夜绅士"，印度理工人得到了某种在印度历史上只对绅士派诗人才有的尊重。但是他们还有没有其他与绅士派诗人相似的特征呢？绅士派诗人们追求知识，并倾向于把所获得的知识传授给其他人。印度理工的创始人希望他们可以利用自己的能力和技术来影响印度社会的发展，但是印度理工人却没有这样做，他们是否应该因此而遭到指责？

那些只用一个"是"来回答这个问题的人，我想，是将这个问题过分简单化了。暂且不提那些在美国企业中身居要职的成功人士以及现在世界先进水平的实验室中做尖端技术研究的人吧。如果当年拉贾·古普塔，或维克特·梅利兹，或维诺德·科斯拉，或德什·德什潘德留在印度,他们会取得怎样的成就?进行这样的推测真是没有任何意义。相反的,考虑一下那些确实决定留在印度的千千万万的印度理工人吧。他们中的大部分人都不经常在媒体上露面(就像大部分在美国的印度理工人那样),他们的名字除了他管理的公司内的员工知道外,很少为外界所知。但是他们中的每一个人都为这个社会创造了就业机会,创造了财富。当我们谈到印度理工人时,我们常常对他们寄予了厚望,总是期望不可思议的奇迹发生,以及他们为明显地改进社会上成千上万的人民的生活状况而作出的杰出贡献。我们只是在谈论一小撮备受瞩目的成功人士,而当我们在谈论时,并没有认识到他们只是印度理工人中的一小部分而已。我们并没有想到那些在浦那或海德拉巴建立工厂,生产一些电子检测设备或者抽水系统,并且雇有100名员工的印度理工人,我们也没有想到在工程公司的公共部门工作的那些人,我们并没有意识到,我们每天开车都是行驶在他们修建的公路上,当我们每一次为板球队员欢呼时,都是坐在他们建起的看台上。

这些普通的不引人注目的印度理工人,终其一生,都在为保持印度经济的稳步发展而默默无闻地工作。正是这些人,这些看起来不怎么起眼的人,做着一些不起眼的事,这些我们在谈起印度理工人对印度的影响时常常会忽略的人,他们受到的也是优秀的教育,但是他们谦虚地将这种教育应用到可以切实地改进民生的事业中。我想他们也改变了数百万人民的生活。

是否还有更多几百万人民的生活会被这些工程学学院的绅士们所改变,对此我们只能猜测。并没有什么标准来衡量维诺德·科斯拉和德什·德什潘德在国际舞台上以印度人的智慧和能力所赢得的尊重是否会比他们留在印度,直接改变印度人民的生活的做法更有价值。到现在为止还没有人能够为这两个抽象的利益概念进行换算,而且以后也不会有。

但是,从某种程度上而言,我们印度理工人一直沉迷于得天独厚的优势和无休止的自鸣得意中,这似乎与我们对社会和民族的影响是不相称的。这个问题在今天看来尤为严重,在全球化和竞争激烈的世界中,要想使印度继续保持某些方面的领先地位,需要印度理工人充分发挥他们的潜能,在自己力所能及的范围内作出应有的贡献。就像加拉姆曾经给我解释的那样:"我们所需要的只是少一点相互责难,多一点自我反省。"

那么,第二个问题:多少印度理工人发挥了自己的潜质?

有多少人扎根于偏远的小镇,在尘土弥漫的环境中管理大量的管道,然后在小镇的酒吧里买醉?有多少斗志昂扬的人逐渐远离自己的与生俱来的天分,最终选择一种安全、安稳和枯燥的工作,过着一种与常人无异的平凡生活?有多少人,在学校中接受的是要学会理性思考、毫无偏见的教育,但从来都不曾设法去分辨出印度办公室政治中的细微差别,从而在偌大的办公楼中没有立足之地?又有多少人沉迷于美国梦的幻想中,只为得到一张绿卡而甘愿来到美国的二流学校,到今天也只是在一个不起眼的岗位上工作?

我们还可以换个角度来看待这个问题,有多少印度理工人抵住了美国的诱惑而坚持留在印度,而且积极投身于印度工业的发展中,却发现所有的技术设计都是来自国外,而你明明知道它有缺陷却也无能为力,你所能做的与工程学有关的也只不过是对这些设备进行维护,了解到这些,他们是该继续平庸下去,还是去美国?

当然了,许多印度理工人,确实,很大一部分在事业上都没有取得特别引人注目的成就,也只是过着一种平淡无奇的生活。但是在大多数情况下,他们确实对自己的方向和轨迹有权进行选择,他们可以做出比来自印度其他任何一个校区的任何一个学生都要重要的决定,从理论上而言,印度理工体制可以赋予他们无限的选择权,而我们所能给予的回报就是呼吁、事业、责任。

好吧,我们这些从未挣过百万美元的印度理工人,从未改变过人民的生活,走在平庸的人群中很快就会消失不见,像我们这样的人并不在少数。这使我感到很恼火,但是我也能理解。所以我不作任何评价。对于一些人来说,印度理工永远都是他们生命的巅峰。那就让他们继续这样以为吧。还有,对于一个印度理工人而言,在印度理工的这些年可能是他们生命中所度过的,钟爱过、争取过、厌恶过、竞争过、艰难过、散漫过的生活中最为有趣的几年。

而且我们这些还没有征服世界的人,对于我们所在的世界而言，可能是可有可无的存在。我们也能以平凡的方式过着快乐的生活。因为我们知道无论我们在自己的余生中做些什么，在我们的生命中，曾经有几年的时光确实是作为梦想的一部分而存在的，这种梦想的力量和光芒在隔了长达半个世纪之久的今天仍在闪耀。在处于青春期向成年期过渡的时期，我们为实现那个梦想扮演着哪怕是微不足道的角色，并且沉醉于其间，我们也像世界上任何一个曾在那里生活过的人一样感到幸运。在那几年之后，我们也会快乐地生活，而且我们与校友间的那种情结永远都不会改变。这种情结源自于作为印度理工人的自豪感，而这种自豪感是永远都不会消失的。

　　永远都不会。

北京大学出版社
教育出版中心 精品图书

21世纪信息传播实验系列教材（黄慕雄 徐福荫 主编）
广告策划与创意　　　　　　唐佳希 李斐飞 26元
电视照明·电视音乐音响　　蓝辉强 李剑琴 陈海翔 26元
广播电视摄、录、编　　　　付　俊 黄碧云 睢　凌 25元
摄影　　　　　　　　　　　张　红 钟日辉 邱文祥 25元
数字动画基础与制作　　　　葛　玥 莫丹丹 34元
传播学研究方法与实践　　　张学波 刘　兢 林秀瑜 28元
播音主持　　　　　　　　　　　　黄碧云 睢　凌 26元
报刊新闻电子编辑　　　　　罗　昕 彭柳 刘　敏 24元

21世纪信息传播专业英语系列教材
教育技术学专业英语　　　　　　　吴军其 严　莉 32元

21世纪教育科学系列教材
教师教育概论　　　　　　　李　进 主编 75元
基础教育哲学　　　　　　　陈建华 著 35元
当代教育行政原理　　　　　龚怡祖 编著 37元
教育心理学　　　　　　　　李晓东 主编 34元
教育计量学　　　　　　　　岳昌君 著 26元
教育经济学　　　　　　　　刘志民 著 39元
现代教学论基础　　　　　　徐继存 赵昌木 主编 35元
现代教育评价教程　　　　　吴　钢 著 32元
心理与教育测量　　　　　　顾海根 主编 28元
高等教育的社会经济学　　　金子元久 著 32元

教师资格认定及师范类毕业生上岗考试辅导教材
教育学　　　　　　　　　　余文森 王　晞 主编 26元
教育心理学概论　　　　　　连　榕 罗丽芳 主编 36元

21世纪教育科学系列教材·学科教学论系列
新理念化学教学论　　　　　王后雄 主编 38元
新理念科学教学论　　　　　崔　鸿 张海珠 主编 34元
新理念生物教学论　　　　　崔　鸿 郑晓慧 主编 36元
新理念地理教学论　　　　　李家清 主编 37元
新理念历史教学论　　　　　杜　芳 主编 29元
新理念思想政治（品德）教学论　胡田庚 主编 32元

21世纪教师教育系列教材·学科教学技能训练系列
新理念化学教学技能训练　　王后雄 主编 28元
新理念思想政治（品德）教学技能训练　胡田庚 主编 26元

21世纪教师教育系列教材·物理教育系列
中学物理微格教学教程　　　张军朋 著 28元

21世纪教育科学系列教材·学科学习心理学系列
数学学习心理学　　　　　　孔凡哲 曾　峥 编著 29元
语文学习心理学　　　　　　李　广 主编 29元
化学学习心理学　　　　　　王后雄 主编 29元

21世纪农村教育改革与发展丛书
农村义务教育经费保障新机制　邬志辉 主编 42元
农村义务教育整体办学模式与评价　王景英 主编 42元
参与式教学与教师专业发展——"西部基础教育发展项目"的经验与反思
　　　　　　　　　陈向明 主编 陶剑灵 副主编 32元
学校发展计划与学校自主发展——"西部基础教育发展项目"的经验与反思
　　　　　　　　　陈向明 主编 陶剑灵 副主编 39.8元

21世纪引进版精品教材·学术道德与学术规范系列
如何为学术刊物撰稿：写作技能与规范（英文影印版）
　　　　　　　　　　　　　[英] 罗薇娜·莫 编著 26元
如何撰写和发表科技论文（英文影印版）
　　　　　　　　　　　　　[美] 罗伯特·戴 等著 28元
如何撰写与发表社会科学论文：国际刊物指南
　　　　　　　　　　　　　蔡今忠 著 25元
如何查找文献　　　　　　[英] 萨莉拉·姆齐 著 25元
给研究生的学术建议　　　[英] 戈登·鲁格 等著 26元
学术道德学生读本　　　　[英] 保罗·奥利弗 著 17元
科技论文写作快速入门　　[瑞典] 比约·古斯塔维 著 19元
社会科学研究的基本规则　[英] 朱迪斯·贝尔 著 18元
做好社会研究的10个关键　[英] 马丁·丹斯考姆 著 20元
阅读、写作和推理：学生指导手册
　　　　　　　　　　　　　[英] 加文·费尔贝恩 著 25元
如何写好科研项目申请书
　　　　　　　　　　　[美] 安德鲁·弗里德兰德 等著 25元

21世纪引进版精品教材·研究方法系列
教育研究方法：实用指南　[美] 乔伊斯·高尔 等著 78元
高等教育研究：进展与方法　[英] 马尔科姆·泰特 著 25元
社会研究：问题方法与过程（第三版）
　　　　　　　　　　　　　[英] 迪姆·梅 著 32元

大学教师通识教育读本（教学之道丛书）
如何成为卓越的大学教师　　肯·贝恩 著 24元
给大学新教员的建议　　　　罗伯特·博伊斯 著 28元
理解教与学：高校教学策略
　　　　　　　　　　　　　[英] 迈克尔·普洛瑟 等著 26元
规则与潜规则：学术界的生存智慧
　　　　　　　　　　　　　[美] 约翰·达利 等主编 28元
给研究生导师的建议（第2版）
　　　　　　　　　　　　　[英] 萨拉·德拉蒙特 等著 26元

教师的道与德　　　　爱德华·希尔斯 著 26元

大学之道丛书

知识社会中的大学　　[英] 杰勒德·德兰迪 著 28元
哈佛通识教育红皮书
　　　　　　　　　　　　哈佛委员会 撰 32元
知识与金钱——研究型大学与市场的悖论
　　　　　　　　　　　　罗杰·盖格 著 38元
一流大学 卓越校长——麻省理工学院与研究型大学的作用
　　　　　　　　　　[美] 查尔斯·维斯特 著 28元
美国大学之魂　　[美] 乔治·M.马斯登 著 58元
哈佛规则：捍卫大学之魂
　　　　　　　　[美] 理查德·布瑞德利 著 48元
大学理念重审：与纽曼对话
　　　　　　[美] 雅罗斯拉夫·帕利坎 著 35元
学术部落及其领地——知识探索与学科文化
　　　　　[英] 托尼·比彻 保罗·特罗勒尔 著 33元
德国古典大学观及其对中国大学的影响
　　　　　　　　　　　　陈洪捷 著 22元
大学校长遴选：理念与实务　黄俊杰 主编 28元
转变中的大学：传统、议题与前景　郭为藩 著 23元
学术资本主义：政治、政策和创业型大学
　　　　　　[美] 希拉·斯劳特 拉里·莱斯利 著 36元
什么是世界一流大学　　　　丁学良 著 23元
21世纪的大学　　[美] 詹姆斯·杜德斯达 著 38元
公司文化中的大学　[美] 埃里克·古尔德 著 23元
美国公立大学的未来
　　[美] 詹姆斯·杜德斯达 弗瑞斯·沃马克 著 30元
高等教育公司：营利性大学的崛起
　　　　　　　　　　[美] 理查德·鲁克 著 24元
大学的逻辑　　　　　　　　张维迎 著 25.8元
东西象牙塔　　　　　　　　孔宪铎 著 32元
我的科大十年（增订版）　　孔宪铎 著 29.8元
高等教育市场化　戴晓霞 莫家豪 谢安邦 主编 32元

大学之忧丛书

大学之用（第五版）　[美] 克拉克·克尔 著 35元
废墟中的大学　　　[加拿大] 比尔·雷丁斯 著 38元
高等教育市场化的底线　　[美] 大卫·科伯 著 45元

北京大学教育经济与管理丛书（闵维方 丁小浩 主编）

在职培训的投资收益　　　　李湘萍 著 28元
教育与代际流动　　　　　　郭丛斌 著 28元
人力资本、社会资本与职业发展成就　康小明 著 28元
教育投资收益——风险分析　马晓强 著 28元
教育的信息功能与筛选功能　李锋亮 著 32元
大学内部财政分化　　　　　郭 海 著 28元

北京大学教育经济与政策丛书

中国教育经费合理配置研究　雎国余 麻勇爱 著 28元
中国高等教育入学机会的公平性研究　李文胜 著 28元
走向公共教育——教育民营化的超越　文东茅 著 32元

当代教育经济与法律丛书

美国教育法与判例　　　　　秦梦群 著 39.8元

高等教育的经济分析与政策　　[日] 矢野真和 著 35元

中国高等教育史丛书

国立西南联合大学校史（修订版）——一九三七至一九四六年的北大、清华、南开
　　　　　　　　　西南联合大学北京校友会 编 49元
张伯苓的大学理念
　　张伯苓 胡 适 吴大猷 等著 梁吉生 主编 25元
抗日战争时期解放区高等教育　曲士培 著 20元
燕园杂忆——世纪之交的北京大学国际交流
　　　　　　　　　　　　　迟惠生 著 26元
建设应用型大学之路　　　孔繁敏等 著 59元
中国大学教育发展史　　　曲士培 著 49.8元

中国教育史哲丛书

中国新教育的萌芽与成长（1860—1928）
　　　　　　　　　　　　苏云峰 著 26元
中国教育周期论　　　　　姜国钧 著 28元

管理之道丛书

美国大学的运作与学术管理
　　　　　　　[美] 罗纳德·G.埃伦伯格 著 40元
成功大学的管理之道　[英] 迈克尔·夏托克 著 25元

教育之思丛书

教育大境界　　　　　　　傅东缨 著 45元
教育领导智汇　　　　　　李 进 主编 40元
我的教师教育观——当代师范生之愿景
　　　　　　　　　　　　李 进 主编 32元
教师教育与教育领导　　　李 进 主编 44元
文化传统与数学教育现代化　张维忠 王晓琴 著 20元
建设卓越学校：领导层·管理层·教师的职业发展（第2版）
　　　　　　　　　　　　张延明 著 98元
基础教育的战略思考　　　王炎斌 著 22元
教育凝眸　　　　　　　　郭志明 著 16元
教育的痛和痒　　　　　　赵宪宇 著 20元
教育思想的革命　　　　　张先华 著 15元
教育印痕　　　　　　　　王淮龙等 主编 22元
教育印迹　　　　　　　　王淮龙等 主编 18元

高等教育与全球化丛书

敬儒心语　　　　　　　　陈育彬 著 18元
全球化与大学的回应　　[美] 简·柯里等 36元
高等教育变革的国际趋势
　　　[美] 菲利普·G.阿特巴赫 著 蒋 凯 主译 34元
高等教育全球化：理论与政策
　　　　　　　　　　[英] 皮特·斯科特 编 30元
发展中国家的高等教育：环境变迁与大学的回应
　　　　　[美] 戴维·查普曼 安·奥斯汀 主编 35元

北大开放教育文丛

教育：让人成为人——西方大思想家论人文和科学
　　　　　　　　　　　　杨自伍 编译 30元
教育究竟是什么?100位思想家论教育
　　　[英] 乔伊·帕尔默 主编 任钟印 诸惠芳 译 45元